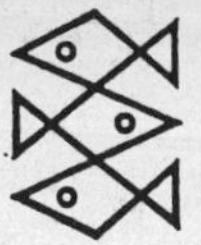

W0046516

Über dieses Buch Als in den siebziger Jahren unter dem Titel »Frauenliteratur« Schriftstellerinnen ihren Ort in der Gegenwartsliteratur eroberten und sich um eine eigene, den weiblichen Erfahrungen angemessene Sprache und Schreibweise bemühten, schien es, als könnten sie an keine Literaturtradition von Frauen anknüpfen. Vielmehr markierte das Programm »Frauenliteratur« einen Bruch gegenüber jeglicher literarischer Tradition, auch und gerade gegenüber der von Schriftstellerinnen aus der jüngsten Vergangenheit. »Vorläuferinnen« wurden eher in der Romantik oder im 19. Jahrhundert aufgespürt. Eine heutige Neulektüre vieler Texte von Autorinnen, die in den Jahrzehnten vor der »Frauenliteratur« geschrieben haben, zeigt, daß sie bereits eine Fülle von Motiven enthielten, die jetzt im Diskurs »weiblicher Ästhetik« eine zentrale Rolle spielen – teils verschwiegener, widerspruchshaltiger und unter anderer Perspektive und Wertung als in der gegenwärtigen Literatur von Frauen. Deutlich wird, wie schwierig es für Schriftstellerinnen in der Nachkriegszeit war, sich zu behaupten, und wie wenig ihre Thematisierung weiblicher Erfahrungen in der Rezeption beachtet wurde.

Die Autorinnen Inge Stephan ist Professorin am Literaturwissenschaftlichen Seminar der Universität Hamburg. Veröffentlichungen zur Literaturgeschichte des 18. und 19. Jahrhunderts und zu Frauenbildern und Frauenliteratur.

Regula Venske war Lehrbeauftragte an der FU Berlin und an der Universität Hamburg, Lektorin an der University of London. Freie Autorin in Hamburg. Veröffentlichungen vor allem zu Literatur von Frauen.

Sigrid Weigel ist Professorin am Literaturwissenschaftlichen Seminar der Universität Hamburg. Veröffentlichungen über Gefängnisliteratur, Flugschriftenliteratur, zur Theorie der Weiblichkeit und über Literatur von Frauen.

Inge Stephan / Regula Venske /
Sigrid Weigel

Frauenliteratur ohne Tradition?

Neun Autorinnenporträts

Fischer Taschenbuch Verlag

Lektorat: Ingeborg Mues

Originalausgabe
Veröffentlicht im Fischer Taschenbuch Verlag GmbH,
Frankfurt am Main, September 1987

Umschlagentwurf: Susanne Berner
Gesamtherstellung: Clausen & Bosse, Leck
Printed in Germany
1280-ISBN-3-596-23783-1

Inhalt

Die Literatur von Frauen vor der Frauenliteratur
Vorbemerkung

Als in den siebziger Jahren in der Bundesrepublik unter dem Titel ›Frauenliteratur‹ eine Bewegung begann, in der Schreibende und Leserinnen sich über eine eigene, genuin weibliche Literatur verständigten und Schriftstellerinnen sich zunehmend ihren Ort in der Gegenwartsliteratur eroberten, schien es so, als könnten sie auf keinerlei eigene Literaturtradition zurückgreifen. Das Programm der ›Frauenliteratur‹ markierte vielmehr einen Bruch gegenüber jeglicher Tradition, auch und gerade gegenüber der von Schriftstellerinnen aus der jüngsten Vergangenheit. Namen wie Aichinger und Kaschnitz waren aus Schullesebüchern bekannt und verbanden sich mit Vorstellungen und Werten, von denen die Frauen aus der Studenten- und Frauenbewegung sich gerade emanzipieren wollten. Sie waren zudem in Anspruch genommen durch die herrschende, männlich dominierte Literaturgeschichte, hatten dort ihren Ort als ›Ausnahmefrauen‹, indem sie die wenigen weiblichen Namen abgaben, die in die Reihe der großen Männer aufgenommen worden waren. Die Literatur anderer, weniger bekannter Schriftstellerinnen aus den vierziger, fünfziger und sechziger Jahren galt als Lesestoff der Müttergeneration und war belastet durch die Atmosphäre der Nachkriegszeit und der Restauration.

So wurde ein überwiegend konservatives Image von der Schriftstellerinnengeneration vor der Frauenliteratur weitgehend ungeprüft durch den Diskurs der Frauenliteratur überliefert. Eine deutsche Simone de Beauvoir, Vermittlerin zwischen der älteren Generation und den jüngeren Frauen, gab es nicht. Die Debatten über ›weibliche Ästhetik‹ und die Untersuchungen über eine eigene, weiblichen Erfahrungen entsprechende Sprache und Schreibweise wenden ihre Aufmerksamkeit weiter zurückliegenden Zeiten zu; ›Vorläuferinnen‹

wurden und werden immer noch eher in der Romantik, im 19. und zu Beginn des 20. Jahrhunderts aufgesucht und ausgemacht. Viele Autorinnen aus der Nachkriegszeit blieben so gänzlich unbeachtet oder ›vergessen‹. Erst die Bachmann-Renaissance hat den Blick auf die vorfeministische Literatur von Frauen verändert. Es folgten Entdeckungen ihrer Zeitgenossinnen wie beispielsweise Marlen Haushofer.

Dieser Band mit neun Autorinnenporträts erprobt am Beispiel ausgewählter Texte von Ilse Aichinger, Hilde Domin, Geno Hartlaub, Marlen Haushofer, Marie Luise Kaschnitz, Ilse Langner, Johanna Moosdorf, Ruth Rehmann und Unica Zürn eine *Neulektüre*, die sich am heutigen Interessen- und Problemhorizont weiblicher Schreibpraxis orientiert. Das Ziel dieser Lektüre ist es allerdings *nicht*, einen neuen Kanon zu begründen oder gar eine Traditionsbildung im Sinne einer Literaturgeschichte ›großer Schriftstellerinnen‹ vorzunehmen. Die Autorinnenporträts haben einen exemplarischen Charakter; die Auswahl ist insofern zufällig und beliebig, als sie unseren individuellen Arbeitszusammenhängen, Interessen, Lektüregeschichten und Vorlieben entsprungen ist. Es könnten jedoch auch andere Autorinnennamen an der Stelle der hier genannten stehen. Es geht uns um eine Anregung zur (Wieder-)Entdeckung bzw. Neulektüre einer Schriftstellerinnengeneration, die einen eigentümlichen Ort im Dazwischen einnimmt: zwischen Tradition und Moderne, zwischen männlichem Literaturbetrieb und noch nicht existenter Frauenbewegung bzw. Frauenöffentlichkeit, zwischen mythischem, phantastischem und realistischem Schreiben. Auffällig ist, daß die Literatur dieser Generation thematisch um die Erfahrungen, Mythen und Bilder des ›Weiblichen‹ kreist, daß in ihr eine Kritik am Mann und an der herrschenden (männlichen) Ordnung und den ihr innewohnenden Gewaltverhältnissen zum Ausdruck kommt, die deutliche Analogien zur heutigen Frauenliteratur aufweist, daß sich in ihr aber dennoch signifikante Unterschiede in Schreibweise, Perspektive und in der Art und Weise, wie das ›Weibliche‹ in den Blick gerät, zeigen. Die betreffenden Schriftstellerinnen sollen nun nicht als ›Vorläuferinnen‹ verstanden werden, deren Literatur etwa als ›Vorstufe‹ und ›Vorbereitung‹ der heutigen Frauenliteratur deren

Niveau noch nicht erreicht hätte. Vielmehr sind in ihrer Literatur eine Fülle von Motiven vorweggenommen, die heute gern als Merkmal der ›Frauenliteratur‹ verstanden werden, die dort aber *anders* – teils verschwiegener, teils widerspruchsvoller, teils mit anderen Bewertungen und Bedeutungen verbunden und manchmal auch radikaler als in der gegenwärtigen Literatur von Frauen – gestaltet sind. In den einzelnen Beiträgen sollen die Ähnlichkeiten ebenso wie die Differenzen zur Sprache gebracht werden.

Die Unterschiede verweisen auch auf den anderen kulturellen und zeitgeschichtlichen Kontext und auf die Rezeption der Literatur von Frauen im Literaturbetrieb der vierziger, fünfziger und sechziger Jahre. Der Mangel eines öffentlichen Diskurses über die Situation von Frauen machte sich vor allem in den Rezensionen bemerkbar, die sich durch selektive Wahrnehmung (die von Christa Wolf so bezeichnete »Teilblindheit« männlicher Kritiker gegenüber Texten von Frauen), Nichtbeachtung, Trivialisierung und Vereinnahmung für eigene Literaturpostulate auszeichnen. Das systematische Mißverständnis der Bachmannschen Literatur im zeitgenössischen Feuilleton kann als prototypisch gelten. In den Rezensionen vieler Texte, die für uns heute von besonderem Interesse sind, wurde die Thematisierung von Gewaltstrukturen ausgeblendet, während die Wahrnehmungen der Autorinnen und ihrer Frauenfiguren gerne als Ausdruck »weiblicher Krankheit« oder (»Über-)Empfindsamkeit« bewertet wurden. Dabei wird häufig die konkrete Handlungsebene der Texte von der symbolischen Ebene getrennt, mit der sie vermittelt ist. Frauen mußten in der Gegenwart offenbar erst eine politische und direkte Sprache entwickeln, um ihren sozialen und kulturellen Ort zu thematisieren, damit sie schließlich heute mit einer Aufmerksamkeit rechnen können, die auch für die verborgenen Strukturen der Geschlechterdichotomie und deren Funktionsweise für die bestehenden Verhältnisse sensibel ist.

Hamburg, im April 1986

Ilse Aichinger (Foto: Isolde Ohlbaum)

SIGRID WEIGEL

Schreibarbeit und Phantasie: Ilse Aichinger

1.

»Ich schreibe, weil ich keine bessere Form zu schweigen finde.«[1] Mit diesem Satz hat Ilse Aichinger selbst die treffendste Charakterisierung ihrer Schreibweise gefunden: einer Schreibweise der Paradoxien. In ihrer Literatur bemüht sie sich nämlich um eine Sprache für das Unaussprechliche, für das Unfaßbare und Nichtsichtbare. Ihre Texte leben vom Zusammenstoß des Wirklichen mit dem Visionären und Mystischen, sie sind voller Phantasie, aber auch voller Begriffsarbeit und Formanstrengung. Und obwohl derartige ästhetische Merkmale in den aktuellen Diskussionen um ›weibliche Ästhetik‹ bedeutsam geworden sind, gehört Ilse Aichinger bisher nicht zu den Wiederentdeckungen weiblicher Literaturtradition in der Folge der ›Frauenliteratur‹. Daß die Thematisierung weiblicher Erfahrung bei der Lektüre ihrer Texte nicht ins Auge springt, mag *ein* Grund für die bislang ausbleibende Popularität Aichingers beim neuen weiblichen Lesepublikum sein; es ist aber wohl nicht der einzige. Ilse Aichingers Literatur gilt als unverständlich und für einen kleinen, exklusiven Leserkreis geschrieben. Diese Verurteilung zur Exklusivität hängt ihren Publikationen seit Beginn an, seitdem ihr erster Roman, »Die größere Hoffnung«, 1948 erschien – obwohl doch gerade für dieses erste Buch das Urteil der Unverständlichkeit am wenigsten nachvollziehbar ist. Unverständlich sind ihre Texte nur, wenn man hinter der Schrift einen anderen, verborgenen oder verschlüsselten Sinn vermutet, nicht aber wenn man ihre Texte wörtlich nimmt. In dem ersten und einzigen Roman der Autorin ist jüngste Vergangenheit, nämlich die traumatische Erfahrung der Judenverfolgung im Nationalsozialismus, verarbeitet. Der *Stoff* des Buches ist so realistisch wie in wenigen Nachkriegstexten, wenn auch durch die *Schreibweise* Aichingers die unglaublichen Ereignisse in einer traumhaften, phantastischen Sphäre vergegenwärtigt werden. Ihr Roman hat damit an der in der Nachkriegszeit üblichen Tabuisierung, Verharmlosung und Verdrängung des Grauens nicht teil. Die Direktheit der Sprache Aichingers widersetzt sich den sanktionierten Verarbeitungsweisen der Geschichtsschreibung, wie sie in der beginnenden Restauration der Adenauer-Ära populär wurden. Noch 1982 legitimiert Joachim Kaiser in der »Süddeutschen Zeitung« nachträglich eine zeitgenössische Abwehr gegen den Roman:

»Dergleichen bedeutete damals, obschon relativiert als Ausdruck kindlichen Mißverstehens, durchaus Zumutung. (...) Daß Ilse Aichingers poetische Gewalt sich auch von so Schrecklichem wie der Judenverfolgung und KZ nicht zügeln ließ: es war nicht so leicht zu ertragen.«[2]

In der bald folgenden Würdigung der Schriftstellerin Aichinger wurden dann auch konsequenterweise ihre poetischen und ästhetischen Qualitäten hervorgehoben, während man das Schreckliche, worüber sie sprach, gerne unter den Tisch fallen ließ. Doch wenn auch die Inhalte ihrer Literatur z. T. schwer faßbar sind, so ist die Sprachanstrengung der Autorin fast immer auf etwas gerichtet: auf das Verdrängte und – zumindest am Anfang ihrer Karriere – auch auf konkrete Stoffe. Statt sich nämlich mit der Abstraktion politischer Begrifflichkeit – z. B. in den Diskussionen um die ›Kollektivschuld‹-Frage – das gerade beendete Grauen vom Leibe zu halten, stellt Aichinger schreibend eine Nähe dazu her, die dennoch niemals unmenschlich wird. Und anstatt *über* die Opfer zu sprechen, hat sie in dem Roman »Die größere Hoffnung« eine Sprache für die Verfolgten gefunden, in der diese nicht noch einmal zu Objekten werden. Es geht in dem Buch nicht um die Frage der Schuld und auch nicht um eine Nach-Erzählung des Geschehens. Eher handelt es sich um eine Erinnerung aus der Perspektive einer Verfolgten, bei der wirkliches und imaginäres Geschehen ununterscheidbar sind. Die Zeit des Nationalsozialismus erscheint darin nicht als etwas Abgelebtes; die Handlung ist zwar in der Zeit des Faschismus angesiedelt, die Wege der Hauptfigur führen sie aber nicht durch historische Orte – der Text verzichtet auf konkrete Orts- und Zeitangaben –, sie führen sie durch mythische Orte und durch Vorstellungen, ihre Spuren kreuzen dabei das »Denken, das zum Sterben führt«, und jenes, »das zum Verbrechen führt«.[3] Mit dieser Darstellungsweise reagiert die Autorin auf die Unmöglichkeit, der Erlebnisse unter dem Faschismus durch Sprache habhaft zu werden; die Sprache selbst wird statt dessen im Roman als Problem thematisiert.

Die Fabel des Romans läßt sich nur schwer wiedergeben. Er handelt von dem Mädchen Ellen, ihrer jüdischen Großmutter und ihren Freunden/innen, einer Gruppe jüdischer Kinder, von deren Verfolgung, Angst und Fluchtversuchen. Doch der Text verzichtet auf ein konventionelles Handlungsschema, auf psychologisch stimmige Figuren, überhaupt auf einen epischen Erzählmodus. Er besteht aus einer Abfolge von zehn Kapiteln, die jeweils in sich geschlossene Szenen darstellen – Dagmar Lorenz hat ihn mit einem Stationendrama verglichen[4] –, und enthält lyrische und dramatische Elemente.

Die Hauptfigur, das Mädchen Ellen, lebt im Dazwischen, wozu sie schon durch ihre rassische Zuordnung prädestiniert ist. Sie gehört nämlich weder ganz zu der Gruppe jüdischer Kinder, die durch den Judenstern gekennzeichnet – in der Umkehr der Perspektive *ausge*zeichnet – sind, noch zu den anderen. Denn sie hat zwei »richtige« und zwei »falsche« Großeltern. Sie muß deshalb den Judenstern nicht tragen; d. h. aus ihrer Perspektive: sie *darf* ihn nicht tragen. Die Konkretisierung dessen, was richtig und was falsch ist, wird nämlich im Text in Opposition zur herrschenden Sprachregelung verkehrt, indem die Perspektive der Verfolgten eingenommen und im Laufe der Darstellung radikalisiert wird. Es zeigt sich bald, daß die jüdische Großmutter, mit der Ellen zusammenlebt, bis die sich durch Gift der Deportation entzieht, die richtige Großmutter ist. Durch den Tod dieser Großmutter wird die Ortlosigkeit der Hauptfigur endgültig. Sie hat kein Zuhause: äußerlich, weil ihr Vater, ein Arier, sich von der Familie getrennt hat und ihre Mutter, eine Jüdin, ins Ausland emigriert ist; im übertragenen Sinne hat sie kein Zuhause, weil sie identitäts- und heimatlos geworden ist. Ellen ist eine Grenzgängerin zwischen Realität und Traum, teilweise trägt sie die Züge eines Fabelwesens, das an verschiedenen Orten auftaucht und wieder verschwindet. Sie ist buchstäblich überall und nirgends.

In der Rezeption wurde der Roman vielfach als versöhnend bewertet. Diese Deutung bezieht sich auf Anfang und Ende des Buches, die dann als Anfang und Endpunkt einer als programmatisch gewerteten Entwicklung der Hauptfigur gelesen werden: Die »große Hoffnung«, so die Überschrift des ersten Kapitels, die Hoffnung auf ein Ausreisevisum, zerschlägt sich für Ellen und wird durch die »größere Hoffnung«, so die Überschrift des letzten Kapitels, ersetzt. Die größere Hoffnung, das ist Ellens Streben nach dem Stern als Zeichen einer symbolischen Identität der Verfolgten. Der Text endet in einer visionären Szene, in der Ellen von einer umkämpften, gesprengten Brücke in die Luft springt und – noch in der Luft – von einer explodierenden Granate zerrissen wird.

Dieses visionäre Ende wird in seiner Bedeutung klarer, wenn man es mit zwei anderen *möglichen* Schlußvarianten für diesen Roman vergleicht, für die die Autorin sich *nicht* entschieden hat. In einer *realistischen* Variante, die der historischen Wahrscheinlichkeit eher entspräche, würde Ellen als Opfer enden. Damit wären die Verfolgten in der literarischen Beschreibung nochmals in ihrer Opferrolle reproduziert. Denn das ist das Dilemma aller Texte, die von Verbrechen handeln, daß sie die Opfer in der literarischen Darstellung in ihrer ohnmächtigen Position zu fixieren drohen.

Eine andere Variante, in der Ellen gerettet würde – eine Möglichkeit, die in der Wirklichkeit nur vereinzelt, zufällig, als Ausnahme zutraf –, erhielte in einem Roman, der dies im realistischen Erzählmodus berichtete, tatsächlich eine versöhnende Bedeutung. Ein solcher Text würde gelesen als Beruhigung, als Angebot zur Aussöhnung und zur Verdrängung des real Geschehenen: Die Literatur, die schöner und glücklicher ist als die Wirklichkeit, das ist das Muster trivialer Romane.

»Es ist nicht wahr, daß die Opfer mahnen, bezeugen, Zeugenschaft für etwas ablegen, das ist eine der furchtbarsten und gedankenlosesten, schwächsten Poetisierungen. Aber der Mensch, der nicht Opfer ist, ist im Zwielicht, er ist zwielichtige Existenz par excellence, auch der beinah zum Opfer gewordene geht mit seinen Irrtümern weiter, stiftet neue Irrtümer, er ist nicht ›in der Wahrheit‹, er ist nicht bevorzugt. Auf das Opfer darf keiner sich berufen. Es ist Mißbrauch. Kein Land und keine Gruppe, keine Idee, darf sich auf ihre Toten berufen.«[5]

Diese Überlegungen wurden von Bachmann formuliert, nicht von Aichinger, von der es wenige literaturtheoretische Reflexionen gibt. Die literarische Bearbeitung ihrer Erfahrungen mit dem Faschismus in dem Roman »Die größere Hoffnung« folgt aber ähnlichen Einsichten. Sie schreibt aus der Position einer zufällig Überlebenden. Doch in ihrem Text macht sie nicht dieses zufällige *Über*leben zum Thema, sondern das *Leben* in der Verfolgung, im Ausgeschlossensein.

Aus dem Dilemma, das ich mit den zwei nicht gewählten Varianten realistischer Erzählweise kennzeichnen wollte, führt ein Weg hinaus, der sich auf die Möglichkeit besinnt, in der Literatur einem »anderen Begriff von Wirklichkeit« sich hinzugeben – wie Christa Wolf es in ihren »Voraussetzungen einer Erzählung: Kassandra« (1983) postuliert hat. Dazu sei eine andere Art zu erzählen notwendig. Es geht also um die *Schreibweise*, um eine Literatur, die weder Illusionen bildet noch die reale Gewaltordnung bloß reproduziert. Einer solchen Literatur ist Aichingers Schreibanstrengung auch nach dem Roman gewidmet. In ihrem ersten Roman »Die größere Hoffnung« hat sie diese Schreibweise entwickelt im Bestreben, gegen die Schicksalsbereitschaft von Verfolgten, gegen die Unterwerfung unter die Rolle als Opfer zu opponieren – in einer historischen Situation, in der realer, offener Widerstand kaum möglich war. Es ist ein Roman, der mit den Tatsachen nach eigenem Willen verfährt, nicht um sie zu verleugnen, sondern um die unterhalb des Sichtbaren liegenden Strukturen kenntlich zu machen. Insofern empfinde ich ihn nicht als versöhnlich, sondern eher als beunruhigend, im produktiven Sinne irritierend.

Auch das Phantastische des Textes – die phantastischen

Tagträume der Kinder z. B. – erhält nicht die Funktion einer schönen Gegenwelt. Es ist in einem konfliktreichen Verhältnis zum Verbrechen und zur realen Ohnmacht gestaltet. Mythische und religiöse Bezüge, die z. T. die Bedeutung von Identitätsangeboten erhalten – vor allem der Stern –, werden in diese widerspruchsvolle Beziehung von Realität und Phantasie eingeflochten, so daß ihr Sinn immer mehrdeutig bleibt. In einigen Passagen des Romans ist darüber hinaus die Realismus- und Sprachkritik, aus der sich ein derartiges Literaturkonzept ableitet, selbst zum Thema gemacht.

Die erste Station des Romans, »Die große Hoffnung«, vollzieht den Übergang von der realen zur Phantasieebene in der Vorstellung der Hauptfigur Ellen. Sie zeigt die schlafende, träumende Ellen nachts im Konsulat, wo sie sich versteckt hat, um ihr Visum zu erhalten, damit sie mit der Mutter, die ausgewiesen wurde, zusammen ausreisen kann. »Bei Nacht geht alles viel schneller, weil es keine Amtsstunden gibt«[6], lautet ihre Begründung, als der Konsul sie findet. Im Gespräch mit dem Konsul tappt sie in die Falle ihrer eigenen kindlichen Phantasie, indem sie ihm ihren Traum erzählt von den Kindern ohne Paß, für die niemand bürgen will, und vom ebenfalls verfolgten Haifisch, der sie tröstet. Der Konsul kontert, um sie loszuwerden, auf ihrer Ebene und bringt sie dazu, sich selbst ein Visum zu zeichnen mit den Worten: »Du kannst es. Jeder Mensch ist im Grunde sein eigener Konsul. Und ob die Welt wirklich weit ist, das liegt an jedem Menschen.«[7] Wieder zu Hause, folgt die Ent-Täuschung. Die Mutter ist fort, und Ellen empfindet das »Grauen der Verlassenheit«. Auf ihren Wegen durch die verdunkelte Stadt setzt sie sich nun ab von der ›Wirklichkeit‹ der anderen, die von ihr als Leben im Surrogat betrachtet wird:

»Sie waren so gierig, als verkaufte er (der Zeitungsjunge, S. W.) ihnen nicht den Kriegsbericht und das Kinoprogramm, sie waren so gierig, als verkaufte er ihnen das leibhaftige Leben.«[8]

Mit einem Blinden irrt sie durch die immer unwirklicher werdenden Gassen und landet schließlich in einer Kirche vor dem Bild eines Heiligen. Als sie bei ihm Trost und Hilfe sucht, verharrt der Heilige zwar im Status eines Bildes, aber im

(Selbst-)Gespräch verabschiedet sie ihre Hoffnung auf Auswanderung, auf *äußere* Freiheit und fragt nach einer anderen Freiheit:

»Ich weiß nicht, was notwendig ist, damit ich frei werde. (...) Hilf mir, über das Wasser zu gehen, auch wenn ich hierbleiben muß!«[9]

Wäre der Roman mit dieser ersten Station zu Ende, könnte man die Lesart von einem versöhnenden Text vielleicht verstehen, doch es folgen noch zahlreiche Stationen auf den Wegen der Figur.

In der zweiten Station, »Der Kai«, geht nämlich Ellen nicht *über* das Wasser, sondern *ins* Wasser, um einen Säugling vor dem Ertrinken zu retten. Aber über diese im Sinne christlicher Nächstenliebe gute Tat vermag sie nicht glücklich zu werden, weil sie damit ihren jüdischen Freunden *deren* große Hoffnung geraubt hat. Die Szene zeigt Ellen mit der Gruppe Kinder »mit falschen Großeltern«, die seit sieben Wochen am Kai warten, um ein ertrinkendes Kind retten zu können. Damit wollen die sich die Gunst der Behörden und die ihnen entzogene Gleichberechtigung zurückerobern. Ein typischer Plan kindlicher Tagträumerei, der durch Ellens Tat vereitelt wird, wodurch sie erneut aus der Gruppe ausgeschlossen ist. Dieses Gefühl des Ausgeschlossenseins wird für sie besonders in der Umkehr der herrschenden Ausgrenzungen, ausgeschlossen von den Ausgeschlossenen, evident: als nämlich der Budenbesitzer auf dem Jahrmarkt den Kindern eine verbotene Fahrt im Kettenkarussell erlaubt und zu Ellen bemerkt, sie brauche nicht mit, denn sie dürfe ja sonst immer fahren. Die zweite Station enthält außerdem eine Begegnung mit dem Vater, dem »Mann, der Ellen gebeten hatte, ihn zu vergessen«. Sie erkennt ihn in einer Uniform, als die verbotenerweise auf den Bänken sitzenden jüdischen Kinder von einer Gruppe Soldaten kontrolliert werden. Indem sie ihn als »Vater« anspricht, geht Ellen in die Offensive und verunsichert ihn. Währenddessen können die anderen Kinder fliehen.

Die dritte Station, »Das heilige Land«, zeigt Ellen und die Kinder auf einer phantastischen Flucht. »Ins heilige Land« oder »zur Grenze«, das sind verschiedene Bezeichnungen, die von den Kindern im Spiel an die Stelle eines mangelnden realen Zieles für ihre Fluchtwünsche eingesetzt werden, Täuschungen allesamt, Utopien im ursprünglichen Sinne, Wunschorte außerhalb der Orte, Namen für das Nirgendwo. Das zeigt ein Gespräch zwischen den Kindern und dem Kutscher:

»Die Grenze, wo ist die Grenze?« – »Seht ihr sie nicht? Da, wo die Linie zwischen Himmel und Erde läuft, da ist die Grenze.« – »Sie machen sich lustig!« – »Wie könnte ich?« – »Sie führen uns im Kreis!« – »Weshalb seid ihr so mißtrauisch?« – »Wir sind müde.« – »Das ist dasselbe.« – »Die Linie, die Sie meinen, ist immer gleich weit weg!«[10]

In dieser Desillusionierung der Hoffnung, über die Grenze zu kommen, spiegelt sich die reale Erfahrung vieler Verfolgter und Bedrohter im Nationalsozialismus, deren Ausreisebemühungen mißlangen. Für sie wird der Faschismus zur Totalität. Im Roman erfolgt angesichts der Aussichtslosigkeit einer *äußeren* Grenzüberschreitung die Darstellung einer visionären Fahrt über die Grenzen von Zeit und Raum. Auf dieser Fahrt steigen drei Fremde zu den Kindern: zuerst »der Mann mit dem Dudelsack«, der Pestverkünder Augustin:

»Die Pest ist ausgebrochen, aber niemand bemerkt es. Sie haben gelebt, ohne es zu bemerken, und jetzt sterben sie, ohne es zu bemerken.«[11]

Diese Worte von ihm lassen sich verstehen als Anspielung auf die Blindheit gegenüber dem Faschismus, die hier als Folge einer bewußtlosen Haltung gegenüber dem Leben überhaupt gewertet wird. Der zweite ist der »Mann mit der Weltkugel«, Kolumbus, nach dem alles Unbenannte benannt ist, »alles, was noch zu entdecken ist«. Seine Worte lauten:

»Träume sind wachsamer als Taten und Ereignisse, Träume bewachen die Welt vor dem Untergang, Träume, nichts als Träume!«[12]

Der dritte ist König David, ein Knabe mit einer Schleuder, der seine Predigten damit begleitet, daß er die Fensterscheiben der Dorfbewohner mit Steinen zerbricht, damit sie ihm zuschauen – eine alttestamentarische Figur, die die Leute mit dem Zeichen der Kristallnacht, den zerbrochenen Fensterscheiben, konfrontiert und sie zwingt, sich damit auseinanderzusetzen. Als er als Fremder abgewehrt wird, kontert er:

»Wer ist fremder, ihr oder ich? Der haßt, ist fremder, als der gehaßt wird, und die Fremdesten sind, die sich am meisten zu Hause fühlen!«[13]

Die Position, die er gegenüber den Kindern vertritt, entspricht einer nicht selten anzutreffenden Haltung von Verfolgten während des Faschismus, einer positiv gewendeten Annahme des Leids, nämlich: »Nur die zweifeln an sich, dürfen landen, nur die gelitten haben.«[14] Begleitet von einem Lied der drei Männer, einem gemeinsamen Lied mit derart dissonanten Tonlagen – der Stimme für das reale Verbrechen, der Stimme der Sehnsucht und der Stimme des Predigers – mit diesem dreistimmigen Lied geht die Fahrt der Kinder zu Ende – und sie landen an ihrem Ausgangspunkt.

Die vierte Station, »Im Dienste einer fremden Macht«, bringt eine Konfrontation der Uniformierten mit den Verfolgten. Dabei geht es vor allem um die Sprache. Die Kinder werden verdächtigt, einen fremden Sender zu hören, deshalb werden sie von den Uniformierten überwacht. Sie sind schon deshalb verdächtig, weil sie *keine* Uniform tragen und weil sie Englisch lernen wollen. Der Wunsch der Kinder, eine andere Sprache zu lernen, wird von einem Alten als falsch bezeichnet. Es ginge nicht um eine neue Sprache, sondern um einen anderen Umgang mit der Sprache:

»Und ihr wollt das Deutsche verlernen? Ich helfe euch nicht dazu. Aber ich helfe euch, es neu zu erlernen, wie ein Fremder eine fremde Sprache lernt, vorsichtig, behutsam, wie man ein Licht anzündet in einem dunklen Haus und wieder weitergeht.«[15]

Ein neuer Umgang mit der Sprache ist nötig geworden, nachdem die Beziehung zwischen Sinn und Wort fragwürdig geworden ist. In diesen Szenen über die Sprache ist eine Schreibweise vorweggenommen, die für die späteren Texte Aichingers typisch werden soll. Dabei werden beispielsweise Abstrakta personifiziert und entwickeln ein eigenes Leben.

Die Sprache wird dabei selbst zum Handelnden, zum Subjekt, womit dem Sprechenden oder Schreibenden die Gewalt über den Sinn der Rede entzogen ist. Zwei Passagen über das ›Übersetzen‹ aus dem vierten Kapitel können dies deutlich machen:

»In der Mitte der Gasse lag auf dem grauen Pflaster ein offenes Schulheft, ein Vokabelheft für Englisch. Ein Kind mußte es verloren haben. Sturm blätterte es auf. Als der erste Tropfen fiel, fiel er auf den roten Strich. Und der rote Strich in der Mitte des Blattes trat über die Ufer. Entsetzt floh der Sinn aus den Worten zu seinen beiden Seiten und rief nach einem Fährmann: Übersetz mich, übersetz mich!

Doch der rote Strich schwoll und schwoll, und es wurde klar, daß er die Farbe des Blutes hatte. Der Sinn war immer schon in Gefahr gewesen, nun aber drohte er zu ertrinken, und die Worte blieben wie kleine verlassene Häuser steil und steif und sinnlos zu beiden Seiten des roten Flusses. Es regnete in Strömen, und noch immer irrte der Sinn rufend an den Ufern. Schon stieg die Flut bis zu seiner Mitte. Übersetzt mich, übersetzt mich!

Aber das Heft war verloren. Herbert hatte es verloren, als er zur englischen Stunde ging, seine Tasche hatte ein Loch. Und hinter dem Kleinen ohne Uniform kam einer in Uniform. Er sah das Heft, hob es auf und nahm es gierig an sich. Er blieb stehen, blätterte darin und versuchte die Worte nachzusprechen, doch es regnete zu stark. Der Regen verlöschte die letzten Lichter in den Worten. Wieder rief der Sinn: Übersetz mich, übersetz mich! Aber der in Uniform wollte es nicht hören. Der Strich hatte die Farbe des Blutes. Eher soll der Sinn ertrinken, als daß wir das Blut verraten! Er klappte das Heft zu, steckte es zu sich und rannte in seinen Dienst. Er rannte hinter dem Kleinen ohne Uniform her.«

»Übersetzen, über einen wilden, tiefen Fluß setzen, und in diesem Augenblick sieht man die Ufer nicht. Übersetzt trotzdem, euch selbst, euch selbst, die andern, übersetzt die Welt. An allen Ufern irrt der verstoßene Sinn: Übersetz mich, übersetz mich! Helft ihm, bringt ihn hinüber! Weshalb lernt man Englisch? Warum habt ihr nicht früher gefragt?«[16]

Es ist ersichtlich, daß diese durch das Sprachenlernen der Kinder ausgelöste Bewegung der Sprache einer anderen Logik folgt als der Fahndungswille und das Ordnungsdenken der Uniformierten. So werden *diese* schließlich mit ihrer Fixierung auf den gesuchten fremden Sender, der in der Form eines technischen Apparates gar nicht existiert, als die Gescheiterten dargestellt. Ihre Machtdemonstration entpuppt sich als Schwäche, und ihr Handlungsmotiv liegt in der Schwäche des einzelnen, ihr Postulat lautet: »Wer keine Uniform trägt, der bleibt allein, wer allein bleibt, denkt nach, und wer nachdenkt, der stirbt.«[17] Die Uniformierten, eine Schutzgemeinschaft der Unfähigen.

In der fünften Station, »Die Angst vor der Angst«, wird dieses Motiv fortgesetzt. Es geht um die Bedeutung des Judensterns und um das Schwanken zwischen dem Wissen über die drohende Vernichtung und dem Nicht-Wissen-Wollen. »Der Stern bedeutet den Tod!« Dieser Satz eines Mädchens aus der Gruppe wird mehrmals zitiert und wieder verworfen. Er bildet das verborgene Leitmotiv für das ganze Kapitel. In dieser Station des Textes wird der Stern zum fast mystischen Symbol für die eigene Stärke und kollektive Identität. Die Stärke speist sich aus dem Wissen um die Angst der Verfolger, welche sich aus der Frage nach dem Motiv für die Verfolgung ableitet:

»Ihr seid in der Minderheit. Ihr seid verhältnismäßig kleiner und schwächer als sie. Ihr habt keine Waffen. Und doch läßt es ihnen keine Ruhe.«[18]

Solche Überlegungen lassen nur eine Antwort zu: »Die geheime Polizei hat Angst!« – eine Antwort, die die eigene Angst zu bewältigen hilft.

Die sechste Station, »Das große Spiel«, zeigt die Kinder beim Weihnachtsspiel, bei dem neben den bekannten Figuren Josef, Maria und den Königen noch der Krieg, der Frieden und die Welt auftreten. Durch diese dem Weihnachtsspiel fremden Figuren ereignet sich eine Einmischung zeitgeschichtlicher Wirklichkeit, wodurch es gelingt, die Angst vor dem Konzentrationslager im Spiel zur Sprache zu bringen. Im Spiel ist den Kindern das aus Angst verdrängte Grauen am nächsten:

»Zu spielen. Es war die einzige Möglichkeit, die ihnen blieb, die Haltung knapp vor dem Unfaßbaren, die Anmut vor dem Geheimnis. Dieses verschwiegenste Gebot: Spielen sollst du vor meinem Angesicht!«[19]

»Aber was mit uns gespielt wird, verwandelt sich nur unter Schmerzen in das, was wir spielen. Sie befanden sich inmitten der Verwandlung, spürten deutlicher den Dunst der Fetzen um ihre Leiber und ahnten zugleich stärker den verborgenen Glanz der Christbaumketten um Hüften und Hals. Schon begannen die beiden Spiele ineinanderzuströmen und flochten sich untrennbar zu einem neuen. Die Kulissen schoben sich beiseite, die vier engen Wände der Faßbarkeiten zerschellten, siegreich wie fallendes Wasser brach das Unfaßbare hervor. Spielen sollst du vor meinem Angesicht!«[20]

Das Spiel der Kinder wird an einer Stelle als eine »Art Rebellion« bezeichnet und als Alternative zur Hoffnung auf Flucht oder Erlösung gesetzt. Im Spiel inszenieren die Kinder eine Nachahmung ihrer Situation und ihrer Angst, hier werden sie als Verfolgte aktiv. Durch den Einbruch des Realen in der Gestalt eines Häschers der geheimen Polizei am Ende dieser Szene wird das Spiel der Kinder allerdings jäh beendet.

In der siebten Station, »Der Tod der Großmutter«, versucht Ellen, ihre Großmutter davon abzubringen, Gift zu nehmen, indem sie sie bittet, ihr ein Märchen zu erzählen. Doch die Großmutter hat die Fähigkeit zum Märchenerzählen verlernt, weil sie »nicht mehr groß« ist. Sie hat sich entschlossen, mit der Selbsttötung ihrer Deportation zuvorzukommen bzw. zu entkommen. An ihrer Stelle erzählt nun Ellen ein Märchen; in der Umkehr der Positionen von Zuhören und Erzählen erscheint auch eine veränderte Version der ›Rotkäppchen‹-Geschichte, in der das Rotkäppchen seiner Großmutter statt eines Kuchens die Sehnsucht bringen will, weil die vor dem gefräßigen Wolf, d. h. vor dem Krieg, sicherer sei. In dieser Szene sind die Ebenen des Realen und Phantastischen am eindrucksvollsten und spannungsreichsten komponiert. Ellens Vorstellungen können keine praktischen Konsequenzen für die Großmutter haben, und dennoch enthalten sie eine enorme Lebenssehnsucht und -energie. Die Großmutter verkörpert dagegen den Mut zur Angst und zur Schwäche.

In der achten Station, »Der Flügeltraum«, gewinnt Ellens Gestalt Konturen vom Eulenspiegel. In einer wilden Verfolgungsjagd auf einem Bahnhof werden die Polizisten, die Ellen auf der Spur sind, teilweise zu den Gejagten. Als Ellen sich schließlich zum Verhör abführen läßt, wird dessen Fragestruktur durch ihre Antworten ad absurdum geführt. Sie bringt einige Polizisten zur Verzweiflung, andere zum Selbstzweifel, z. B. den Schreiber, dem sie die Absurdität seiner Tätigkeit bewußt macht und der sich schließlich weigert, noch irgend etwas niederzuschreiben:

»›Papier ist ein steiniger Boden‹, sagte der Schreiber erschrocken und starrte blinzelnd um sich, ›wahrhaftig, ich habe zu viel notiert, mein ganzes Leben lang habe ich zuviel notiert.‹ Seine Stirne furchte sich. ›Was ich bemerkt habe, habe ich festgestellt, und was ich festgestellt habe, ist umgefallen. Nichts habe ich wachsen lassen, nichts habe ich verschwiegen. Nichts habe ich mir einfallen lassen, ohne es zu hindern. Zuerst habe ich Schmetterlinge gefangen und festgenagelt, und später alles übrige.‹ Er packte den Federhalter und warf ihn von sich. Tinte spritzte befreit über den Fußboden, dunkelblaue Tränen trockneten ein und wurden schwarz. ›Es tut mir leid, ich will nichts mehr aufschreiben, nein ich schreibe nichts mehr nieder!‹ Der Schreiber glühte. Schwindel stieg ihm in die Schläfen. ›Wasser‹, lachte er unter Tränen, ›Wasser!‹«[21]

In dieser Situation, in der es Ellen gelingt, völlige Verwirrung zu stiften, in der die Schrift aus der Indienstnahme für polizeiliche Zwecke befreit wird, dient dem Oberst sein Ordnungspostulat als einzig mögliche Orientierung. Ohne inneren Zusammenhang buchstabiert er sich die Notwendigkeiten von Reih und Glied, von Ordnung und Vernunft vor. Am Ende der Szene verschwindet Ellen auf ebenso phantastische Weise, wie sie aufgetaucht war.

Die neunte Station, »Wundert euch nicht«, beginnt in einem Keller, wo Ellen mit zwei Plünderern zusammen verschüttet ist, und endet in einer apokalyptischen Vision, einer Plünderung der Schlachthöfe.

In der letzten Station, »Die größere Hoffnung«, gerät Ellen zwischen die Fronten und schließt Freundschaft mit einem fremden Soldaten, Jan. Ihr gemeinsamer Weg zu den Brücken wird unterbrochen durch einen kurzen Moment des Glücks, als nämlich Jan von einer Kugel verwundet ist und beide sich zusammen in ein verlassenes Haus flüchten: ein kleines

Stückchen konkreter Utopie. Hier, da im Roman das erste Mal eine Verbindung von Mann und Frau in den Blick gerät, bricht jäh und unvermittelt mit einem Satz die Gewalt der Geschlechterbeziehung in die Szenerie. Noch ehe die beiden in das Haus eintreten, heißt es:

»Der du mein Schöpfer bist, warum läßt du es zu? Warum schaffst du dieses Geschlecht, das mich zerbrechen muß, um zu erkennen? Warum schaffst du es immer neu?«[22]

Mit Bezug auf den Schöpfungsmythos wird die darin enthaltene Hierarchie, Gott – Mann – Frau, angeklagt. In *einem* Satz ist der Aufruhr gegen die installierte Geschlechterordnung formuliert. Danach wird die Szene fast idyllisch fortgesetzt. Doch kurz darauf deutet sich im *Konkreten* ein Motiv der Geschlechterdifferenz an, und zwar in der unterschiedlichen Glücksvorstellung von Mann und Frau:

»Jan lag still. Der Sessel war weich und tief. Durch die Wände hörte er ihre Schritte, das Splittern des Holzes und das Klirren von Geschirr. Es war möglich, sich vorzustellen, daß es immer so gewesen war und daß es immer so bleiben würde. Hatten die vor ihnen es fertiggebracht, daran zu glauben, so würden auch sie es fertigbringen. Schweigend hielt Ellen die Hände über die Herdplatte. Es war möglich, sich vorzustellen, daß alles das erste und das letzte Mal war. Hatten die vor ihnen es nicht fertiggebracht, daran zu glauben, so würden doch sie es fertigbringen. Sie goß den Tee auf und stellte die Tassen auf ein Brett. Sie hörte ihn rufen. ›Gleich!‹ sagte sie.«[23]

In dieser Szene treten die beiden in eine alte Geschichte ein, für die die Muster vorhanden sind. Indem sie sich auf »die vor ihnen« beziehen, werden die Mythen über das Leben zu zweit zitiert und ihr eigenes Verhalten wird in Übereinstimmung bzw. in Abgrenzung dazu betrachtet. Die Differenz zwischen seinem Wunsch nach Dauer und ihrem Verlangen nach Einmaligkeit ist nur aufgehoben im Moment des innigen Zusammenseins:

»Und ihre Augen verbündeten sich der Tiefe. Sie sahen sich an und lachten leise. Es war wie das erste Mal und es war wie das letzte Mal und es war wie immer. Es war eins und sie waren eins und hinter dem Fluß war ein großes Fest.«[24]

Die Differenz aber zwischen beiden wird noch dadurch akzentuiert, daß *sie* – obwohl sie nicht an die Dauer des Glücks glaubt – dennoch mehr Hoffnung und mehr Vertrauen in die Beziehung investiert. Sie ist es aber dann auch, die die Trennung forciert, die den schlafenden Jan zurückläßt, um allein ihren Weg zu den Brücken fortzusetzen. Es folgt im Text nur noch die letzte Szene, ihr Sprung von der gesprengten Brücke. Daß dieser Sprung nicht als realer Schritt in den Tod und als End- und Zielpunkt einer Entwicklung der Heldin zu verstehen ist, wird daran deutlich, daß die Schlußszene mit dem Begriff der Mitte eingeleitet wird. »In der Mitte, Jan, zu den Brücken«, hatte Ellen ihren Fortgang begründet. In dem Verhör im »Flügeltraum« hatte Ellen auf die Aufforderung des Obersten, »der Reihe nach« zu sprechen, geantwortet: »In der Mitte ist nichts der Reihe nach, (...) in der Mitte ist alles auf einmal.«[25] Diese Hinweise auf das Prinzip der Gleichzeitigkeit lassen sich lesen im Zusammenhang mit dem Bemühen Ilse Aichingers, den Schluß ihres Romans nicht mit dem Ende einer Entwicklung zur Deckung zu bringen, damit nicht das notwendige Ende eines Textes und einer Erzählung die Bedeutung eines angestrebten Zieles erhält und zum Sinn des vorausgegangenen Geschehens wird. »Die Mitte« und »alles auf einmal« am Ende, damit ist eine Gegenbewegung gegen die konventionelle Art zu erzählen in den Text eingeschrieben. Darüber hinaus ist der Text durch die ständigen Übergänge zwischen realem, mythischem und phantastischem Geschehen geprägt.

Diese Komposition, bei der die formale Struktur des Textes den dargestellten Ereignissen eine eindeutige Lesart entzieht, andererseits aber Szenen und Äußerungen aus der dargestellten Handlung das Prinzip der Form erläutern, ist für die frühe Literatur Ilse Aichingers typisch. In ihren Texten werden Spracharbeit und Phantasieproduktion eins. Mythen werden als interpretierbar und veränderbar in den Text einbezogen; sie bilden Bezugspunkte für Wahrnehmungsbilder und Erinnerungsspuren, für Hoffnung und für die Artikulation unaussprechlicher Ängste. Die mythischen Verweise erhalten nicht den Charakter von Eindeutigkeit, als Utopie oder Programm, nicht den Ewigkeitswert eines unhinterfragbaren

Mythos. Für die Verfolgten enthalten die Mythen Widersprüchliches: Widerstandsmomente ebenso wie die Flucht in den Traum, an einen anderen Ort.

2.

Für die heutige Lektüre von Aichinger-Texten scheint es mir unergiebig und unangebracht, zuerst nach der Rolle und Darstellung der Frau in ihrer Literatur zu fragen. Die Bedeutung, die ihre Texte für die Tradition weiblicher Ästhetik haben, liegt auf einer anderen Ebene. Sie ergibt sich aus ihrer Sensibilität für die Funktionsweise von Sprache und ästhetischen Formen und aus ihrer Opposition gegen die herrschende Ordnung, die von ihr allerdings nicht als männliche bezeichnet wird. Obwohl sie sehr selten nur geschlechtsspezifische Aussagen macht, gibt es auffällige Berührungen zwischen ihrer literarischen Position und einigen Überlegungen von Frauen aus dem letzten Jahrzehnt: z. B. mit Hélène Cixous' Überlegungen über »Weiblichkeit in der Schrift«, außerdem mit neueren Bewertungen von Phantasie, Mythos und Mystik für die Imagination von Frauen, mit Christa Wolfs Kritik am abendländischen Logik- und Wirklichkeitsverständnis und mit der zunehmenden Konzentration von Frauen auf die Bedeutung der Sprache als eigenständige ordnungsstiftende Instanz. Der zeitgeschichtliche Kontext, in dem Aichingers schriftstellerische Entwicklung begann, war von Männern bestimmt. Sie gehört zu der zahlenmäßig kleinen Generation von Autorinnen, deren Karriere nach 45 anfing und die sich in den 50er Jahren durchgesetzt haben. Das kulturpolitische Klima in der Nachkriegszeit muß für Frauen besonders ungünstig gewesen sein, denn es sind unter den bekannteren Autorinnen neben Aichinger nur Bachmann und Mayröcker, deren schriftstellerische Anfänge in diese Zeit fallen[26] – drei Schriftstellerinnen mit auffällig anspruchsvollem ästhetischen Programm und alle drei Österreicherinnen.

Ilse Aichinger ist 1921 in Wien geboren. Sie lebte nach der Scheidung der Eltern bei der Mutter, einer Jüdin. Die Mutter überlebte den Faschismus aufgrund der Bestimmung, daß

Mütter halbarischer Kinder geduldet wurden. Seit dem 21. Geburtstag Ilse Aichingers 1942 lebte diese aber ständig in der Angst, daß die Mutter abgeholt würde, ebenso wie die Großmutter, die 1942 tatsächlich deportiert und im Konzentrationslager umgebracht wurde. Ilse Aichinger selbst durfte noch das Abitur machen, aber nicht mehr studieren. Nach 45 begann sie mit einem Medizinstudium, das sie aber nach fünf Semestern abbrach, um ihren Roman zu beenden. 1950 dann begann sie als Lektorin beim S. Fischer Verlag.

Der Roman erhielt zu seiner Zeit nicht »die ihm gebührende Aufnahme« (Härtling). Mir scheint, daß man, um die Direktheit des Textes abzuwehren, die Autorin nicht ernst nahm. Eine solche Haltung spricht selbst noch aus dem wohlwollenden erinnernden Bericht des Verlegers Gottfried Bermann Fischer:

»Eines Tages meldete sich bei uns, auf Empfehlung des Kritikers und Journalisten Hans Weigel, ein bildschönes, dunkelhaariges Mädchen, krampfhaft ein Papierbündel unter dem Arm haltend... Es war Ilse Aichinger mit ihrem Roman ›Die größere Hoffnung‹, den sie, fast noch ein Kind, in den vergangenen Leidensjahren geschrieben hatte.«[27]

Ilse Aichinger war, als das Buch erschien, immerhin 26 Jahre alt. Es mag sein, daß diese Reaktionen auf ihre schriftstellerischen Anfänge sie darin beeinflußt haben, sich in Zukunft mehr auf die formal-ästhetische Seite ihrer Schreibarbeit zu konzentrieren. Die weitere Entwicklung ihrer Literatur ist durch einen deutlichen Zug zum Abstrakten und Begrifflichen gekennzeichnet, die konkreten Stoffe der Erfahrung verflüchtigen sich dabei immer mehr.

Ihren eigentlichen Durchbruch als Autorin hatte sie 1952, als sie für ihre »Spiegelgeschichte« den Preis der »Gruppe 47« erhielt. Es handelt sich dabei um eine sehr artifizielle Erzählung, deren poetische Bedeutung darin besteht, daß sie das Ende, den Tod einer jungen Frau, zum Ausgangspunkt macht und die Heldin ihren eigenen Weg zurückgehen läßt – wobei das Zurück wie ein Vorwärts erscheint. Die Stationen der Heldin sind: Grab, Leichenhalle, Krankenhaus, der Besuch bei der Alten (einer sog. Engelmacherin) – von der sie jetzt fordert: »Mach mir mein Kind wieder lebendig!«[28] – das Gespräch mit dem jungen Mann – »Er hat schon wieder keine Tränen, gib ihm von deinen«[29] – dann das Zusammensein mit ihm, auch das erste, schließlich die Kindheit, in der die Bedeutung der Sprache hervorgehoben ist – »Das Schwerste bleibt es doch, das Sprechen zu vergessen.«[30] Diese Umkehr der Chronologie in der literarischen Darstellung stellt die Ordnungsprinzipien der Erzählung in Frage; statt der Abtötung des Lebendigen in der Beschreibung wird eine Bewegung der Verlebendigung in der Schrift inszeniert. Der Fluchtpunkt dieser Bewegung ist ein Zustand *vor der* Sprache.

Besonders interessant für heutige Diskussionen ist die Metapher des *Spiegels* in dieser Erzählung, weil sie die Differenz zwischen Aichingers geschlechtsneutralen ästhetischen Überlegungen und den aktuellen Thesen zur weiblichen Ästhetik markiert. »Der Spiegel gibt mir die Kraft. Der blinde Spiegel mit den Fliegenflecken läßt dich verlangen, was noch keine verlangt hat.«[31] Der Spiegel wird bei Aichinger damit zur Metapher für die Verkehrung der normalen, herrschenden Ordnung und Abfolge und zum Konzept einer neuen Sehweise, dem Erzählen vom Ende her, quasi spiegelverkehrt. In der aktuellen Theorie dagegen ist der Spiegel die Metapher für die vorgefundene weibliche Identität, für dic Tatsache nämlich, daß das Selbstbild von Frauen zu einem großen Teil aus den Projektionen des Mannes gebildet ist: Bei dem Blick in den Spiegel trifft sie auf das Bild, das er sich von ihr gemacht hat. Weibliche Schreibanstrengung gilt nun der Zerstörung bzw. Ver-Rückung dieses Verhältnisses und will das starre (Spiegel-)Bild in Bewegung bringen.

Der erste Band mit Erzählungen Ilse Aichingers, der 1952 unter dem Titel »Rede unter dem Galgen« erschien, aber bekannter geworden ist unter dem Titel der Neuausgabe von 1953, »Der Gefesselte«, enthält einige Geschichten, die weibliche Erfahrungen thematisieren. Da ist neben der »Spiegelgeschichte« die »Mondgeschichte«, eine Erzählung, die den Zusammenhang von Schönheitsfetisch und weiblicher Verbannung in die Verlassenheit in ironischer Form beschreibt. Sie handelt von einer Schönheitskönigin, die statt des mißklingenden Titels »Miß Erde« die noblere Auszeichnung »Miß Universum« erhalten soll, die aber – um diese anmaßende Bezeichnung wenigstens in *einem* Fall zu überprüfen – zum Mond geschossen wird. Dort trifft sie auf die – natürlich viel schönere – undinenhafte Ophelia. An deren Aura partizipierend und deren Schönheit nachahmend, geht »Miß Universum«, als sie wieder auf der Erde ist, ins Wasser, um sich der undinenhaften Gestalt Ophelias anzunähern. Damit reagiert sie ganz konsequent auf einen gänzlich unirdischen Schönheitsbegriff, in dem Schönheit und Tod in der Unmöglichkeit eines menschlichen, unvollkommenen Lebens identisch geworden sind. Die Erzählung zeigt, daß die Frau sich in dieser Schönheitsvorstellung zum Märchenwesen verflüchtigt.

Auf einen vergleichbaren Zusammenhang von Bild und Tötung, allerdings unabhängig vom Frauenbild, geht eine andere Erzählung ein, »Das Plakat«. Sie handelt von der Gestalt eines Jungen auf einem großen Werbeplakat, das auf einem Bahnhof plaziert ist.

»Er war jung und schön und strahlend. Er hatte das Spiel gewonnen, doch den Preis hatte er zu bezahlen. Er war festgehalten in der Mitte des Tages (...) Vielleicht hing alles damit zusammen, daß er nicht sterben konnte.«[32]

»Aber wie sollte er tanzen, wenn er nicht sterben konnte, wenn er immer so bleiben mußte, jung und schön, die Arme erhoben, halbnackt im weißen Gischt?«[33]

Die Unlebendigkeit dieses Jungen wird konstrastiert mit einem kleinen Mädchen, das wiederum auf die Täuschung des schönen Scheins hereinfällt, indem es den Jungen anlacht, mit ihm tanzen will und – auf ihn zurennend – vor einen einfahrenden Zug läuft. Der Junge, aus »Angst, sie könnten ihn noch einmal erstarren lassen«[34], gerät nun ebenfalls in Bewegung. Sein Plakat löst sich durch den Wind, fällt auf die Schienen und wird vom Gegenzug zerfetzt. Die Erzählung läßt sich lesen als eine Parabel über den Zusammenhang von Erstarrung und Dauer in der Ästhetik und über die Dialektik von Lebendigkeit und Sterben, Motive, dic in der neueren Literatur von Frauen – nach den autobiographischen Berichten über weibliche Alltagserfahrungen und Entwicklungen – immer stärker in den Mittelpunkt getreten sind.

Ilse Aichinger selbst hat sich gegen eine Lesart ihrer Geschichten als Parabeln gewehrt. Es scheint, daß sie sich damit einer Verallgemeinerung von Aussagen einzelner Texte bzw. deren Lektüre im Sinne einer Botschaft widersetzen wollte, vor allem aber wohl einer verbreiteten Interpretationsweise, bei der Texte zum Anlaß genommen werden, um über dahinter verborgene, unausgesprochene Bedeutungen zu spekulieren. Ihr ginge es nur um *das*, was sie beschrieben habe, so Aichinger mehrfach.[35] Trotzdem ist nicht zu übersehen, daß die Erzählungen des ersten Bandes in Aufbau und Erzählmodus einen lehrhaften Zug tragen. Das trifft besonders für die Titelgeschichte, »Der Gefesselte«, zu. Darin geht es um einen gefesselten Mann, der mit seinen Fesseln eine erstaunliche Bewegungsfreiheit entwickelt. Man kann die Erzählung als Kritik an einer Idee totaler äußerer Freiheit lesen, an die Aichinger nicht glaubt, und als Postulat für die Freiheitsfähigkeit und den Freiheitsmut des einzelnen Individuums. An einer Stelle des Textes heißt es:

»Sie glaubte, daß er sich zwar nicht an die Fessel gewöhnt hätte, aber daran, sie keinen Augenblick zu vergessen – die einzige Gewöhnung, die die Fessel zuließ.«[36]

Es geht Aichinger also nicht um eine Gewöhnung an den Zustand der Unfreiheit im Sinne des Sich-Abfindens, sondern darum, als Subjekt in der Situation und im Bewußtsein äußerer Unfreiheit dennoch handlungsfähig zu sein. Insofern nimmt »Der Gefesselte« ein Motiv auf, das auch schon im Roman »Die größere Hoffnung« enthalten war.

Ich möchte Wolfgang Hildesheimer widersprechen, der Ilse Aichingers Literatur unter die Kategorie des »absurden Ich« subsumiert hat, indem er in der Darstellung ihrer Figuren ein Subjekt erkennt, das sich in die »Ordnung einer absurden feindlichen Welt« fügt, diese akzeptiert und ihr lediglich seine Zustimmung verweigert.[37] M. E. verkennt er damit die spezifische Art ihres literarischen Engagements, das sich in der Arbeit an der Sprache selbst artikuliert. Ein zentrales Motiv der Schreibarbeit Ilse Aichingers sehe ich in ihrer Opposition zur sprachlich konstituierten Ordnung. Für das *politi-*

sche Engagement der *Person* Aichingers gibt es andere Zeugnisse: Sprachhandlungen im Diskurs der politischen Rede, z. B. ihren Text »Aufruf zum Mißtrauen« von 1946, in dem sie die so rasch vollzogene Restauration beklagt sowie die Saturiertheit derjenigen mit »vollem Magen und weißem Hemd«, deren Abgrenzung gegen die Deklassierten kritisiert und auf die Kontinuität dieser Haltung nach 45 verweist.[38] In der Gruppe 47 dann schloß Aichinger sich denjenigen an, die gegen den Vietnamkrieg protestierten. Doch ein solches Engagement liegt für Aichinger außerhalb der Literatur. *Sprache* sei »das Engagement selbst, sie muß es nicht beschreiben«,[39] erläuterte sie 1976 ihre Schreibweise, eine literaturtheoretische Position, die auf die Dimension des Politischen in der Sprache selbst zielt und alle außerliterarischen Anforderungen verweigert. Ihre Ästhetik steht damit in einer Tradition der Moderne, an der besonders wenige Schriftsteller*innen* beteiligt sind, die aber für alle drei Frauen der genannten Generation (Mayröcker, Bachmann, Aichinger) einen Ausgangspunkt ihrer Schreibentwicklung bildet.

Dennoch scheint mir offensichtlich, daß sich Ilse Aichinger nach ihrem Roman zunehmend der Stoff fürs Erzählen verflüchtigt, daß die Erfahrung hinter sprachliche und formale Experimente zurücktritt. »Ich schreibe, weil ich keine bessere Form zu schweigen finde« – diese paradoxe Formulierung könnte demnach eine Formel sein für eine Schreibweise, die sich vom Konkreten und vom Erzählerischen entfernt. Der 1965 publizierte Band mit Erzählungen, »Eliza, Eliza«, weist schon deutlich solche Tendenzen zur Abstraktion auf. In der Erzählung »Querbalken« beispielsweise geht es um das Problem und die Fragwürdigkeit von Benennungen überhaupt. Der Text kreist um die Frage, was ein Querbalken sei, und um die vergeblichen Bemühungen der Ich-Erzählerin, eine Antwort auf diese Frage zu erhalten. Die Assoziationen, die bei dieser Suche beschrieben werden, sind vollkommen zufällig und individuell, so daß sie schwer nachvollziehbar sind. Die Bewegungen des Textes folgen keiner inneren oder äußeren Logik; das Geschehen steht auch nicht für etwas anderes, es be-deutet nichts, sondern handelt von der Bedeutung selbst. Ilse Aichinger schreibt hier weder metaphorisch noch symbolisch und unterläuft damit gewohnte Rezeptionsweisen.

Obwohl ihre Texte von einem hohen Formbewußtsein und intensiver Sprachreflexion zeugen, berichtet die Autorin, daß der Schreibprozeß für sie ein ganz spontaner Vorgang sei.[40] Ihr Verfahren des assoziativen Schreibens ebenso wie die traumähnlichen Momente ihrer Texte entsprechen Aspekten, die von Hélène Cixous als »Weiblichkeit in der Schrift« gekennzeichnet worden sind. Es gibt eine späte Erzählung von Aichinger, die deutliche Parallelen zu dieser Schrift Cixous' aufweist, die insbesondere an deren Überlegungen über die Fähigkeit der Frauen zur Nähe erinnert. Die betreffende Passage in Cixous' Aufsatz über »Poesie und Politik – Poesie ist Politik?« ist überschrieben »Die Fähigkeit, das Allernächste, das Unwichtigste ankommen zu lassen« und thematisiert die Bedeutsamkeit des Unwichtigen, um die gewohnten Hierarchien von Bedeutung in Frage zu stellen.[41] Frauen wird darin die Fähigkeit zugeschrieben, gegen die Unterscheidung von »Wichtigem« und »Nebensächlichem« zu verstoßen, indem sie die Fähigkeit zur Nähe kultivieren und das Nächstliegende wahrnehmen. In Aichingers Erzählung »Flecken« löst der Anblick von Flecken auf einem Sessel bei der Erzählerin Überlegungen über die Hierarchie und über die Veränderung von Blickpunkten aus, die durch die aufgetretenen Flecken entstehen. Es geht also auch ihr um die Infragestellung geltender Hierarchien durch die Wahrnehmung des Nebensächlichen: »Aber die Flecken verändern die Vertikale. Die Hierarchie beginnt zu schwanken.«[42] Veränderungen im Bereich dessen, was als wichtig gilt, haben dagegen andere Konsequenzen: »Reisen oder Tod verändern die Horizontale. Wieder einer, sagt man leichtfertig und schiebt die Reihen zusammen.«[43] D. h. also, daß durch die sogenannten wesentlichen Ereignisse sich eigentlich gar nichts verändert, weil die Strukturen bestehen bleiben.

Trotz dieser Analogie gibt es einen erkennbaren Unterschied zwischen Cixous' und Aichingers Schreibkonzeption, dies vor allem in der Funktion des Traums für die Literatur. Während Cixous fordert, Frauen mögen ihre Träume aufzeichnen, um damit ihr Unbewußtes zur Sprache zu bringen, ahmen die Texte Aichingers die Traum*form* nach. Damit ließen sie sich eher mit dem Begriff der »literarischen Subjektivität« fassen, wie Elisabeth Lenk ihn in ihrem Buch »Die unbewußte Gesellschaft« entwickelt hat. Lenk bezeichnet darin die Subjektivität als anarchisch und asozial, als »souveräne Macht, die Formen, die sie geschaffen hat und die ihr als Dauergebilde entgegentreten, wieder aufzulösen vermag«.[44]

Indem diese Auflösungsarbeit sich bei Aichinger aber auf immer kleinere sprachliche Bedeutungseinheiten bezieht, gerät ihre Literatur immer mehr zur reinen Spracharbeit bzw. zur Sprachreflexion. Schon im Titel ihres 1976 publizierten Erzählungsbandes »schlechte wörter« wird diese Entwicklung deutlich. Ihr Widerstand gegen die bestehende Ordnung, die sie als sprachlich verfaßte begreift, ist darin zur völligen Beliebigkeit gegenüber Inhalten geworden; die Verweigerung eindeutiger Aussagen wird zum Programm von Uneindeutigkeit, wobei viele Texte in eine Aura von Rätselhaftigkeit gehüllt sind. Ihre Abwehr gegenüber Bedeutungshierarchien und sprachlichen Ordnungsmustern führt sie immer deutlicher zu einer literarischen Position, welche in der Umkehr der bestehenden Wertungen ins Gegenteil einmündet, in einer positiv verstandenen Indifferenz. Obwohl Aichinger sich in der Titelgeschichte »schlechte wörter« von einer ästhetisierenden Tendenz der Kunst abgrenzt, die dadurch, daß sie Schöneres als die Wirklichkeit schafft, an den Illusionsbildungen teilhat – sie wolle nicht mehr nach besseren Wendungen suchen, denn »Ich weiß, daß die Welt schlechter ist als ihr Name und daß deshalb auch ihr Name schlecht ist«[45] –, entgehen ihre Texte nicht der Tendenz, daß sich Spracharbeit in ihnen verselbständigt, daß die Autonomie der Kunst zur l'art pour l'art gerät.

Gerade aber solch hermetische, unangreifbare und in ihrer Rätselhaftigkeit ›bedeutungsvolle‹ Literatur hat seit Beginn der 80er Jahre wieder an Popularität und Einfluß im Literaturbetrieb gewonnen. Als Reaktion auf die weitgehend gescheiterten Bemühungen um eine Politisierung der Literatur und als Reaktion auf die Gemeinplätze vieler Erfahrungsliteratur hat das Postulat der Kunstautonomie wieder Bedeutung erlangt. Und in dieser Situation hat die Literatur Aichingers eine in ihren Effekten m. E. ambivalente Wieder-Beachtung gefunden. 1982 erhielt Ilse Aichinger den Petrarca-Preis für ihren 1978 publizierten Gedichtband »Verschenkter Rat«. Die erfreuliche Tatsache, daß die lange Zeit zuwenig beachtete Autorin damit wieder in Erinnerung gebracht wurde, verbindet sich mit einer im hymnischen Gestus fragwürdigen Anerkennung. In der Laudatio zur Preisverleihung gelingt es Michael Krüger nicht, nur eine konkrete Begründung zu nennen, warum die Jury sich für diesen Gedichtband entschieden habe. Er vermittelt lediglich das Erlebnis einer gemeinsamen, unerklärbaren Ergriffenheit, welche die sechs Jurymitglieder (sämtlich Männer: Handke, Krüger, Brock, Gustafsson, Z. Herbert, Widmer) in einem »glückliche(n) Moment oder emphatische(n) Augenblick« erfaßt habe.[46] Und in dem Bemühen, Aichingers Texte vor dem Vorwurf des »Dunklen« zu bewahren, hüllt er sie zugleich in eine Aura des Rätselvollen, Nichtgreifbaren und entrückt sie in eine Sphäre des Erhabenen. Damit wird die alte Dichotomie von Form und Inhalt, von engagierter Literatur und reiner Poesie wieder einmal restauriert, indem in einer Figur der Wende lediglich die zuvor hoch bewertete Seite abgewertet wird und umgekehrt:

»Die unmittelbare Wirkung dieses Bildes und seiner rhythmischen Dynamik geht nicht davon aus, was es uns sagt. Dieses *Was* wäre der Gegenstand eines Essays, sondern wie es gesagt wird: dieses *Wie* ist das Geheimnis oder die Seele oder die Substanz des Gedichts – der Stoff, der Betrachtung im Sinne von Versenkung und Erkenntnis verlangt.«[47]

Damit wird das Urteil der Unverständlichkeit und Aichingers Verurteilung zur Exklusivität wiederholt. Solche ›Würdigungen‹ mögen mit dazu beitragen, daß Ilse Aichinger bisher nicht zu den (Wieder-)Entdeckungen in der Folge der ›Frauenliteratur‹ gehört. Berühren sich viele Aspekte ihrer Schreibweise mit der Kritik an solchen ästhetischen und sprachlichen Traditionen, die beispielsweise von Christa Wolf in ihren Frankfurter Vorlesungen als männlich charakterisiert wurden, so besteht die Differenz zwischen dem Bild der Literatur Aichingers und dem aktuellen Diskurs über weibliche Ästhetik darin, daß hier die Kritik am Konzept des Heroischen und am Zwang zur Eindeutigkeit nicht in ein positiv verstandenes Programm von Bedeutungslosigkeit, Uneindeutigkeit und Indifferenz mündet, sondern daß die Bemühungen von Frauen dahin gehen, die Widersprüche und Ambivalenzen, die jedem Ereignis und jeder Wahrnehmung innewohnen, zu artikulieren und das Verdrängte, Verschwiegene und das aus der symbolischen Ordnung Ausgegrenzte zur Sprache zu bringen.

Dieser Beitrag versteht sich als Versuch, das starre Bild von der schwerverständlichen und hermetischen Literatur Ilse Aichingers in Frage zu stellen und zu einer Neulektüre vor allem ihrer frühen Texte anzuregen. Besonders ihre Umgangsweise mit mythischen Spuren und phantastischen Imaginationen im Kontext historischer Erinnerungsarbeit in dem Roman »Die größere Hoffnung« hat eine ganz eigene Schreibweise hervorgebracht, die in den aktuellen Überlegungen über die Literatur und Ästhetik von Frauen nicht vergessen werden sollte. »Ein Buch, das geduldig auf uns wartet«, überschrieb Peter Härtling 1980 seine Reflexionen darüber, »warum der 1948 erschienene einzige Roman Ilse Aichingers nicht die ihm gebührende Aufnahme gefunden hat«.[48] Aus der Perspektive der Diskussionen über die Geschichte weiblicher Schreibweisen eröffnen sich ganz aktuelle Interessen für seine ›gebührende Aufnahme‹.

Anmerkungen

1 Zit. nach Heinz F. Schafroth; »Ilse Aichinger«. In: »Kritisches Lexikon zur deutschsprachigen Gegenwartsliteratur.« München 1981, S. 4.

2 »Suddeutsche Zeitung« v. 22./23.11.1980, S. 130.

3 Ingeborg Bachmann; »Werke.« Hg. v. Ch. Koschel u. a. Wien, München 1978, 3. Bd., S. 342.

4 Dagmar C. G. Lorenz: »Ilse Aichinger.« Königstein/Ts. 1981.

5 Ingeborg Bachmann, a. a. O., Bd. 4, S. 335.

6 »Die größere Hoffnung. Roman.« (1948) Frankfurt/M. 1974, S. 10.
7 Ebd., S. 12.
8 Ebd., S. 17.
9 Ebd., S. 22.
10 Ebd., S. 50.
11 Ebd., S. 51.
12 Ebd., S. 52.
13 Ebd., S. 53.
14 Ebd., S. 54.
15 Ebd., S. 63.
16 Ebd., S. 56/57 und S. 63.
17 Ebd., S. 58.
18 Ebd., S. 85.
19 Ebd., S. 93.
20 Ebd., S. 102.
21 Ebd., S. 141.
22 Ebd., S. 178.
23 Ebd., S. 179.
24 Ebd., S. 183.
25 Ebd., S. 143.
26 Vgl. meine Übersicht über »Deutschsprachige Literatur von Frauen nach 1945.« In: »Frauen sehen ihre Zeit.« Katalog zur Literaturausstellung des Landesfrauenbeirates Rheinland-Pfalz. Mainz 1984.
27 G. Bermann: »Bedroht – bewahrt.« Zit. nach Peter Härtling: »Ein Buch, das geduldig auf uns wartet. Warum der 1948 erschienene einzige Roman Ilse Aichingers nicht die ihm gebührende Aufnahme gefunden hat.« In: »Süddeutsche Zeitung« v. 22./23.11.1980, S. 130.
28 »Meine Sprache und ich. Erzählungen.« Frankfurt/M. 1978, S. 49.
29 Ebd., S. 50.
30 Ebd., S. 54.
31 Ebd., S. 49/50.
32 Ebd., S. 29.
33 Ebd., S. 31.
34 Ebd., S. 32.
35 Vgl. Dagmar C. G. Lorenz, s. Anm. 4.
36 »Meine Sprache und ich.« A. a. O., S. 14.
37 Wolfgang Hildesheimer: »Interpretationen.« Frankfurt/M. 1969, S. 93/94.
38 In: »Aufforderung zum Mißtrauen. Literatur, Bildende Kunst, Musik in Österreich seit 1945.« Hg. v. Otto Breicha/Gerhard Fritsch. Salzburg 1967, S. 10.
39 Im Gespräch mit Dagmar Lorenz. S. Anm. 4, dort S. 25.
40 Ebd., S. 26.
41 Hélène Cixous: »Weiblichkeit in der Schrift.« Berlin 1980, S. 14.
42 »schlechte wörter.« Frankfurt/M. 1976, S. 12.

43 Ebd.
44 Elisabeth Lenk: »Die unbewußte Gesellschaft. Über die mimetische Grundstruktur in der Literatur und im Traum.« München 1983, S. 90.
45 »schlechte wörter.« A. a. O., S. 9.
46 »Morgenröte unterm Schnee.« In: »Die Zeit« v. 2. 7. 1982, S. 32.
47 Ebd.
48 S. Anm. 27.

Hilde Domin (Foto: S. Fischer Verlag)

REGULA VENSKE

»Flucht zurück als Flucht nach vorn«?: Hilde Domin und die »Rückkehr ins Zweite Paradies«

1. Biographisches

»Ich, H. D., bin erstaunlich jung. Ich kam erst 1951 auf die Welt. Weinend, wie jeder in diese Welt kommt. Es war nicht in Deutschland, obwohl Deutsch meine Muttersprache ist. Es wurde spanisch gesprochen, und der Garten vor dem Haus stand voller Kokospalmen. (...) Alles männliche Palmen und also ohne Früchte. Meine Eltern waren tot, als ich auf die Welt kam. Meine Mutter war wenige Wochen zuvor gestorben. (...)

Wie ich, Hilde Domin, die Augen öffnete, die verweinten, in jenem Hause am Rande der Welt, wo der Pfeffer wächst und der Zucker und die Mangobäume, aber die Rose nur schwer, und Äpfel, Weizen, Birken gar nicht, ich verwaist und vertrieben, da stand ich auf und ging heim, in das Wort. ›Ich richtete mir ein Zimmer ein in der Luft / unter den Akrobaten und Vögeln.‹«[1]

Mit diesen Worten beschreibt Hilde Domin den Beginn ihres »zweite(n) Leben(s)«[2] als Schriftstellerin. Zu dem Zeitpunkt, als aus der 1912 geborenen Hilde Löwenstein und der seit 1936 verheirateten Hilde Palm die Dichterin Hilde Domin wurde, war sie bereits 39 Jahre alt. Das Pseudonym Domin wählte sie nach dem Ort ihres Exils, Santo Domingo, wohin sie – als Tochter eines jüdischen Rechtsanwalts – 1940 vor der faschistischen Verfolgung geflohen war. Bereits 1932 waren sie und ihr späterer Mann in realistischer Einschätzung der nationalsozialistischen Bedrohung nach Italien emigriert, später, 1939, dann weiter nach England. 1935 promovierte sie an der Universität von Florenz in politischer Wissenschaft; auf die ihr nach dem Doktorexamen angebotene Universitätslaufbahn, damit auch auf die Fortsetzung der *eigenen* wissenschaftlichen Arbeit, hatte sie jedoch verzichtet und sich im folgenden als Assistentin und Mitarbeiterin ihres Ehemannes, Erwin Walter Palm, ganz dessen Arbeit gewidmet. Z. B. hatte sie in Rom, dem nach Palms Arbeitsfeld gewählten Aufenthaltsort, tagsüber, von morgens acht bis abends acht Uhr, stundenweise schlecht bezahlten Sprachunterricht erteilt, um den gemeinsamen Lebensunterhalt zu verdienen; abends revidierte sie dann die von Palm tagsüber geschriebenen Texte und betätigte sich als seine wissenschaftliche und literarische Übersetzerin. Auch die in Santo Domingo absolvierte Ausbildung in Photographie, speziell Architekturphotographie, diente zur Betreuung *seiner* Arbeiten – Palm, der Archäologe und Kunsthistoriker, hatte das Exil als ›verlängerten Bildungsurlaub‹[3] genutzt und war inzwischen ein »Pionier der spanisch-amerikanischen Kunstgeschichte«[4] geworden. Wenn man diese »Vorgeschichte«[5] bedenkt, so ist Hilde Domins später literarischer Anfang für uns in mehrerlei Hinsicht bedeutsam.

In dem eingangs zitierten autobiographischen Passus stellt sie ihre Wiedergeburt bzw. Neugeburt als Autorin in einen direkten Zusammenhang mit dem Tod ihrer Mutter, der wenige Wochen zuvor erfolgt war. Das Schreiben bedeutete für sie Befreiung aus einer existentiellen Krise am Rande des Selbstmords, »Schreiben war Rettung«.[6] Diesen Akt der Selbstschöpfung dürfen wir uns nun aber nicht als einen harmonischen oder gar schmerzfreien vorstellen – bedeutete er doch auch die Zerstörung einer alten Rollenaufteilung und die Aufkündigung ihres ehemaligen Mitarbeiterstatus gegenüber dem Ehemann: Domin verweist ja ausdrücklich darauf, daß sie »unter Tränen« auf die Welt kam. Die Reaktion Palms auf ihren Schreibanfang hat sie folgendermaßen beschrieben:

»›Ich habe ein Gedicht geschrieben‹, sagte ich zu ihm. (...) ›Du schreibst keine Gedichte‹, sagte er mißbilligend. ›Bis gestern‹, sagte ich vorsichtig. ›Wie wenn die Katze plötzlich zu reden begänne‹, sagte er. ›So leicht ist das also, sagte er empört, als er nach vielem Sträuben es sich angesehen hatte. ›Wieso?‹ sagte ich. ›Was ist leicht?‹ ›Gedichte schreiben‹, sagte er. ›Du hast es nie getan. Es ist ein Gedicht‹. Damit knallte er die Tür hinter sich zu. Als ich die Tür knallen hörte, wußte ich, daß es ein Gedicht war.«[7]

Das Problem von Liebe und Konkurrenz, das auch andere schreibende Frauen im Verhältnis zu ihren Schriftsteller-

Partnern betroffen hat, ist für Domins literarische Praxis ein zentrales. Spuren davon lassen sich womöglich noch in einem Brief an ihren Verleger Klaus Piper aus dem Jahre 1981 erkennen, in dem sie, unter Hintanstellung ihrer eigenen literarischen Erfolge, zunächst diejenigen ihres Mannes besonders hervorhebt.[8]

Voller Ironie ist ein Gedicht, das noch aus den 50er Jahren stammt und unter dem Titel »Ich lade dich ein« dem Mann ein Paradies entwirft, »das Haus unsrer Wünsche«. Darin heißt es zum Beispiel:

Liebster, ich lade dich ein,
komm in das Haus unsrer Wünsche
und häng deinen Hut an die Wand, (...)
Denn ich habe das Haus
ganz nach deinem Befehle gebaut.
Es ist alles darin, was wir brauchen. (...)
Du hast immer Zeit,
und es fällt dir was ein, wenn du Zeit hast.
(Die Schreibmaschine kopiert von allein,
völlig geräuschlos, versteht sich.)
Und was du schreibst,
wird im ersten Monat gedruckt
und sofort darauf rezensiert
und gefällt dir und den Andern, und das mit Recht,
denn es ist bahnbrechend, einfach und gut
und zur richtigen Stunde gesagt. – (...)
Der Briefträger, mein Herz, kommt pünktlich zum
Frühstück,
gleich nach dem blauweißen Gruß
der kleinen Möwe über der See,
und bringt Liebesbriefe von deinem Verleger
und Angebote von Stellen, die du nicht brauchst.
Denn du hast, was du wünschst,
und du tust, was du magst.
Und du tobst nur ganz selten,
damit ich behalte, wie gut du es kannst,
und bist viel geduldiger als sonst.[9]

An anderer Stelle schreibt Domin:
»Die Frau hat dagegen anzukämpfen, daß sie ›the angel of the house‹, ›der Engel des Heims‹ zu sein hat, sagt Virginia Woolf. Das hindere die Frau am Schreiben.«[10]

Auf dieses Zitat von Virginia Woolf hat sich Domin mehrfach berufen, wohl auch, weil es ihre eigene Situation als schreibende Frau genau charakterisiert.

2. »Von der Natur nicht vorgesehen«? – Die Situation der schreibenden Frau

Hilde Domin hat sich explizit »Über die Schwierigkeiten, eine berufstätige Frau zu sein«[11], geäußert, wobei sie allerdings in einige Widersprüche geriet.

Die von einer italienischen Autorin in einem Brief an sie gerichtete Frage, woran es denn liege, daß es in der letzten Zeit so still um sie geworden sei – »Basci non dati? Nicht gegebene Küsse«?[12] –, ist Domin verschiedentlich selbst in den Mund gelegt worden. »Was wirkte sich nachteiliger aus (im Literaturbetrieb, R. V.), die versagten Küsse oder der kluge Kopf?« – so formulierte es Lore Schaumann.[13]

Domins Antwort auf die Frage »Basci non dati?« lautete lapidar: »C'ha ragione«, Du hast recht.[14]

Über die andere große Diskriminierung ihres Lebens, die des Exils, hat sich Domin geäußert, als handle es sich um eine unveräußerliche, in ihren Körper eingeschriebene Erfahrung.[15] Während sie also die in gewissem Sinne ja doch von außen an sie herangetragene, aufgezwungene Erfahrung des Exiliertseins als unverlierbar, ihr wesensmäßig zugehörig akzeptiert hat, jongliert Domin dagegen mit ihrer Geschlechtszugehörigkeit *ad libitum*. In einem »Hineingeboren« betitelten Essay, in dem es um die Frage geht, was das Judesein für sie bedeutet, hat sie auf ihre dreifache Diskriminierung hingewiesen: »Deutscher, Autorin, Jude«[16]. Kennzeichen aller drei Gruppen sei es, daß sie nur »auf Widerruf akzeptiert« seien und daß Gruppenmitglieder jeweils kollektiv haftbar gemacht werden. Deutscher, Autorin, Jude – die Reihenfolge bedeutet für sie eine Steigerung in bezug auf die Diskriminierung. Interessant sind die grammatikalischen Geschlechtszuweisungen, die sie dabei benutzt. Obwohl nicht religiös erzogen und definiert, hat sie ihr Judentum und das damit verbundene Leiden bewußt auf sich genommen im

Sinne einer »Schicksalsgemeinschaft«[17]. In bezug auf die Schicksalsgemeinschaft des Geschlechtes sieht das jedoch anders aus. So äußert sie in dem autobiographischen Text, in dem sie ihre Selbstgeburt als Dichterin 1951 schildert, den Wunsch: »Hätte ich nur, als ich mein eigener Sohn wurde, gleich ganze Sache gemacht und auch das Geschlecht gewechselt. Als Junge hätte ich es einfacher gehabt.«[18] Auch in ihren lyriktheoretischen Texten negiert Domin des öfteren ihr Geschlecht. Auch wenn es explizit um sie oder andere schreibende Frauen, wie z. B. Virginia Woolf, Nelly Sachs, Ingeborg Bachmann geht, benutzt sie maskuline, als ›geschlechtsneutral‹ postulierte Formulierungen über *den* Autor und *seinen* Text, *den* Sprechenden im Gedicht.[19] Auch in vielen ihrer Gedichte ist die Person maskulin, angeblich geschlechtsunspezifisch; z. B. handele das politische Gedicht »Wen es trifft« von »einem Namenlosen, einem Geschlechtslosen, nichts als einem Menschen«, so Karl Krolow[20]. Kein Wunder, wenn man bei diesem idealtypischen Menschen dann doch wieder einen Mann assoziiert. Oder es heißt in einem Gedicht von Hilde Domin:

> Unsere Sprache sprichst du
> sagen sie überall
> mit Verwundern.
> Ich bin *der Fremde*
> *der* ihre Sprache spricht.[21]

Von der zunächst bei Domin auffindlichen Postulierung der angeblichen Geschlechtsneutralität des Autors, der damit nach einem männlichen Modell gedacht wird, von dem das Weibliche nur eine Abweichung darstellt – in Domins Lyriktheorie von 1968 z. B. nur in Fußnoten existierend[22] –, hat sich Hilde Domin dann weiterentwickelt.

In dem schon mehrfach erwähnten Text, in dem sie ihren Schreibanfang und ihre Parthenogenese als ›eigener Sohn‹ skizziert, hatte sie 1964 noch formuliert:

»Außerhalb jeder Regel. Von der Natur nicht vorgesehen. Vielleicht durfte es mich nicht geben. Vielleicht gibt es mich nicht. Aber daß es meine Gedichte gibt, scheint außer Zweifel.«[23]

Damit hatte sie sich als schreibende Frau gewissermaßen *extra naturam* gestellt, außerhalb der Natur: von der Natur nicht vorgesehen.

Mit der Verleugnung der Natur sind dabei aber nicht nur biologische Determinanten im Sinne einer ›ersten Natur‹ abgewehrt, sondern eben auch die ›zweite Natur‹ geschichtlicher und gesellschaftlicher Erfahrungen als Frau. Ein Jahrzehnt später sieht das anders aus. In ihren 20 Thesen über die Schwierigkeiten einer berufstätigen, insbesondere einer schreibenden Frau erwähnt sie auch das Lob eines berühmten Kollegen, sie sei »›unter Poeten ein Mann‹«.[24] Dieses Lob – das Mannsein als Superlativ für eine Frau – freut und ärgert sie zugleich, »man starrt es an wie ein hungriges Kind einen Kuchen im Konditorladen, von dem es nichts abkriegt.«[25] Wohl auch aus dem Ärger über dieses Lob, das ja zugleich ein Tadel ist, formuliert sie nun als A und O ihrer Thesen: »Wir sind alle Hermaphroditen.«[26] Damit reproduziert Hilde Domin individuell verschiedene historische Phasen, wie sie weibliche Ästhetik allgemein durchlaufen hat: In einer ersten Phase der Anpassung an männliche Leistungs- und Erfolgskriterien wurde die Geschlechtslosigkeit der Kunst apostrophiert als Schutzmaßnahme gegen das Nichternstnehmen weiblicher künstlerischer Produktivität, wobei die unterschiedlichen Bedingungen des künstlerischen Schaffens von Frauen voluntaristisch übersprungen wurden und die Dichotomie zwischen Kunstproduktion und Frausein fortgeschrieben wurde. Androgynität in der Kunst war das Schlagwort einer weiteren Phase, auch dies eine Kategorie der Hilflosigkeit – »weil es zu schwer war, eine Frau zu sein«, wie die amerikanische Kunstkritikerin Lucy Lippard schrieb[27].

Inzwischen ist deutlich geworden, daß das aus der romantischen Kunsttradition überkommene Konzept des androgynen Künstlers eine männliche Utopie beinhaltet, die die Heilung männlicher Entfremdung unter Opferung des Weiblichen zum Inhalt hat.[28]

Mit dem Postulat des androgynen Künstlers, des Hermaphroditen, werden nicht nur reale Gegebenheiten voluntaristisch übersprungen, sondern die Spaltung der beiden Geschlechter und die damit verbundenen Zuweisungen in männlich und weiblich gleichzeitig noch fortgeschrieben. Das werde ich im folgenden noch an einigen Beispielen aus Domins literarischen Texten selbst belegen. Bei der Untersuchung zu Domins Gedichten und zu dem Prosatext »Das Zweite Paradies« wird sich dann, so hoffe ich, auch herauskristallisieren, was als eine dritte Phase in der Entwicklung weiblicher Ästhetik bezeichnet werden könnte: die Utopie einer radikalen weiblichen Subjektivität jenseits eines Subjekt/Objekt-Dualismus, ausgehend von den Besonderheiten weiblicher gesellschaftlicher und biologischer Erfahrungen.

3. Hilde Domins Lyrik – Klischees einer ›weiblichen Poetik‹?

Du mußt mit dem Obstbaum reden.
Erfinde eine neue Sprache,
die Kirschblütensprache,
Apfelblütenworte,
rosa und weiße Worte,
die der Wind
lautlos
davonträgt.

Vertraue dich dem Obstbaum an
wenn dir ein Unrecht geschieht.

Lerne zu schweigen
in der rosa
und weißen Sprache.[29]

»Linguistik«, so hat Hilde Domin dieses Gedicht betitelt und damit einen Verfremdungseffekt hergestellt. Im Gegensatz zu der modernen wissenschaftlichen Linguistik, in der das Verhältnis zwischen dem Zeichenträger (dem Zeichen) und dem Bezeichneten (der Welt) als ein abstrahierbares gedacht wird, setzt Hilde Domin aber *Wort und Ding* in engen Zusammenhang und weist ihnen gewissermaßen Hautkontakt nach:

Wort und Ding
lagen eng aufeinander
die gleiche Körperwärme
bei Ding und Wort.[30]

Können wir ihren Entwurf einer ›Linguistik‹, einer neuen Sprache bzw. eines neuen Umgangs mit Sprache, unter dem Schlagwort ›weibliches Schreiben‹ subsumieren? Hierbei geht es jetzt nicht mehr darum, was Hilde Domin selbst explizit zu dem Thema geäußert hat, sondern um die Frage nach einer weiblichen Perspektive und Schreibweise in ihren Texten selbst.

Ellen Moers hat Metaphern für (physische) Kleinheit als typisch für weibliche Poetik analysiert.[31] Als gewissermaßen auf eine weibliche Körperperspektive bezogen könnte man auch einige von Domins Gedichten interpretieren.

> Dies ist unsere Freiheit
> die richtigen Namen nennend
> furchtlos
> mit der kleinen Stimme
>
> einander rufend
> mit der kleinen Stimme ...[32]

Oder in einem anderen Gedicht heißt es:

> Ich will einen Streifen Papier
> so groß wie ich
> ein Meter sechzig
> darauf ein Gedicht
> das schreit
> (...)
> Zivilcourage zum Beispiel ...[33]

Deutlicher könnte man eine weibliche Metaphorik in solchen Gedichten aufspüren, in denen Hilde Domin das Schreiben einem Gebärakt parallelsetzt. Schon die Art und Weise, in der sie ihre Selbst-Geburt entwirft, unterscheidet sich ja von dem Konzept der Parthenogenese, wie es bei männlichen Künstlern anzutreffen ist: Im 20. Jahrhundert finden wir dies drastisch z. B. bei James Joyce ausgesprochen, wo die postulierte »Schöpfung aus dem Nichts« für seinen Helden, sein *alter ego* Stephen, deutlich abwehren muß, daß der Mann »in Schoßes Sündendunkel« gezeugt wurde und geboren von »einem Geisterweib mit Asche auf dem Atem«; die Außerkraftsetzung der mächtigen archaischen Mutter dient hier ja gerade zur Legitimation des patriarchalischen Prinzips, der »lex aeterna« –

bei Joyce heißt es dazu: »Ist das dann die göttliche Substanz, darin Vater und Sohn konsubstantiell sind?«[34]

Der männliche Autor befindet sich in einem Rivalitätsverhältnis zur Mutter.[35]

Ganz anders beschreibt Hilde Domin die Geburt und Schöpfung ihrer selbst. Es ist ein Stück Trauerarbeit, Trauer über den Verlust der geliebten Mutter, die sie auch befähigt, die von ihr gewünschte Symbiose auflösen zu können. Der Mutter ist das folgende Gedicht gewidmet.

»Geburtstage«[36]

1
Sie ist tot

heute ist ihr Geburtstag
das ist der Tag
an dem sie
in diesem Dreieck
zwischen den Beinen ihrer Mutter
herausgewürgt wurde
sie
die mich herausgewürgt hat
zwischen ihren Beinen

sie ist Asche

2
Immer denke ich
an die Geburt eines Rehs
wie es die Beine auf den Boden setzte

3
Ich habe niemand ins Licht gezwängt
nur Worte
Worte drehen nicht den Kopf
sie stehen auf

sofort
und gehn

Daß es sich bei der Assoziation von ›Schreiben‹ und ›Gebären‹ nicht um plumpe biologische Gleichsetzungen handelt, wird auch in anderen Anspielungen auf dieses Motiv deutlich, etwa, wenn Domin ihre Worte in einem Gedicht als »ungewünschte Kinder« anredet[37].

Ein bestimmtes Netz von Metaphern ist in Domins Gedichten prävalent: Es handelt sich um die auffallend häufige und vielseitige Verwendung von Vogel-Metaphern. Ellen Moers analysierte insbesondere in bezug auf Lyrik von Frauen aus dem 19. Jahrhundert die spezifische und beinahe exklusive Verwendung von Vogel-Metaphern durch schreibende Frauen. Sie sind einerseits in Zusammenhang zu sehen mit bestimmten Metaphern, die zur Kennzeichnung der Kleinheit, ja empfundenen Winzigkeit als Charakteristikum des weiblichen Körpers dienen. Darüber hinaus verweisen sie auf weitere ambivalente Bedeutungszusammenhänge. So werden Vögel einerseits als exotische und sinnlich-schöne Geschöpfe gesehen, als Symbole halb-verbotener, halb-verlockender sinnlicher Freude – eine Ambivalenz, die in unserer Sprache z. B. in dem Begriff vom ›Paradiesvogel‹ enthalten ist. Auf der anderen Seite können Vögel aber auch als Symbol mütterlicher Zuwendung bis hin zur zwanghaften mütterlichen Fürsorglichkeit gelten: Moers spricht von »nesting-birds«, womit auf die Geborgenheit des Nestbauens angesprochen wird bis hin zum Bild der ›Glucke‹[38]. Außerdem kennen wir natürlich das Bild des Vogels im Käfig als Ausdruck der Isolation und des Eingesperrtseins, wobei dieses Bild ja auch die Sehnsucht nach Überwindung der auferzwungenen Seßhaftigkeit und nach Aufhebung der Verhältnisse der Schwerkraft mit beinhaltet und das Bedürfnis nach Freiheit und Ungebundenheit utopisch ausdrückt.

Hilde Domin verwendet Vogel-Metaphern sehr vielseitig und durchaus widersprüchlich. In den »Liedern zur Ermutigung« aus ihrem zweiten Gedichtband, »Rückkehr der Schiffe«, sind die Vögel Symbol ihrer Utopie, und zwar einer privaten wie gesellschaftlichen wie sprachlichen Utopie.

Diese Vögel
ohne Schmerzen,
diese leichtesten goldenen
Vögel
dahintreibend
über den Dächern.

Keiner
nach dem andern
fragend.

Ohne Bitte,
ohne Sehnsucht,
sich mischend, sich trennend.

Wir,
unter den Dächern,
uns anklammernd...[39]

Typisch für Domin sind auch Formulierungen wie »Aber der Wind / legt das Herz frei / – den zwitschernden roten Vogel / hinter den Rippen –«[40] oder: »Das Gefieder der Sprache streicheln / Worte sind Vögel / mit ihnen / davonfliegen«[41].

Über die Icherzählerin im Roman »Das Zweite Paradies« heißt es, daß sie sich »immer schon als Vogel bezeichnet« hat.

»›Ich bin ein Vogel.‹ Auch er (d. i. ihr Geliebter, R.V.) so schwebend. ›Kinder von uns wären Vögel geworden. Schwalben.‹«

Ihr Ehemann kritisiert sie:

»›Du fliegst mir zu sehr. Ich bleibe auf der Erde.‹«

Dabei hat er selbst ihr den »Lerchenorden« verliehen:

»Ein kleiner Papiervogel, mit Blaustift gezeichnet.«[42]

In ihrer Verwendung des Vogelmotivs überwiegt bei Domin die positive Charakterisierung, sei es ihrer selbst als Vogel, sei es ihres Verhältnisses zur Sprache als eines leichten und schwebenden. Ganz anders erscheint demgegenüber die Verwendung des Motivs in »Angsttraum I« aus dem 1970 erschienenen Gedichtband »Ich will dich«[43]:

meine ungeschriebenen Worte
die gesagten die geschriebenen

die vielen
ungesagten

ich träume
von einem großen blauen Blutfleck

dem Wortetod
dem Tod

meinem
ihr Kolibrifüße

Fußstapfen fußloser Vögel

Diese wenigen Beispiele mögen genügen, um zu zeigen, wie schmal die Gratwanderung zwischen klischeehafter Benutzung dieses Motivs s. o. ›Vögel ohne Schmerzen‹ und einer eigenständigen, auch schockierenden Sichtweise ist (›Fußstapfen fußloser Vögel‹). An anderer Stelle reproduziert Domin damit unfreiwillig auch die Klischees der geltenden Geschlechterstereotypen, wenn es in den erotischen »Höhlenbilder«-Gedichten etwa heißt: »Mein Geschlecht zittert / wie ein Vögelchen«, womit die als weiblich erkennbare Ich-Person sanft, passiv und fragil erscheint, im Gegensatz zu dem angeredeten, männlichen Du der Gedichte, das natürlich aktiv, erotisch aggressiv ist: »Du öffnest die letzte Tür...«[44]

Zum Abschluß dieser kleinen Ausführung zum Thema sogenannter ›weiblicher‹ Metaphern und Bilder bei Domin möchte ich daher zum Kontrast eines ihrer für mich provozierendsten Gedichte zitieren.

»Schneide das Augenlid ab«[45]

Schneide das Augenlid ab:
fürchte dich.

Nähe dein Augenlid an:
träume.

4. Das Zweite Paradies – »Flucht zurück als Flucht nach vorn«?

Hilde Domin, die – wir erinnern uns – ihr erstes Gedicht 1951 schrieb, veröffentlichte ihren ersten Gedichtband »Nur eine Rose als Stütze« 1959. Vorausgegangen war nach einem längeren Aufenthalt in den USA die Rückkehr des Ehepaars Palm/Domin 1954 in die Bundesrepublik Deutschland. Bis zur ›endgültigen‹ Niederlassung – das Wort ›endgültig‹ kann in bezug auf Domin natürlich nur in Anführungszeichen benutzt werden, zeigt sie doch gerade die Widerruflichkeit der menschlichen Existenz auf – bis zur Niederlassung in Heidelberg 1961 also vergingen aber noch einige Jahre in unsicherer Existenz an verschiedenen Orten, u. a. ein mehrjähriger Spanienaufenthalt 1954–57. Noch in Spanien begann sie mit der

Niederschrift ihres Prosatextes »Das Zweite Paradies«, den sie 1961 in einer ersten Fassung abschloß. Das Manuskript ihres Romans lag dann jedoch jahrelang im Lektorat des S. Fischer Verlages, ohne publiziert zu werden, bis es schließlich 1968 bei Piper erschien – in veränderter, ›aktualisierter‹ Form, worauf ich später noch eingehen werde. In der Zwischenzeit wurden weitere Gedichtbände veröffentlicht, so »Rückkehr der Schiffe« 1962, »Hier« 1964, »Höhlenbilder« 1968 – ebenfalls 1968 erschien auch Hilde Domins lyriktheoretische Abhandlung »Wozu Lyrik heute. Dichtung und Leser in der gesteuerten Gesellschaft.« Als ›Dichterin des Exils‹ – und in dialektischem Zusammenhang damit auch als »Dichterin der Rückkehr« (Gadamer) – war Hilde Domin bei der Kritik bekannt und gewürdigt.

Ähnlich wie bei Hilde Domin selbst, die die Kategorie des Exils existentialistisch deutet und sehr weit faßt – in ihrer Lyriktheorie z. B. begreift sie das Exil als »äußerstes Paradigma der Existenz des Dichters überhaupt«[46], wurde auch in der Rezeption ›Exil‹ sehr umfassend verstanden, nämlich über Domins konkrete und politisch zu bestimmende Erfahrung des Exils hinaus; z. B. spricht Horst Meller vom Exil als »ontologische(r) Chiffre der *conditio humana* in der Welt«[47]. Ich möchte für meine Diskussion des Romans »Das Zweite Paradies«, mit dem sich die Rezensenten und Interpreten seit dessen Erscheinen so schwergetan haben, die Kategorie des Exils noch anders begreifen. Und zwar durchaus auch als Metapher: Metapher zur Charakterisierung der besonderen *condition féminine* im Patriarchat.

Ich beziehe mich hier auf Julia Kristeva, die die Frau bezeichnet hat als »ewige Dissidentin im Hinblick auf den sozialen und politischen Konsens, im Exil lebend in bezug auf die Macht; also immer vereinzelt, zerstückelt, dämonisch, eine Hexe…«[48]

Bei Domin geht die Inbeziehungsetzung von ›Frau‹ und ›Exil‹ sogar so weit, daß die Frau als dessen Verkörperung begriffen wird.

»Das Nichtzuhause. An der Frau wird es sichtbar gemacht, das eine wie das andere. Die Verwandlung oder die Hinrichtung. Sie ist das Ich, das man stehen läßt. (...) Die andere Frau ist die Fremde. (...) Neues Mutterland. Geglückte Amputation. Gesundung.«[49]

In Domins Roman »Das Zweite Paradies«, der den Untertitel »Eine Rückkehr« trägt, geht es um die Problematik des Exils und der Rückkehr aus dem Exil, die Frage nach der Heimat, auf mehreren Ebenen. Zum einen ist es eine Auseinandersetzung mit der deutschen Geschichte: Ein Ehepaar, das vor der nationalsozialistischen Verfolgung über Italien und England in ein kleines südamerikanisches Land geflohen war – unschwer ist hier der autobiographische Gehalt zu erkennen –, kehrt in die Bundesrepublik der 50er Jahre zurück. Die beiden machen einen Ausflug in ein fränkisches Gasthaus; es ist ein Ort, mit dem sich Erinnerungen an die Jugendzeit, die Zeit vor ihrer Vertreibung, verknüpfen. In diese Rahmenhandlung eingebettet sind Rückblenden und Reflexionen über die Beschaffenheit der Heimat, des Zu-Hause-Seins und die Möglichkeit neuer Einkehr darin.

»Die Kontinuität scheint den weit Herausgeschleuderten das eigentlich Abenteuerliche. Leute, die immer durch die gleichen Straßen gegangen waren, ohne sich zu wundern, daß sie es taten, und in die eigenen Fußstapfen treten, Jahr um Jahr, Leute, für die das Zuhause etwas Selbstverständliches ist und die nicht wissen, daß es eine Leihgabe ist, schienen ihr manchmal so sonderbar, so jahrmarktreif wie ein Kalb mit zwei Köpfen oder was sonst an Wunderlichem in den Schaubuden gezeigt wird. Dabei wußte sie natürlich genau, daß sie selber das Kalb mit den zwei Köpfen war. Nur daß die Straßen heute voll sind vom Regelwidrigen, daß aber alle den zweiten Kopf, oder was es nun gerade ist, ängstlich verbergen. Jeder will gerne sein wie die anderen. Die, die wie Vieh gestempelt sind, und die sie gestempelt haben. Es ist nur natürlich. Nach Mitternacht sagt man vielleicht: ›Willst du meinen zweiten Kopf sehen?‹ Oder was einem sonst etwa angewachsen ist, was sich nicht so recht schickt.

Das Zuhause hat einem nicht wehzutun wie ein Hexenschuß oder ein hohler Zahn. Das Zuhause ist da, und man fühlt es nicht. Wenn man es erst fühlt oder betastet, wenn man es erst in die Hand nimmt wie eine zerbrechliche Kostbarkeit, die gleich hinfallen kann – die auch vielleicht schon einmal geleimt wurde –, ist es mit dem Zuhause vorbei. Es ist etwas, was man abgenommen bekommt. Wenn man Glück hat, bekommt man es wieder, aber es ist zuviel Erstaunen dabei. Man freut sich zuviel, als daß es ganz wirklich wäre. (...) Das Trauma macht überempfindlich für die Freude. Aber es ist etwas Schizophrenes an ihr. Wie das Zuhause ist die Liebe, wenn man es zuerst begriffen hat, daß sie etwas Widerrufliches sein kann. Das erste Paradies, das zweite Paradies...« (15f.)

Während die Kritiker mit der ersten, als politisch aufgefaßten Ebene noch einverstanden waren, konnten sie mit der Übertragung der Fragestellung auf den persönlichen Bereich, die Beziehung zwischen den Ehepartnern, nicht mehr soviel anfangen; der Innenkonzentration wurde Subjektivität, Privatheit, kurz: mangelnde Relevanz bescheinigt.[50] Auf diese Ebene wollen wir uns im folgenden einlassen. Die zentrale Frage, die im Roman gestellt wird, lautet dann:

»Die Frau ist die Heimat des Mannes. Ist der Mann die Heimat der Frau?« (38)

Hilde Domin erzählt ihren Roman von der Perspektive der Ehefrau aus, die teils als Ich-Erzählerin direkt erinnert und reflektiert, teils aber auch in personaler Erzählhaltung dargestellt wird. Die namenlos bleibende Frau – »sie« – steht in der Gegenwart zwischen zwei Männern, ihrem Ehemann Constantin, und ihrem Geliebten Wolfgang. In ihren Reflexionen über die Liebe, über die Probleme der Mann/Frau-Beziehungen wird nun der Vorgeschichte der Ehe und ihren zentralen Konflikten nachgespürt.

Im ersten Paradies der Ehe basierte die Beziehung zwischen der Frau und ihrem Ehemann, Constantin, auf einer bestimmten Arbeits- und Rollenaufteilung.

»Er wollte nie mehr als ein Knabe sein, der sich in den Schutz der Frau stellt, einer Muttergottheit mit weitem Mantel, die auf einem Zauberteppich durch die Welt fährt und einen birgt und mitnimmt.« (44)

»Neue Gesetze bildeten sich heraus für ihre besondere Art Leben. Die Rollen wurden festgelegt oder verteilten sich fast natürlich. Das, was später ihr Bild voneinander ergab. (...)

Es war damals, natürlich, daß in ihm das Bild von der Frau als hauptberuflicher Wundertäterin entstand. Oder doch als magischer Waffe gegen die Wirklichkeit. Denn um das Wunder am Leben zu halten, bedurfte es laufend neuer Wunder. Vielleicht ist das immer so, aber in ihrer Lage war es akut so. Es war ein Glück für beide, daß sie gewisse Gaben für ihre Rolle mitbrachte. Zum Beispiel die Gabe hatte, die Härte der Übergänge zu mildern. Der Unfreiwilligkeiten. So war denn sehr bald in ihm der Glaube entstanden, sie werde das erforderliche Wunder schon schaffen, den gerade notwendigen Urlaub von der Regel. Ihm seinen Platz sichern im stillen Zeltplatz in der Mitte des Zyklons. Und die richtige Mischung von Sträuben auf seiner und Tränen auf ihrer Seite werde jeweils wieder eine erträgliche, mit seinem Bild von sich selbst nicht unvereinbare Lösung hervorbringen. Er entwikkelte eine Art Ritus, sie als Rammbock gegen die Wirklichkeit zu benutzen. Wie in einem Bürgerkrieg die Männer bisweilen die Frauen auf die Barrikaden schicken, in der Hoffnung, die Polizei werde dann nicht schießen. ›Wenn du nur willst‹, sagte er dabei, und falls es nicht nach Wunsch ging, bestrafte er sie für das, was er als Mangel an gutem Willen erklärte. (...) ›Du wirst das Wunder tun. Wozu wäre eine Frau sonst gut!‹ Es ist wahr, er seinerseits war bereit, ihr nahezu göttliche Ehren zu zollen, dafür, daß sie ihn davon befreite – oder doch ihm einen Teil der Folgen davon abnahm –, daß er in diesem Jahrhundert zu leben hatte...« (70–71)

Jedoch erliegt die Frau zu jenem Zeitpunkt bereits einem gravierenden Mißverständnis. Während er diese Art Rollenaufteilung im bürgerlichen Sinn als einen ›Vertrag‹ begreift, geht sie noch davon aus, es sei ein Traum, in dem sie beide lebten, ein Spiel.

»Im Spiele also, und aus Liebe zu ihm, tat sie so, als könne ihm nichts zustoßen, und als werde sie, komme, was wolle, schon Rat wissen.« (72)

Als sich die äußeren Umstände dramatisch zuspitzen, bei der Abfahrt des Schiffes, das die beiden nach Südamerika bringen wird, gibt sie sich geschlagen vor der Übermacht der Realität und kündigt ihm diese Rollenaufteilung auf.

Für Constantin hat das Paradies, diese »Freizone« ihres gemeinsamen Glücks, bereits zu diesem Zeitpunkt die Selbstverständlichkeit verloren und einen Makel bekommen – obwohl die beiden sich dann in der Folgezeit in der neuen Welt wieder nach dem gehabten Ritus einrichten und die Frau, wenn auch unter verschlechterten Bedingungen, das Spiel wieder aufnimmt. Jedoch ist der Konsens brüchig, und Constantin verfällt in der ersten Krise einer neuen Gottheit, die, wie es heißt, »einen mächtigeren oder doch handfesteren Schutz verhieß«:

»Auch kaum ein Zufall, daß dieser Fahnenwechsel sich zu einem Zeitpunkt vollzog, an dem sie gerade sehr darniederlag, schutzbedürftig und nicht schutzverheißend. Sie hatte sich das nur selber zuzuschreiben.« (...)

»›Er wird dich lieben wie ein Vater, anders als früher. Mit einer neuen Zärtlichkeit, jetzt, wo du schutzbedürftig bist‹, hatte eine Freundin in diesen Tagen zu ihr gesagt. Aber er adoptierte ganz einfach eine neue Mutter.« (86)

Nachdem die Dreiecksbeziehung vorüber ist und aus den dreien wieder die beiden ursprünglichen Partner geworden sind, beginnt für die Ich-Erzählerin das zweite Paradies. Bei der Diskussion darüber, wie es sich darin leben läßt, werden die Unterschiede zwischen ihr und dem Mann deutlich. Sie verkörpert die gemeinsame Erinnerung, er dagegen das Vergessen:

»Er hatte alles ausradiert. Nichts hatte sich geändert. Alles sollte wie vorher sein.« (26)

»Für Constantin war das zweite Paradies identisch mit dem ersten. So sehr, daß es kein zweites für ihn war, denn wo wäre der Unterschied gewesen? Auch sie glaubte an die Möglichkeit. Nur daß sie selbst nicht die gleiche geblieben war.« (16)

Hierin besteht nun der Grundkonflikt der beiden in der Gegenwart: er möchte sie haben, wie sie früher war; konstant – nomen est omen! – hält er an seinem Bild von ihr, wie es für ihn konvenient war, fest. Das ist seine Art zu lieben. (s. S. 86)[51] Sie dagegen weist dieses Bild und die damit verbundenen Zumutungen nun bewußt zurück.

»Sie wollte es nicht mehr. Sie konnte es nicht mehr wollen. Sie wollte jetzt beides mit ihm teilen, den Traum und auch die Wirklichkeit. (...) Sie wollte einen Mann neben sich sehen, keinen Knaben.« (87–88)

Da Constantin sich aber weigert, die neuen Spielregeln für dieses zweite Paradies zu akzeptieren und »unter keinen Umständen« (89) erwachsen sein will, geht sie nun ihrerseits die Beziehung zu Wolfgang ein. Constantin »und Wolfgang sind Gegensätze«. (33) Interessant ist, daß die Erzählerin aber ihrerseits Bildprojektionen in bezug auf Wolfgang vornimmt, die ihn in Beziehung zu ihrer eigenen Mutter setzen:

»Manchmal dachte ich, Wolfgang sei mein Angestammtes, von immer her. (...) In allen Träumen brachte meine Mutter ihn. Vielleicht deshalb. Vorgeburtliche Legitimierung. Seit ihrem Tode hatte ich nie so viel von ihr geträumt, wie seit ich Wolfgang kannte. Sie schienen fast dasselbe in den Träumen. Der Wunsch, Kind sein zu dürfen. Seines, ihres. Dasselbe.« (50)

Der Roman endet mit einem Bild, das sich die Ich-Erzählerin von Wolfgang macht. In einem Museum, das sie gemeinsam mit ihrem Mann besucht, sieht sie Wolfgang als Johannes den Evangelisten, von Rembrandt gemalt. Sie sieht ihn als Utopie, als »Vision eines verheißenen Landes. (...) Vielleicht schon im Unerreichbaren«, als Idee (118).

»Rembrandt hatte alles fortgelassen, was nicht verbrennbar war. Die kleinen Schlacken, die sie bisweilen störten. Es war nur übriggeblieben, was sie an ihm liebte.« (118)

Rembrandts Gemälde dient ihr dazu, ihr Bild von Wolfgang zu heilen, da sie dem Bild verzeihen kann, so daß sie sich nun innerlich von Wolfgang lossagen und trennen kann: indem sie ihn in verklärter Form für sich bewahrt. Sie gibt Constantin, der auf ihre Begegnung mit dem Bild eifersüchtig ist, recht: »Die ganze Reise war nichts als eine Reise zu dem Bild gewesen.« (118) Das bedeutet für sie jedoch auch, daß Constantin und sie ein gemeinsames Ziel erreicht und etwas gelernt haben. Zuvor hat Constantin eine Erkenntnis dessen formuliert, was Erwachsensein heißen könnte, nämlich: »Nichtbekommen, was man will. Und es wissen und den Mangel einbauen« (109). Sobald er mit dieser Einsicht herausrückt, ist sie gleich wieder von ihrer Liebe zu ihm ergriffen, ja, sie muß erneut gegen ihren eigenen Wunsch ankämpfen, seinem Wunschbild von ihr entsprechen zu wollen. Noch am gleichen Tag jedoch straft Constantin seine neue Erkenntnis Lügen (s. S. 114), so daß von einem Happy-End keine Rede sein kann. Nur von einem Fortschritt in Richtung Utopie.

Auf einer vor-analytischen Ebene sind in Hilde Domins Roman meines Erachtens einige wesentliche Aspekte enthalten, die für feministische Theoriebildung in den letzten zehn Jahren wichtig waren.

Der ganze Roman ist eine Auseinandersetzung mit dem Gebot ›Du sollst dir kein Bildnis machen‹, das aber nicht, wie etwa bei Max Frisch in »Stiller«, als ein allgemein-zwischenmenschliches Problem behandelt wird, sondern kenntlich ist als ein der patriarchalischen Gesellschaftsordnung eingeschriebenes.

»Sie hatte das Gefühl, er lege sie in ein Kinderbett und verlange die Amputation dessen, was überstände. Prokrustesbett seines Traums, es ängstigte sie manchmal.« (67)

Constantin ist der Schöpfer der Frau, der Autor im ursprünglichen Wortsinn:

»Er war das Maß, fast schon das Maß nicht seines, sondern der Kosmos.« (80)

Constantin ist davon überzeugt, daß

»seine Brille die einzige (ist), durch die die Welt sich richtig darbot. Nie gelang es ihm, mehr als empirisch zu begreifen, warum sie durch seine Gläser alles so verschwommen sah. Immer wieder hielt er ihr seine Brille hin und forderte sie auf, es doch zu versuchen.« (81)

Kein Wunder, wenn die Frau, die Ich-Erzählerin, bei dieser aufgezwungenen doppelten Sichtweise zu Ende des Romans die Erkenntnis formuliert: »Liebe ist schizophren.« (109)

Diese Schizophrenie ihres Glücks, von der sie auch an anderer Stelle spricht (s. S. 78), bedeutet genaugenommen eine doppelte Spaltung der Frau – die sich nämlich zur Kennzeichnung des ersten Paradieses mit ihrem Mann auf den platonischen Mythos beruft und sich als nur die eine Hälfte eines organischen Ganzen begreift.

Zu dieser Schizophrenie gehört es, einerseits klare Erkenntnisse und Kritik in bezug auf den Mann und das Geschlechterverhältnis zu formulieren, und diese dann in der Trivialität des Gefühls wieder zu vernebeln.

Zu den ungeheuerlichen Erkenntnissen, die dieses Buch

enthält, und die in der Rezeption geflissentlich ignoriert wurden, gehört der Satz »Es ist eine Art Krieg« (40), der sich direkt auf die Beziehung zwischen Mann und Frau bezieht.[52]

Zu den klaren Erkenntnissen gehört fernerhin die implizite Zurückweisung einiger Freudscher Thesen. So ist die Entwicklungs*un*fähigkeit Constantins (»Die Idee der Entwicklung war ihm ohnehin verhaßt.« 68) in Gegensatz zu sehen mit Freuds Beschreibung des Mannes um die Dreißig, den Freud als ein jugendliches Individuum entwirft, »von dem wir erwarten, daß es die Möglichkeiten der Entwicklung... kräftig ausnutzen wird«, während die Frau von dreißig Jahren häufig durch »psychische Starrheit und Unveränderlichkeit« erschrecke.[53]

Freuds Imperativ: »Die Ehe ist nicht eher versichert, als bis es der Frau gelungen ist, ihren Mann auch zu ihrem Kind zu machen«[54], wird gleichfalls ad absurdum geführt, indem die Voraussetzungen, auf denen ein solches Gleichgewicht beruht, hinterfragt werden und sich als gestört erweisen.

Worin kann nun der Ausweg für die Frau bestehen? Die oben zitierte Frage »Ist der Mann die Heimat der Frau?« zeigt sich im Gesamtkontext des Romans als eine rhetorische. Der eine Mann, Wolfgang, der von ihr als Mutter-Ersatz gedacht wird, entlarvt sich im realen Zusammensein als problematisch, als ›Paradies-Surrogat‹; ihre Beziehung beruht auf einem System gegenseitiger Kränkungen und Bestrafungen, und der Frau bleibt am Schluß nur ihre Vision seines Bildes, und zwar als einer – unerreichbaren! – Utopie. Als Gegensatz zu Wolfgang verkörpert Constantin nicht nur ein Stück Patriarchat, sondern auch ganz konkreten Vater-Ersatz. »Vater – und der ihn ersetzt«, heißt es in einem Gedicht von Hilde Domin.[55] Als Fazit bleibt zunächst nur die Erkenntnis für die Frau, daß sie sich aus der sie vernichtenden Symbiose des ersten Paradieses befreien muß.

»Er will mich vernichten. Mich zu zwingen, zu sein, wie ich war, ist mich vernichten.« (107)

Im »Ringen um die Abänderung« (101) seines Bildes von ihr bleibt zunächst nur die Hoffnung:

»wenn er mich nähme, wie ich bin...« (105)
»Wenn es keine Schuld mehr wäre, ich selbst zu sein?« (106)

Es bleibt die Hoffnung, daß Mann und Frau gemeinsam dahin kommen könnten:

»›Das zweite Paradies, weißt du. Es ist nicht weniger Paradies als das frühere. Wir müssen nur erst durch die Wirklichkeit hindurch.‹« (105)

Durch die Wirklichkeit hindurch – das heißt »die Bilder erneuern« (80). Mit diesem Wunsch richtet sich die Aktivität der Frau in Domins Roman auf zweierlei: auf die Zerschlagung bzw. Zurückweisung der alten Bilder, aber auch auf die Konstruktion neuer Bilder, die sie ihrerseits in bezug auf den Mann vornimmt. Dazu heißt es z. B.:

»Constantins Bild hatte sie seinerzeit wieder zusammengesetzt. Eine Ameisenarbeit, jahrelang, Tag und Nacht.« (57) (Über die Heilung, die sie in bezug auf Wolfgangs Bild vornimmt, siehe oben.)

Es bleibt der Frau bei Hilde Domin noch ein weiteres, ein Begehren, das auch in den Bereich der Utopie gehört. »Ich trau mich zu lieben«, lautet das eine Motto, das dem Roman vorangestellt ist. Diese Worte einer ebenfalls namenlos bleibenden, unbekannten Madrider Schneiderin sind sehr wohl auf die weibliche Person und Ich-Erzählerin im Roman zu beziehen. Sie besitzt eine Fähigkeit, die ich als ›offensives Lieben‹ bezeichnen möchte, eine Stärke und Schwäche – so wie die Dinge sind – zugleich.

»Im Verlieren gewinnen, darauf kommt alles an. (...)
Sie konnte es wissen, denn zu der Zeit, als der Mond die zarten Muster vor das Haus malte, hatte sie das Verlierenkönnen sehr weit getrieben, durfte sich seither fast als einen Experten darin betrachten.« (55)

Die Fähigkeit des offensiven Liebens ist in diesem Roman jedoch nicht loszukoppeln von der Bildproduktion des Mannes und der Frau. Christa Reinig schrieb in ihrer Rezension 1969 über die von Domin erzählte Liebesgeschichte:

»Wir erfahren wenig von den Menschen, die in dieser Geschichte geliebt werden, alles von der Liebe, die sie liebt.«[56]

Auch in diesem Punkt nimmt Hilde Domins Sichtweise eine Tendenz vorweg, die für die Erfahrung – und Erfahrungsliteratur – der Frauen in den 70er Jahren konstitutiv wird. Die Bildproduktion, die die Frau in bezug auf den Mann vornimmt, unterscheidet sich also wesentlich von derjenigen, die der Mann sich anmaßt: Während er der Frau vorschreibt, wie sie zu sein und zu handeln habe – sie dabei in das »Prokrustesbett seiner Träume« zwingt –, ist für die Projektion der Frau gerade die Vagheit, die Konturlosigkeit kennzeichnend. Auch sie entwirft Bilder – diese sind aber nicht als ›Männerbilder‹ benennbar. So undeutlich, wie sie bleiben, bleibt auch unbestimmt, wer das Subjekt, wer das Objekt dieser Bildproduktion sei. Für die Liebende selbst wird die Dialektik zwischen Stärke und Schwäche, zwischen Verlieren und Gewinnen zum Inbegriff eines weiblichen Begehrens:

»Man nimmt den Wunsch zurück, schon im Augenblick, wenn man ihn fühlt, aus Angst, er könne in Erfüllung gehen. Unablässig ist man beim Wünschen und beim Zurücknehmen des Wunschs. Der Wunsch wie der Scheitel eines Wellenbergs, der gerade kommt und gerade geht.« (20)

Hilde Domin kann in ihrem Roman noch keinen Ausweg aufzeigen, der aus dem Teufelskreis von unablässiger Wunschproduktion und deren permanenter Zensur und Zurücknahme herausführen würde. Trotzdem denke ich, daß ihr Roman nicht in der langen Tradition des weiblichen Entsagungsromans[57] angesiedelt ist, gibt sie doch ein deutliches »Signal« der Absage an das Alte und der Hoffnung auf etwas Neues, Eigenes, Selbstgeborenes.

»Mutterland? Die Mütter waren tot. Vaterland? Die Väter waren tot. Niemand wartete zuhause. Wieso zuhause? Auch die Toten warteten nirgends. Das Zuhause ist, wo niemand wartet. Die Fremde ist, wo niemand wartet. Das Zuhause sind wir. Die Fremde sind wir. Wir erwarten uns... (...)

Daß sie in der kritischen Zeit zu einem eigenen Beruf gekommen war und ihn verteidigte, hartnäckig verteidigte, war ein Signal.« (S. 96)

Wenn hier das Eigene, Eigentliche des eigenen Berufes so betont wird, ließe sich folgern, daß eine wesentliche utopische

Dimension, die im Text beschworen wird, der Text selber ist: das Schreiben als Heimkehr in die Muttersprache.[58]

Ich sprach schon davon, daß »Das Zweite Paradies« in der Kritik entweder ignoriert oder aber größtenteils verrissen und dabei gründlich mißverstanden wurde. Auf die hier aufgezeigten, meiner Meinung nach auf der Hand liegenden zentralen Konflikte des Romans war kaum ein Rezensent in der Lage, einzugehen.[59] Schon die Überschriften der Rezensionen sprechen für sich: »Kühn gescheitert«; »Fehlschlag in Sachen Liebe«; »Privatsache«; »Doch Hilde Domin hat sich zwischen die Paradiese gesetzt«; »Tränenzoll an allen Toren«; »Sehnsuchts-Paradies, sprachlich verriegelt«. Es ist wohl kein Zufall, daß die würdigenden, verständnisvollen und sachbezogenen Kritiken aus der Feder von weiblichen Rezensenten stammen.[60]

Domins Roman stand quer zu dem Erwartungshorizont der 1968er Zeit. Als der Roman gemessen an seiner Entstehung verspätet publiziert werden sollte, versuchte Hilde Domin, ihn der veränderten gesellschaftspolitischen Situation durch Aktualisierung anzupassen. In die Erzählung hinein montierte sie Zitate aus dem »Spiegel-Magazin« von 1967 und 1968, die die bundesrepublikanische Wirklichkeit beleuchten und gegenüber der Handlungszeit im Roman (die Mitte der 50er Jahre) vorwegnehmen. Themen sind z. B. das Erstarken neonazistischer Umtriebe, überhaupt faschistische Kontinuitäten, z. B. in der Justiz und im Militär, aber auch der Gefühlsterror auf deutschen Autostraßen, die Hippiebewegung, die Studentenbewegung und relativ unvermittelt dazu auch das Problem der Empfängnisverhütung in Pakistan. Die meisten Rezensenten begreifen die dem Text aufgepfropften Zitate als Fremdkörper – was sie auch tatsächlich sind –, dennoch wird der Versuch, dadurch »ein höheres Maß an Objektivität« (Kühn) herzustellen, in der Regel gelobt. In der Auseinandersetzung mit den »Spiegel«-Zitaten und der Montagetechnik des Romans wird es den meisten Rezensenten möglich, sich auf Formprobleme zu versteifen und ihr eigenes Bildungsgut, sei es im Hinblick auf Romantheorie, sei es im Hinblick auf Kenntnisse der Mythologie, zu demonstrieren. Auf der

Strecke bleibt dabei – der Text. Man könnte auch sagen: Auf der Strecke bleibt dabei: die Frau. Es ist frappierend, wie es den Rezensenten gelingt, Hilde Domins Texte entweder als diejenigen einer Frau zu rezipieren und/oder die weibliche Verfasserschaft zu leugnen. Paul Konrad Kurz – der ansonsten eine eher um Sachlichkeit und Differenziertheit bemühte Analyse und Interpretation des Textes gegeben hat – spricht tatsächlich von *dem* Autor und *dem* Erzähler, *dem* Ich-Erzähler, als es ihm um die Analyse des Erzählproblems in Domins Roman geht.[61] Bei der inhaltlichen Interpretation, in bezug auf die Frage des Bildnisses, des Götzen, reproduziert er jedoch genau *die* Geschlechtsrollenzuweisung, die im Text als Constantins Verstehensmangel gerade zurückgewiesen wird, wenn Kurz nämlich schreibt: »Hilde Domin stellt die Frage als Bewahrerin, als Frau.«[62]

Nun, Hilde Domin hat sich, zumindest in bezug auf ihren eigenen Text, nicht als klassische Bewahrerin gezeigt. Bei der Neuausgabe des Romans als Taschenbuch 1980 hat sie, neben einigen Formulierungsänderungen, die »Spiegel«-Zitat-Montagen sämtlich wieder herausgenommen. Ebenso fehlen in der Neuausgabe die Traumsegmente, die in der früheren Ausgabe der eigentlichen Erzählung vorangestellt waren bzw. ihr folgten, Traumsegmente, in denen sich die Beziehung zwischen den Geschlechtern in stärkerem Maße als eine klischeehafte, da ins Archetypische und Zeitlose verweisende, darstellte. Mit diesen Kürzungen trägt Hilde Domin, so ließe sich sagen, dem Unverständnis der Kritiker noch im nachhinein Rechnung und begegnet ihnen durch noch radikalere Subjektivität.[63]

Ein kritischer Punkt bleibt aber dennoch in Domins Roman, der auffälligerweise in der Kritik gerade wesentlich gelobt wurde: das Problem des Rekurses auf die Mythologie. Die mythologischen Anspielungen in Domins Roman sind zahlreich (natürlich im Vordergrund die Paradiesvorstellungen nach der biblischen Genesis, weitere alttestamentarische Bezüge, aber auch die griechische Mythologie, die Odyssee, der platonische Androgynenmythos). Der Rückgriff auf die Mythologie dient ihr zur Verallgemeinerung und Objektivierung des individuellen Schicksals:

»Das steht in allen Mythologien zu lesen. (...) Das war kein Einzelfall, das war ein Muster.« (92)

Aber schafft der ›Blick zurück‹ wirklich einen ›Blick nach vorn‹, ist die Utopie eines ›zweiten Paradieses‹ tragfähig und glaubwürdig?

Daß der Begriff des zweiten Paradieses eine *contradictio in adjecto* enthalte und als »Kompromißformel der Zuflucht« diene, ist ein wesentlicher Kritikpunkt der Rezension von Annemarie Czaschke.[64] Auch wenn ich das Fazit ihrer Kritik nicht teile, so stimmt doch, daß die Fragwürdigkeit eines zweiten Paradieses auch die Selbstverständlichkeit eines ersten Paradieses mit berühren müßte: im Paradiesbegriff ist die Vertreibung schon enthalten. Die Erkenntnis nach der Vertreibung ist nicht wieder rückgängig zu machen, bewußte Naivität nicht herzustellen.

»Erkenntnis, das ist schon das Paradies von außen: das verlorene, das gesuchte.« (70)

In bezug auf Constantin heißt das:

»Nur eines bleibt unbehaglich, auch nach der Erneuerung des Bilds: Man weiß jetzt, wie der Andere von außen aussah, von der Fremde her. Constantin, die steinerne Blume. ›Kann er lieben, ich kann es mir nicht vorstellen?‹ fragte einmal eine Freundin. Sie verstand, wie man das fragen konnte, obwohl es ihm Unrecht tat. Früher hätte sie schon die Frage nicht verstanden, hätte Mordgelüste gegen die Fragerin gespürt. Nur wer ausgestoßen war, wer im bitteren Ernst hat draußen leben müssen, was nicht dasselbe ist wie eine Reise, der weiß, wie sich das eigene Land dem fremden Auge bietet.« (58)

Ist die Rückkehr zu Constantin, das Festhalten an der Utopie vom zweiten Paradies, daher eine »Flucht zurück als Flucht nach vorn«? Als ich über einen möglichen Titel zu diesen Ausführungen nachdachte, habe ich die Formulierung Christa Wolfs Frankfurter Poetik-Vorlesungen zu »Kassandra« entnommen; Ähnliches findet sich in den verschiedensten Zusammenhängen bei Hilde Domin selbst.[65]

In der 1968er Ausgabe des »Zweiten Paradieses« wird von »Fluchtidyllen« »für einen möglichen Rückzug von der

Front« gesprochen, womit die Beziehung zum Mann als »Kriegsschauplatz« eingeführt wird. Hiermit wird das Geschlechterverhältnis nicht mythologisch überhöht, sondern mit militärischen Bildern profanisiert.[66] Auf der privaten Ebene *im* Text bedeutet das nun zwar nicht unbedingt eine Resignation oder Restauration im Sinne der Restauration der Bilder, aber doch möglicherweise die Verhinderung einer Radikalisierung, des zugespitzten Zu-Ende-Denkens dessen, was auf der vor-analytischen Ebene als Kritik im Text enthalten ist. Die Kontinuität, die diese private Beziehung durch Exil und Rückkehr hindurch zu vermitteln scheint, ist eine gebrochene, der Schutz, den sie gewährt – an anderer Stelle sagt Domin: »zu zweit ist man beschützter«[67] –, im Roman ein begrenzter, wenn man bedenkt, daß er dort nur gilt, wenn die Frau ihn jeweils selbst herstellt.

So bleibt die Flucht nach vorn nur auf der Textebene? Dichtung sei gekennzeichnet durch eine »dialektische Umkehr, bei der Rückzug zur Voraussetzung für den Vorstoß wird: die Abkehr vom Tun, Voraussetzung für Tun«, sagt Domin[68], und wenn dieser Satz auf ihr eigenes Schreiben rückzubeziehen ist, so ließe sich sagen, daß der Ausweg für Hilde Domin aus dem Dilemma der Unwiederherstellbarkeit des ersten *und* des zweiten Paradieses im Schreiben selbst lag – Schreiben nicht als zweites Paradies, aber als »zweites Leben«, wie ich eingangs zitierte.

Ich möchte dies abschließend in einen Zusammenhang stellen mit einer Wortspielerei Hélène Cixous' zur Utopie des Paradieses. Ausgehend von ihrem eigenen Satz »Das Verlangen der Frau ist das Paradies« gelangt Cixous zu dessen Umdrehung: »das Paradies der Frau ist das Verlangen«, wozu sie in Gegensatz setzt, daß das Verlangen des Mannes die Hölle sei. Sie fragt nach den Assoziationen, die der Begriff ›Paradies‹ in ihr auslöst.

»Das traditionelle und klassische Paradies ist offenbar ›schon fertig‹, es ist in der Tat ›nichts mehr zu tun‹. Das Paradies in unserer Zivilisation ist der Vater, der ›schon alles macht‹: bliebe natürlich noch das unaufhörliche Genießen übrig (...). Eine Möglichkeit, dieses Wort loszuwerden, wäre der Aufruf zu reagieren, beispielsweise etwas anderes an seine Stelle treten zu lassen. Es müßte so geschrieben werden:

›Das Verlangen der Frau ist, Frau zu sein.‹«[69]

Das Verlangen der Frau ist das Paradies –
Das Verlangen der Frau ist, Frau zu sein –
Im Schreiben Hilde Domins ist eine Entwicklung angedeutet, die der Fortschreibung und Ausführung weiter bedarf.

Anmerkungen

1 Hilde Domin: »Von der Natur nicht vorgesehen. Autobiographisches.« München 1974, S. 34 (im folgenden zit. als Domin 1974).
2 Ebd., S. 17.
3 »Das Exil war für ihn im Grunde ein etwas unvorschriftsmäßiger Studienaufenthalt im Ausland, Gelegenheit zur Bildung«, heißt es über Constantin in Hilde Domins Roman: »Das Zweite Paradies. Eine Rückkehr.« Veränderte Neuherausgabe, Frankfurt/M. 1980, 1981_2, S. 81.
4 Hilde Domin: »München bei der Rückkehr 1954/55«, in: H. D.: »Aber die Hoffnung. Autobiographisches aus und über Deutschland.« München 1982, S. 39f. (im folgenden zit. als Domin 1982).
5 Ebd., S. 31; auch Domin 1974, S. 40.
6 Domin 1982, S. 31.
7 Domin 1974, S. 17.
8 Vgl. Domin 1982, S. 41 u. ö.
9 »Ich lade dich ein«, in: Hilde Domin: »Nur eine Rose als Stütze.« Frankfurt/M. 1959, S. 32f.
10 Domin 1982, S. 78.
11 Domin 1974, S. 42–46.
12 Ebd., S. 43.
13 Lore Schaumann: »Hilde Domin«, in: Heinz Puknus (Hrsg.): »Neue Literatur der Frauen. Deutschsprachige Autorinnen der Gegenwart.« München 1980, S. 32.
14 Domin 1974, S. 43.
15 Vgl. z. B. das Gedicht »Silence and Exile«, in: H. D. »Hier.« Frankfurt/M. 1964, S. 28.
16 Domin 1982, S. 78.
17 Ebd., S. 66ff.
18 Domin 1974, S. 39f.

19 Vgl. z. B. die Eigeninterpretation zu ihrem Gedicht »Köln«, in Domin 1982, S. 54–63.
20 Karl Krolow: »Ich will einen Streifen Papier«, in: Bettina v. Wangenheim (Hrsg.): »Heimkehr ins Wort. Materialien zu Hilde Domin.« Frankfurt/M. 1982, S. 16 (im folgenden zit. als Wangenheim 1982).
21 »Fremder«, in: Hilde Domin: »Rückkehr der Schiffe«. Frankfurt/M. 1962, S. 50 (Hervorhebung von R.V.).
22 Vgl. z. B. Hilde Domin: »Wozu Lyrik heute. Dichtung und Leser in der gesteuerten Gesellschaft.« München 1968, S. 18.
23 Domin 1974, S. 41.
24 Ebd., S. 43.
25 Ebd.
26 Domin 1974, S. 42 und S. 46 (= These 1 und These 20).
27 »Androgyny was only attractive because it was too hard to be a woman.« Lucy R. Lippard: »From the Center. Feminist Essays on Women's Art.« New York 1976, S. 4.
28 ... und sich im übrigen sehr wohl mit realer Frauenfeindlichkeit verträgt. S. hierzu Gertrud Koch: »Zwitter-Schwestern. Weiblichkeitswahn und Frauenhaß – Jean-Paul Sartres Thesen von der androgynen Kunst«, in: Traugott König (Hrsg.): »Sartres Flaubert lesen.« Reinbek 1980, S. 44–59.
Vgl. auch den Beitrag von Sigrid Weigel über Geno Hartlaub in diesem Band.
29 »Linguistik«, in: »Rückkehr der Schiffe.« Frankfurt/M. 1962, S. 22.
30 »Wort und Ding«, in: H. D.: »Ich will dich.« München 1970, S. 33.
31 Vgl. hierzu Ellen Moers: »Literary Women.« London 1977, darin das Kapitel »Metaphors – A Postlude«, S. 243 ff.
32 »Salva nos«, in: H. D.: »Hier.« Frankfurt/M. 1964, S. 16.
33 »Drei Arten Gedichte aufzuschreiben«, in: H. D.: »Ich will dich.« München 1970, S. 11.
34 Vgl. James Joyce: »Ulysses.« New York 1961, S. 37 ff. Hier zitiert nach der deutschen Übersetzung von Hans Wollschläger, Frankfurt/M. 1979, S. 54 f.
35 Vgl. hierzu Hélène Cixous: »Weiblichkeit in der Schrift.« Berlin 1980, S. 66.
36 »Geburtstage«, in: »Ich will dich.« S. 40. Eine vereinfachte Interpretation zu diesem Gedicht gibt Dagmar C. Stern in ihrer Dissertation: »Hilde Domin. From Exile to Ideal.« Berne/Frankfurt/M. 1979, S. 41. Stern sieht hier eine »negative attitude toward birth« ausgedrückt, die sogar soweit ginge, daß die Schreibende sich und ihre poetische Arbeit im Vergleich zu Mutter und Großmutter als »superior« einschätze, da sie keinen sterblichen Menschen geboren hätte. In den Schlußworten sieht Stern die propagierte Bindungs- und Verantwortungslosigkeit zwischen Autor und seinem Text – besonders letztere These geht wohl an Domins Intentionen vorbei.

37 »Hier«, in: »Hier.« S. 24.

38 Moers (s. Anm. 31), S. 245 ff. Zur Vogelmetapher bei Domin s. auch Lore Schaumann (Anm. 13), S. 30.

39 »Lieder zur Ermutigung« III, in: H. D.: »Rückkehr der Schiffe«, S. 61.

40 »Bau mir ein Haus«, in: H. D.: »Nur eine Rose als Stütze.« Frankfurt/M. 1959, S. 21.

41 »Das Gefieder der Sprache«, in: »Hier.« S. 39. Vgl. dort auch die darauffolgenden Gedichte »Immer kreisen«, S. 40, und »Vögel mit Wurzeln«, S. 41.

42 Vgl. Hilde Domin: »Das Zweite Paradies.« S. 60–63 u. ö.

43 »Angsttraum I«, in: H. D.: »Ich will dich.« S. 37. Vgl. auch das Gedicht »Vogel Klage«, in: »Nur eine Rose als Stütze«, S. 68.

44 H. D.: »Höhlenbilder-Gedichte.« 1951–1952. Duisburg 1968, ohne Seitenangaben. Vgl. hierzu auch Dagmar C. Stern (s. Anm. 36), S. 41 ff. Vgl. als Kontrast zu Domins Formulierung das Gedicht »Alle meine Türen« von Johanna Moosdorf, in dem die Sprecherin sich aktivisch ausdrückt: »Alle meine Türen / stoße ich auf«. Johanna Moosdorf, »Sieben Jahr sieben Tag.« Gedichte 1950–1979, Wiesbaden und München 1979, S. 50.

45 »Schneide das Augenlid ab«, in: »Hier«, S. 11.

46 Hilde Domin: »Wozu Lyrik heute«, S. 9.

47 Horst Meller: »Hilde Domin«, in: Wangenheim 1982, S. 50. Vgl. auch Domin, »Von der Natur nicht vorgesehen«, S. 156: »Das Exil ist die Extremerfahrung der conditio humana.«

48 Zit. n.: »Kein weibliches Schreiben? Fragen an Julia Kristeva«, in: Freibeuter 2, Berlin 1979, S. 82. Vgl. auch schon bei Virginia Woolf, »Three Guinees«: »as a woman, I have no country. As a woman I want no country. As a woman my country is the whole world.« (Harmondsworth 1977, S. 125) Hier wird die Exilsituation der Frau zur positiven Bestimmung einer politischen Utopie.

49 Hilde Domin, »Das Zweite Paradies«, (s. Anm. 42), S. 93. Im folgenden werden die Seitenangaben, die sich auf diese Ausgabe beziehen, im Text in Klammern angegeben.

50 Vgl. z. B. Hans Jürgen Fröhlich: »Kühn gescheitert«, in: Wangenheim 1982, S. 95–98: »Was hätte man daraus machen können!«

51 Eine Fehlinterpretation in bezug auf die Zeitebenen in Domins Roman liefert dagegen m. E. Paul Konrad Kurz: »Auf der Suche nach dem verlorenen Paradies«, in: Wangenheim 1982, S. 110, wenn er hierzu verkürzt schreibt: »Constantin will ›sie‹, wie sie früher war, alles genau wie vorher, das hieß nicht ›zu dritt‹, nicht ›abwesend‹ in ihrer Erinnerung an Wolfgang.«

52 Eine solche Parallelisierung Liebe/Bürgerkrieg findet sich auch an anderen Stellen, z. B. pp. 42, 70. In der Erstausgabe von 1968 findet sich auch der Terminus »Kriegsschauplatz« in bezug auf die Begeg-

nung mit dem Mann! »Das Zweite Paradies. Roman in Segmenten.« München 1968, S. 11.

53 Zit. n. Janine Chasseguet-Smirgel: »Psychoanalyse der weiblichen Sexualität.« Frankfurt/M., [5]1981, S. 25.

54 Ebd.. Eine andere Auffassung ist bei Stern 1979, S. 47, herauszulesen: »Rejecting the biological bond between a woman and her child in her definition of her word ›mother‹, the author radically departs from the standard view of this institution. In »Das Zweite Paradies«, the narrator manages this kind of motherhood with limited success. Adopting her husband as the ›child‹ she will rear, as Domin adopts humanity, the narrator tries to raise her husband to adulthood...«

55 »Erste Reihe«, in: »Nur eine Rose als Stütze«, S. 42. Als biographische Parallelen könnte man die große »bewundernswerte Hilflosigkeit« angeben, von der Domin allerdings in bezug auf ihren Vater als von einer großen »Würde« spricht (»Von der Natur nicht vorgesehen«, S. 13), während diese bei Constantin im Roman sich ja als Unreife erweist. Domin selber schreibt allerdings: »Ich entschied mich dann für einen Mann, der in fast allem das Gegenteil meines Vaters war.« (Ebd., S. 12) Diese Widersprüche sind interpretatorisch wohl nicht aufzulösen.

56 Christa Reinig: »Liebesgeschichte, von innen erzählt«, in: Wangenheim 1982, S. 92.

57 So Paul Konrad Kurz in: Wangenheim 1982, S. 118 (»Verzichtmotiv«) und S. 123 (»Stichwort ›Entsagung‹«).

58 Vgl. 1982, S. 12: »›Vaterland‹? Ich will lieber von Mutterland reden, dem Land meiner Herkunft, dem Land meiner Sprache.«
Vgl. hierzu auch das Gedicht »Mutterland« von Rose Ausländer:
»Mein Vaterland ist tot / Sie haben es begraben / im Feuer / Ich lebe / in meinem Mutterland / Wort.«
In: R. A.: »Mutterland Einverständnis. Gedichte«, Frankfurt, Dezember 1982, Januar [2]1986, S. 17.

59 Heinz Ludwig Arnold konstatierte in seiner Rezension »Fehlschlag in Sachen Liebe«, in: »Christ und Welt«, v. 6.12.68, hier liege ein Roman vor, »mit dem man, ehrlich gesagt, anfangs nicht so recht umzugehen weiß«. Daß dies auch noch in bezug auf das Ende des Romans so ist, scheint mir bei Arnold zu einer Fehlinterpretation zu führen – er deutet das Ende als »Sieg Wolfgangs«, als verlasse die Frau ihren Mann. Dabei hätte schon der Untertitel »Eine Rückkehr« ihn auf das Gegenteil verweisen können.
Günter Blöcker spricht unter dem rügenden Titel »Privatsache« (»FAZ«, v. 16. 11. 1968) von dem »fatalen Eindruck eines konstitutionell zum Scheitern verurteilten Unternehmens«. Entsprechend rügt Hans Jürgen Fröhlich in »Kühn gescheitert« (in: Wangenheim 1982, S. 95 ff.) den Mangel an Stoff, die in der Innenkonzentration begründete Schwäche des Romans, er vermißt ein »höheres Maß an Objektivität«.

Von »fatale(r) Spannungslosigkeit« spricht auch Joachim Kaiser (»Sehnsuchts-Paradies, sprachlich verriegelt«, in: »Süddeutsche Zeitung«, v. 26./27.10.1968). »Vielleicht hat allzu großes Betroffensein der Autorin die Zunge gelähmt...«

60 Gerade im Gegensatz zu den Kritiken aus männlicher Feder finden wir z. B. bei Anneliese Dempf »Krise der Zugehörigkeiten«, das Lob: »Ein ungemein fesselndes, eigenwilliges Buch, Inhalt und Form betreffend...« in: Wangenheim 1982, S. 99. Christa Reinig modifiziert: »Was hier erzählt wird, ist keine spannende Geschichte. Die eigentliche Spannung des Buches ist der starke Gefühlsgehalt des geschilderten Erlebnisses...« (in: Wangenheim 1982, S. 94).

61 Paul Konrad Kurz: »Auf der Suche nach dem verlorenen Paradies«, in: Wangenheim 1982, S. 103–124, S. 104f.

62 Ebd., S. 111; vgl. aber auch solche Peinlichkeit der Aussage, wie wir sie bei Kurt Pinthus finden: »Aus der reifenden Frau ist eine reife Dichterin geworden.« (»Die Schiffe können wiederkommen«, in: Wangenheim 1982, S. 64).

63 Eine zweite, überarbeitete Auflage erschien 1986 im Piper-Verlag, bei der die »Spiegel«-Zitate weggefallen, dafür die Traumsegmente wieder aufgenommen sind; dies wird vom Verlag ausdrücklich mit der veränderten aktuellen Situation begründet.

64 Annemarie Czaschke: »Restaurierte Illusionen. Das zweite Paradies der Hilde Domin in ihrem ersten Roman«, in: »Frankfurter Rundschau«, v. 30.11.1968. Es handelt sich bei dieser Rezension um eine ausgesprochen scharfe Kritik, jedoch nicht um bloßen Verriß, sondern eine analytische Auseinandersetzung – z. B. spricht sie in bezug auf den im Roman vorgenommenen Versuch der ›Vergangenheitsbewältigung‹ von der »Fassungslosigkeit der Versöhnungsbereiten«, deren Hilflosigkeit. Die Auseinandersetzung mit Czaschkes Kritik halte ich für ausgesprochen wichtig und lohnend – schade, daß sie nicht in Wangenheim 1982 neu abgedruckt wurde.

65 Christa Wolf: »Voraussetzungen einer Erzählung: Kassandra.« Frankfurter Poetik-Vorlesungen. Darmstadt und Neuwied 1983, S. 72. Vgl. Hilde Domin, »Wozu Lyrik heute«, 1968, S. 15; »Über die paradoxe Wirkung des ›nach innen gekehrten Antriebs‹, als *Rückzug, der den Vorstoß ermöglicht*...«, und S. 106: »In andern Worten, die Rettung, soweit etwas zu retten ist, bestünde in der Flucht nach vorne...« Auf dem Klappentext zu »Das Zweite Paradies«, München ^{2}1986 findet sich sogar die Frage: »Oder muß Rückkehr zur Rückkehr nach vorne werden, in das Zweite Paradies, das hinter der gelebten Wirklichkeit?«

66 »Das Zweite Paradies«, 1968, S. 15 und S. 11.

67 H. D., »Von der Natur nicht vorgesehen«, S. 97.

68 H. D., »Wozu Lyrik heute«, S. 23.

69 Hélène Cixous (s. Anm. 35), S. 27f.

Geno Hartlaub (Foto: Adolf Clemens)

SIGRID WEIGEL

Der Mythos der Geschwisterliebe: Geno Hartlaub

1.

»Der Mond hat Durst« lautet der Titel einer 1963 veröffentlichten Erzählung von Geno Hartlaub, die damals kaum Beachtung fand. Durch die metaphorische Titelgebung wird das Thema des Buches, die Geschichte einer Geschwisterliebe, ebenso bezeichnet wie auch verhüllt. Der Titel bezieht sich auf die mythische Ebene des Textes, die – in der Vorstellungswelt der Schwester, aus deren Perspektive die Geschichte erzählt wird – das äußere Geschehen ständig begleitet und deutet. Die Personifizierung des Mondes im Titel ist mehr als ein lyrisches Bild; im Bild des Mondes spricht die Ich-Erzählerin von sich selbst und beschreibt damit ihre Position im Verhältnis zum älteren Bruder, der für sie die Stelle der Sonne einnimmt:

»Ich war sein Mond, aus dem gleichen Stoff wie er selbst gemacht, von ihm abgesprengt, unfruchtbar, einsam, erkaltet. Ich kreiste um ihn, eifrig und atemlos, ich konnte mein Gesicht nicht von ihm abwenden.«[1]

Mit der Identifizierung der Ich-Erzählerin mit dem Mond verweist die Erzählung auf eine überlieferte Bedeutung des Mondes in der Mythologie, wo der Mond mit dem Weiblichen in Verbindung gebracht wird oder aber direkt als Symbol des Weiblichen fungiert. Anders aber als in matriarchalischer Mythologie etwa wird die Bedeutung des Mondes hier aus dem Primat der Sonne abgeleitet, d. h. er erhält seine Bewertung sozusagen aus der Perspektive des Sonnenzeitalters, einer Zeit, in der die Sonne die Herrschaft übernommen hat, in der Sonne, Licht und Tag mehr gelten als Nacht, Dunkelheit – und Traum.

Mit dieser Konstellation – aus der Sicht des Mondes erzählt, aber mit den Augen der Sonne bewertet – läßt sich auch die Erzählperspektive des Textes kennzeichnen: Erzählt wird aus der Perspektive der Schwester, es sind *ihre* Erinnerungen, aus denen sich die Geschichte zusammenfügt, während der Verlauf der Geschwisterbeziehung auf Initiative des Bruders und unter seiner Regieführung und Zielsetzung inszeniert wurde. Der Bruder entwirft, handelt und kommentiert, sie folgt ihm und rekonstruiert in der Erinnerung die Spuren ihres Weges – womit eine Konstellation bezeichnet ist, die für das Schreiben von Frauen als durchaus paradigmatisch betrachtet werden kann. Wird in ihren Texten auch aus der Sicht des ›anderen Geschlechts‹ erzählt, so steht ihnen dazu doch nicht unbedingt eine andere Sichtweise zur Verfügung. Auch in der Erzählung »Der Mond hat Durst« wird die Schwester Nini vom Bruder als ›Anderes‹ betrachtet, das er sich gleichzumachen begehrt; indem die Geschichte dieses Angleichungsversuches aber in ihrer Erinnerung wiederholt wird, aus der Perspektive des ›Anderen‹ sozusagen, geht die Erzählung nicht in einer einfachen Reproduktion auf.

Ebensowenig geht die Selbstimagination der Ich-Erzählerin in einer einfachen Identifizierung auf. Ihre Beziehung zum Mond ist vielfältig und vielschichtig, ist sie doch auf unterschiedlichen Textebenen angesiedelt, und sie ist ambivalent, denn in sie mischen sich Angst- und Glücksmomente. Der Durst des Mondes, von dem im Titel die Rede ist, kann nicht nur als bildlicher Ausdruck von Sehnsucht, nicht nur positiv konnotiert gelesen werden; der Durst des Mondes ruft auch Angst hervor, er kann nämlich der Erde gefährlich werden, denn er entzieht ihr den Lebensquell, wie es in einer Angstvision Ninis ausgemalt ist:

»Manchmal, in meiner Höhlennacht, befällt mich die Angst, alle Ozeane der Erde könnten auslaufen und in die steinernen Meere des Mondes niederregnen. Der Mond hat Durst, er will Wasser an sich ziehen. Die Flüsse strömen von der Quelle zur Küste. Der Mond herrscht über Ebbe und Flut. Eines Tages wird er zur Tränke gehen und so lange Wasser schlürfen, bis in seinen Kraterseen Wälder rauschen...«[2]

In dieser Vision, die nicht auf die Beziehung des Mondes zur Sonne verweist, d. h. nicht auf die Geschwisterbeziehung in ihrer mythischen Deutung, sondern auf das Verhältnis von Mond und Erde, wird die ambivalente Funktion der mythischen Deutung selbst thematisiert. Je mehr die Ich-Erzählerin dem Sog ihrer mythischen Phantasien folgt, um so mehr entzieht sie ihrem irdischen Leben Energie, andererseits erhält sie der Durst am Leben.

In der Erzählung »Der Mond hat Durst« wechseln zwei Zeitebenen einander ab. Während der Erzählzeit befindet sich die Schwester in einem Sanatorium, das Geschehen, an das sie sich erinnert, liegt fünf Jahre zurück. Im Sanatorium ist sie kurz vor ihrem einundzwanzigsten Geburtstag, womit sie genau das Alter erreicht hat, mit dem ihr Bruder bei einem Autounfall ums Leben kam. Mit seinem Tod, dem Ende ihrer realen Beziehung, ist sie vollständig in die Sphäre ihrer Phantasien und Träume eingetreten, die schon zuvor, weil sich aus ihr die Interpretationsmuster herleiteten, die Bedeutung ihrer Beziehung bestimmte. Indem sie sich als Mond bzw. als Mondbewohnerin phantasiert, setzt sie ihre Beziehung zum Bruder fort; in ihrer Vorstellung folgt sie damit seinem Austritt aus dem realen Leben.

»Ich habe Wahnideen, ich weiß, die Sache mit dem Mond! Ich will nicht mehr davon reden. Eines Tages wird es mir gelingen, die ganze Welt davon zu überzeugen, daß ich zwei Tage vor Ninos einundzwanzigstem Geburtstag diese Erde verlassen habe. Dort, wo ich jetzt bin, gibt es unendlich viel Raum. Ich könnte laufen, bis mir der Atem ausgeht, ohne auf ein Hindernis zu stoßen. Da ist nirgends ein Ende, ein Ende des Nichts. Ich bin der einzige Mondbewohner.«[3]

Wird ihre Phantasie hier einerseits als ›Wahnidee‹ gekennzeichnet, andererseits aber als Überzeugung behandelt, so spiegelt sich in diesem Nebeneinander zweier gegenläufiger Bewertungen die Gleichzeitigkeit von zwei Motiven für die Erinnerung. In den Augen des behandelnden Psychiaters Professor Kellermann soll sie von ihrer ›Wahnidee‹ geheilt‹ werden; sein Ziel ist es, daß sie wieder in die (Kalender-)Zeit und den Realitätsraum eintritt, um mit ihrem einundzwanzigsten Geburtstag selbständig zu werden, eine Zahl, die hier eine doppelt symbolische Bedeutung hat: als Alter, in dem man im bürgerlich-rechtlichen Sinne mündig wird, und als Alter, mit dem sie ihren Bruder im buchstäblichen Sinne *über*leben würde. Es wäre dieser Schritt auch eine doppelte Rückkehr, müßte sie damit doch einen zweifachen Austritt rückgängig machen, den aus der Alltagsrealität, aus der sie mit dem Bruder gemeinsam bei der Flucht aus dem Elternhaus aufgebrochen war, und den aus dem Realen, als sie nach dem Tod des Bruders in ihrer Vorstellung ›diese Erde‹ verlassen hatte. Gegen diese Heilungsperspektive des Professors gerichtet – sie empfindet sein Interesse am Mond aus ›Forschungszwecken‹ als ›Entweihung‹ – hat die Erinnerung *für sie* die Bedeutung der Wiederholung und Verlängerung der Beziehung zum Bruder.

»Er macht seine Aufzeichnungen und Skizzen. Keine Ahnung hat er vom Grauen eines Menschen, der untätig in einem Kraterloch hockt und die Nacht über den Schutthalden niedersinken sieht.«[4]

Das Grauen dieser Situation, ihr Zustand im Sanatorium, ist die Voraussetzung, um die Geschichte ihrer Bruderbeziehung nicht beenden zu müssen. Die Erfahrungen mit ihm – ihre Ängste und Abhängigkeit, ihr Glück, ihre Enttäuschungen und Schuldgefühle – wurden von ihr in die eigene mythische Vorstellungswelt ›gerettet‹. Auf der Textebene bildet diese Situation den erzählerischen Rahmen für den Rückblick auf das Geschehen vor fünf Jahren: die Vergewaltigung durch ihren fünf Jahre älteren Bruder Nino, als sie fünfzehn war, ihre wachsende Abhängigkeit von ihm, die gemeinsame Flucht aus dem Elternhaus, ihre Fahrt mit dem Auto in den Süden und schließlich der Autounfall, bei dem der Bruder getötet wurde. Aus einer Summe von Rückblenden, die immer wieder durch Eindrücke und Gedanken im Sanatorium unterbrochen werden, setzt sich allmählich die Geschichte der Geschwister zusammen. Sie wird chronologisch erzählt und beginnt mit dem ersten Erwachsenwerden Ninis.

»Damals« – das ist die Zeit, bevor der Bruder eines Nachts zu ihr kam – war sie ein »folgsames und fleißiges« Kind, ein

Geschöpf der Erwachsenen: »Ich gebrauchte die Sprache, die sie mir beigebracht hatten«[5]. Als nun ihr Bruder zu ihr kommt, ist sie zunächst im Glauben, er sei zu ihr zurückgekehrt, zurück in die Kindheit, in der sie noch gemeinsam im Kinderzimmer schliefen. Da er immer derjenige war, der bestimmte, fügt sie sich auch jetzt. Durch seine Worte »Du sollst mich erlösen« werden bei ihr Assoziationen ausgelöst, die ihr sofort, noch *in* der Situation, eine mythische Bedeutung des Geschehens anbieten, mit der sie das Erlebte akzeptieren kann. Ihre erste Assoziation ist das Märchen von »Brüderlein und Schwesterlein«, er in ein Tier verwandelt, sie diejenige, die ihn erlöst. Die zweite Assoziation besteht aus einer Version des Schöpfungsmythos:

»Ich werde gemacht, aus Lehm geformt und mit seinem Atem angehaucht. Es ist nicht angenehm, solch ein Schöpfungsakt, und man wird für ihn auch noch bestraft.«
»Später hatte ich ein paar Mal hintereinander den Adam-und-Eva-Traum: Der Mann schafft sich seine Frau.«[6]

Durch dieses Erlebnis hat die fünfzehnjährige Nini sich von einem Geschöpf der Eltern in ein Geschöpf des Bruders verwandelt. Zunächst wird sie krank – »Alles in mir war *zerbrochen*, mein Körper gehorchte mir nicht mehr. Meine Arme und Beine waren *gelähmt*«[7] –, liegt acht Tage im Bett und steht erst wieder auf, als der Bruder sie besucht und auffordert aufzustehen. Durch die mythische Verarbeitung der Geschwisterliebe wird sie nicht nur von ihrem Bruder emotional abhängig, sondern auch abhängig davon, daß sie ihn glücklich macht. Denn *ihr* Opfer ist nur dann gut, wenn *seine* Erlösung gelingt. Deshalb ist die erste Wiederbegegnung mit ihm eine Enttäuschung: »Mein Opfer ist vergeblich gewesen. Ich habe ihn nicht erlöst.«[8] Von diesem Zeitpunkt an beginnt ihre Ablösung von den Eltern, die in einer symbolischen Szene sehr plastisch dargestellt wird. Nini zerschmeißt ein kostbares ›Familienerbstück‹, eine zweihundert Jahre alte Porzellanterrine, an der ihre Mutter besonders hängt – und zwar mutwillig und im Beisein der Mutter: »Was ich jetzt tue, dachte ich, ist schlimmer für sie, als wenn sie die Wahrheit über Nino und mich wüßte.«[9]

Immer wenn es um die Eltern bzw. das Elternhaus geht, klingt in der Erzählung ein deutlich bitter-ironischer Ton mit. Auf der realen Ebene bedeutet die Verbindung der Geschwister, daß sie sich *gegen* die Eltern formieren, die sich an Äußeres klammern, als ordnungsdenkend dargestellt werden und eine wirkliche Beziehung zu den Kindern verfehlen. Die Mutter erscheint als äußerst unsensibel, engstirnig und ›herrisch‹. Der Vater hält sich eher im Hintergrund, verbirgt seine Unfähigkeit, mit den Kindern zu kommunizieren, in Zurückhaltung. Ihr Schlafzimmer wird vom Bruder als ›Grabkammer‹ bezeichnet, womit er ihre Erstarrung in äußeren Konventionen anspricht. In diesen Passagen enthält der Text sozialkritische Verweise auf eine Nachkriegs-Elterngeneration, welche die eigene Geschichte im Verschweigen verhüllt. »›Alles, was wir Verbotenes tun‹, sagte Nino einmal, ›ist nichts gegen die Sünden unserer Väter.‹«[10] Die gemeinsame Flucht aus dem Elternhaus ist auch als Rebellion gegen deren Ordnung zu verstehen; vor allem die Handlungen des Bruders sind von Verachtung gegen die Eltern und deren Gesetze geprägt. Aber die eigentliche Übertretung der Kinder, den Inzest zwischen Bruder und Schwester, sind die Eltern nicht einmal in der Lage, wahrzunehmen; das zeigt sich in ihrer Reaktion auf deren Flucht. Als sie von einem Freund erfahren, daß die beiden sich in Marseille aufhalten, schreibt der Vater ihnen in einem Brief:

»Ich bin beruhigt, Deine Schwester bei Dir zu wissen. Denk daran, daß Nini noch ein halbes Kind ist, Deines Schutzes bedürftig. Laß sie nie allein, bleib immer an ihrer Seite.«[11]

Der Brief löst bei dem Bruder nur schallendes Gelächter aus, beruft der Vater sich doch auf eine Verabredung in der Geschlechter-Ordnung, in der der Bruder der Schwester ›nur‹ Beschützer zu sein hat, Stellvertreter des Vaters sozusagen. Die Eltern repräsentieren das, was der Bruder ›Welt‹ nennt, wenn er sich dagegen abgrenzt; und die Schwester hat für ihn eine ganz andere Bedeutung und Funktion, da er in ihr seine Ergänzung zu finden glaubt, die ihm zu seiner ›Unabhängigkeit‹ verhelfen könne.

»Ich verachte die Welt. Ich nehme sie nicht an. Ich beuge mich nicht ihren Gesetzen. Wenn du bei mir bleibst, habe ich alles, was ich brauche.«[12]
»Das Wichtigste auf dieser Welt ist Unabhängigkeit. (...) Man muß sein wie ein Land, das sich selbst ernährt, wie eine Festung, die genug Vorräte in ihren Mauern hat, um jeder Belagerung zu trotzen.«[13]

Dieses Land geträumter Unabhängigkeit suchen die beiden in ihrer Verbindung, über die der Bruder im Bild des ›Paradieses‹ spricht. Die Freiheitssehnsucht, die sich als Sehnsucht zur Rückkehr ins Paradies artikuliert, verbindet sich mit einem Ursprungs- und Einheitsmythos, d. h. die Einheit der Geschlechter wird verstanden als Rückkehr in einen ursprünglichen Zustand. »Wir sind ein einziges Wesen, das man in zwei Hälften zerschnitten hat«,[14] so die Erklärung des Bruders. Indem sie sich von den anderen, dem Elternhaus entfernen, kommen sie dieser Einheit näher. Dabei ist auffällig, daß *er* jeweils die Deutung ihrer Beziehung anbietet und sie sie übernimmt, weil sie ihren Nähewunsch zu ihm realisiert, indem sie seine Perspektive übernimmt, mit seinen Augen zu sehen lernt. »Ich habe mir nie etwas mehr gewünscht, als Ninos Augapfel zu sein und die Welt so zu sehen wie er«,[15] heißt es einmal.

Die Ausgangsbedingungen dieser Symbiose aber sind völlig ungleich. Der Bruder ist unzufrieden, unausgeglichen; er hat Schwierigkeiten, seinen Ort zu finden, sowohl bei den Freunden als auch im Studium. Er haßt die Welt und zieht sich als Einzelgänger zurück. In seiner Einsamkeit braucht er die Ergänzung durch die Frau bzw. seine weibliche Hälfte. »›Wer allein bleiben will‹, sagt er, ›muß zu zweit sein, zweimal der gleiche sein.‹«[16] Aus diesem Motiv erklärt sich sein Wunsch, den eigenen Mangel durch die Ergänzung mit seinem Ebenbild auszugleichen: die Frau als Spiegelbild des Mannes. Diese Funktion der Schwester als kleineres, schwächeres Ebenbild des Bruders, wird in einer Spiegelszene dargestellt. Während beide gemeinsam in den Spiegel blicken, demonstriert Nino ihr die Ähnlichkeit, wobei er davon ausgeht, daß sie *ihm* immer ähnlicher werden wird bzw. soll:

»›Ich sehe zweimal das gleiche‹, rief er, ›du bist wie ich. Du hast meine Augen, meine Stirn, meine Gefühle und meine Gedanken. Nur alles etwas schwächer und blasser. Aber du wirst mir noch ähnlicher werden, wenn du nur willst.‹«[17]

An anderen Stellen bezeichnet der Bruder die Schwester als sein Geschöpf oder spricht sogar von Züchtung. Im biblischen Schöpfungsmythos bzw. in ihrem ›Adam-und-Eva-Traum‹ findet Nini ein Muster, in welchem diese Beziehung ihre Richtigkeit hat, und identifiziert sich so mit seiner Version ihrer Geschichte. Diese Funktion des Mythos ist für sie um so naheliegender, als sie noch gar nicht in die Verlegenheit gekommen war, sich über ihren Ort in der ›Welt‹ Gedanken zu machen, denn sie war noch gar nicht in der ›Welt‹. Statt dessen war und ist sie abhängig davon, von jemandem beachtet und geliebt zu werden. Die Symbiose der beiden ist also aus seinem Unabhängigkeits- und ihrem Nähe- und Zuwendungswunsch gespeist. Die Ungleichheit in der Beziehung ist nicht zufällig und auch nicht durch die besondere Boshaftigkeit dieses Bruders begründet, sondern durch ihre unterschiedliche Stellung zur ›Welt‹. Der Bruder, von dem hier die Rede ist, ist nur besonders geschickt darin, ihr die Sache schmackhaft zu machen; z. B. mit den Worten: »Nur wenn du bei mir bist, kannst du dich selber finden.«[18] Und er ist besonders geschickt darin, die Abhängigkeit Ninis von sich zu verstärken, indem er sich mehrfach entzieht und zurückkommt. Selbst dann, wenn das Verhältnis scheinbar umgedreht ist, nämlich wenn er sie umwirbt, besteht diese Struktur fort – in ihrer Abhängigkeit von seiner Umwerbung. »An einem einzigen Tag« hat sie das Gefühl, daß sich das Verhältnis verkehrt habe. Aber erst in einer Situation, in der sie ganz von ihm getrennt ist, findet sie zu ihrer eigenen Wahrnehmung zurück. Als sie durch einen Schleier »vor seinen Augen in eine Unbekannte verwandelt« ist und sich in einen Zug von Wallfahrerinnen gemischt hat, ist ihr Blick ganz unabhängig von dem seinen:

»Zum erstenmal seit vielen Tagen und Wochen war er nicht in meinen Gedanken. Ich bin allein, dachte ich, ich sehe und höre wieder mit meinen eigenen Augen und Ohren.«[19]

Doch diese, *ihre* Unabhängigkeit währt nur einen kurzen Moment, ein kleiner utopischer Augenblick aus ihrer Sicht, eingefügt in seine Geschichte vom Paradies, in dem, obwohl es doch als Gegen-Ort zur bestehenden Ordnung entworfen ist, die herrschende Hierarchie der Geschlechter reproduziert ist. Als Antithese zum Bestehenden konzipiert, trägt das ›Paradies‹ die Spuren *des Ortes*, von dem aus es begehrt wird. Die angestrebte Einheit der Geschlechter erweist sich als Wunsch des Mannes, seinen Mangel durch die Ergänzung mit dem ›Weiblichen‹ auszufüllen, wobei die Frau zur Verkörperung dessen wird, was dem Manne mangelt.

In der Geschichte der Geschwisterliebe in der Erzählung »Der Mond hat Durst« wird damit eine im Mythos und in der Literatur unter dem Titel der ›Androgynität‹ weit verbreitete Idee wörtlich genommen, durchquert und erprobt. Diese Idee der Ergänzung trifft in der psychischen Ökonomie der Frau auf ihren Nähe- und Symbiosewunsch und liefert ihr ein verlockendes Bild dafür. Die Ich-Erzählerin Nini durchlebt diese Symbiosewünsche bis zur Selbstaufgabe, ja bis zur Zerstörung ihres ›Selbst‹. Dieses Resultat ihrer Angleichung an das mythische Bild ist durch die Erzählsituation, ihren Sanatoriumsaufenthalt, ständig präsent, wobei ihr Zustand als durchaus ambivalent erscheint, denn der Schritt in die Autonomie wäre mit einer Entzauberung verbunden, auch mit einer Verabschiedung der Wünsche, die ihren zweifachen Austritt aus den sozialen Verabredungsstrukturen motivierten. Die Ambivalenz von Ninis Geschichte zeigt sich auch darin, daß in die Flucht aus dem Elternhaus mit dem Bruder gemeinsam neben der Unterwerfung unter seine Regieführung auch Momente des Glücks eingeschrieben sind. Und im Sanatorium wirkt die mythische Phantasiewelt der Ich-Erzählerin auch als Widerstandspotential gegen die Entmündigung und Entpersönlichung, der sie in der Anstaltsordnung ausgeliefert ist. Den Geboten, sich in die Ordnung zu fügen, endlich ›zur Vernunft‹ zu kommen, begegnet sie dort mit ihrer Einbildungskraft, die sie in andere Räume und Zeiten versetzt: »Dort, wo ich jetzt bin, braucht man die Sprache der Menschen nicht mehr.«[20] Dort gilt auch die Uhrzeit nicht mehr – sie hat Ninos Uhr bei sich behalten und nicht nach ›der

Zeit‹ gestellt –, und dort kann man an mehreren Orten zugleich leben. »Ich bin weder hier noch dort, weder diesseits noch jenseits der Grenze.«[21] Ihre Utopie, ihr Nicht-Ort versetzt sie in eine mythische Zeit, außerhalb der Sprache und außerhalb der Gesetze.

In mythischer Zeit ist auch die Geschwisterliebe angesiedelt. In zahlreichen Überlieferungen verkörpert das Geschwisterehepaar eine frühe Form der Geschlechterbeziehung: Isis und Osiris, Kronos und Rhea, Zeus und Hera. Der Verbotscharakter einer solchen, dann als inzestuös bewerteten Verbindung gehört einer jüngeren Schicht der Überlieferung an. Das Inzesttabu spielt in der Erzählung nur nach außen, nicht in der inneren Dynamik der Geschwisterliebe eine Rolle. Erst die Kommunikation mit anderen konfrontiert sie mit den Wirkungsweisen von Gesetzen. Als sie z. B. einen Freund und eine Freundin in Marseille treffen, heißt es: »Alles was die beiden Boten aus der Welt, die wir für immer verlassen hatten, redeten und taten, kam uns zweideutig und hinterhältig vor.«[22]

Die Beziehung der Geschwister bietet sich wegen ihrer Ähnlichkeit an, um die Idee der Geschlechtereinheit zu konkretisieren. Die zwei Hälften fügen sich – um im Bild des Bruders zu bleiben – ohne größere Dissonanzen zusammen. Die in der Erzählung dargestellte Geschwisterliebe bildet aber keine Ausnahme von der Regel, sondern in ihr vollziehen sich die Grundstruktur der Beziehung zwischen Mann und Frau sowie die Funktionsweise von mythischen Bildern für die Geschlechterkonstellation. Die Widersprüche, die diese Konstellation für Nini hervorbringt, verweisen auf die grundsätzlich ambivalente Bedeutung, die Mythen für Frauen haben. Der *Struktur* nach sind in ihnen Momente des Widerstands gegen die Alltagsordnung und die Rationalität der väterlichen Gesellschaft enthalten, die darin entworfenen *Bilder* und *Geschichten* aber sind für Frauen aufgrund der jahrtausendealten männlichen Überlieferung fast immer kränkend, weil in ihnen Frauen als Geschöpfe, nicht aber als Subjekte vorgesehen sind.

Der Weg zur Einheit, zur Ordnung und zur Rationalität, d. h. der Weg ins Patriarchat – so haben Horkheimer und

Adorno in ihrer »Dialektik der Aufklärung« entwickelt – hat die Bändigung der Sinne, den Verzicht auf Vielfalt und die Zerstörung der Naturbeziehung gekostet. Doch der Weg zurück in den Mythos bedeutet für Frauen – darauf hat Christa Wolf in ihren »Voraussetzungen einer Erzählung: Kassandra« aufmerksam gemacht – die Regression in ein entindividualisiertes Wesen oder aber die Einsperrung in eines der zahlreichen Frauenbilder.

Indem in die Erzählung »Der Mond hat Durst« diese Ambivalenz eingeschrieben ist, kann der Text als Vorwegnahme und Konkretisierung von Einsichten gelesen werden, welche der theoretische Diskurs der Frauenbewegung im letzten Jahrzehnt hervorgebracht hat. Dies gilt sowohl für die Kritik an Androgynitätsvorstellungen, insofern diese eine Vollendung des Mannes mit Hilfe des ›Weiblichen‹ intendieren, es gilt für die Einsicht in die ambivalente Funktion des weiblichen Imaginären als Widerstand gegen männliche Rationalität und Ordnung und als Flucht in irreale Räume oder in die Krankheit, und es gilt ebenso für die Beurteilung psychischer Krankheiten, in denen eine latente, den Frauenbildern eingeschriebene Schizophrenie zum Ausdruck kommt, in denen aber auch Verweigerungsstrategien zum Tragen kommen, die sich in ihrer Wirkung gegen die Frau selbst richten, weil ihre Inszenierungen den Körper und das Innere der Frau als Bühne benutzen – insofern ihnen dafür kein ›anderes Geschlecht‹ zur Verfügung steht.

Dabei ist die Erzählung, die sich wie eine Parabel über die Idee des ›Weiblichen‹ lesen läßt, keine poetische Umsetzung theoretischer Einsichten. Interessanterweise vertritt die Autorin Geno Hartlaub im Gespräch die Vorstellung von der männlich-weiblichen Ergänzung als ein von ihr positiv gemeintes Konzept für die Geschlechterbeziehung.[23] Im literarischen Erzählen aber, in der fiktionalen Verlebendigung der Idee aus der Sicht der Frau, im Text, geschrieben aus weiblicher Perspektive, wurde von ihr eine andere Lesart dieser Idee hervorgebracht als im begrifflichen Diskurs.

Die Widersprüche, welche in der Erzählung »Der Mond hat Durst« zum Ausdruck kommen, können als charakteristisch für die Schreibweise Geno Hartlaubs gelten. In diesem

Text, den sie mit achtundvierzig Jahren publizierte, kreuzen sich etliche Themen und Motive, die für ihre schriftstellerische Identität kennzeichnend sind. Die Literatur Geno Hartlaubs weist einen deutlichen Hang zum Phantastischen und Mythischen auf, eine Bewegung, die nicht selten als Gegenbewegung zur alltäglichen Ordnung in Gang gesetzt wird. Und sehr häufig sind weibliche Erfahrungen in ihren Texten verarbeitet. Auch ihre Identität als Schwester hat ihre schriftstellerische Entwicklung nicht unwesentlich geprägt.

2.

Geno Hartlaub gehört der Generation an, deren schriftstellerische Anfänge in der Zeit des Nationalsozialismus liegen. Wie bei vielen anderen auch sind die Texte, die vor 1945 entstanden sind, schon vom Thema her fern der Zeitgeschichte und der politischen Tagesrealität, während die Literatur nach dem Krieg sehr stark durch die Auseinandersetzung mit dem Krieg und dem Nationalsozialismus geprägt ist. Auffällig ist bei ihr aber, daß sie eine Verarbeitung der jüngsten Geschichte erst relativ spät zum Thema ihrer Romane macht, erstmals 1958 in »Windstille vor Concador«, dann 1961 in »Gefangene der Nacht« und 1967 in »Nicht jeder ist Odysseus« und vermittelt nochmals 1974 in »Lokaltermin Feenteich«, obwohl dieser Roman schon mehr von der Kontinuität des Faschismus in der Gegenwart als von der vergangenen Geschichte handelt.

Geno Hartlaub ist 1915 geboren, sie war also, als die Nationalsozialisten die Macht übernahmen, achtzehn Jahre alt.[24] Sie durfte nicht studieren, weil ihr Vater, der Kunsthistoriker und Museumsdirektor in Mannheim war, aus politischen Gründen vom Dienst suspendiert wurde (»Kulturbolschewismus«). Deshalb und auch weil kein Geld für ein Studium im Ausland vorhanden war, mußte sie entgegen ihren Wünschen eine kaufmännische Lehre durchmachen. 1938, als die Firma, für die sie in Italien im Außendienst tätig war, abbrannte, blieb sie für ein Jahr dort. Als sie zurückkam, wurde sie im Rahmen der Mobilmachungsmaßnahmen 1939 als Sekretärin zur Wehrmacht dienstverpflichtet; das war ungewöhnlich früh, die meisten Frauen wurden viel später von dieser Maßnahme betroffen. Während dieser Wehrmachtsdienstjahre beginnt sie zu schreiben. Vier Bücher sind in den Jahren vor 45 entstanden, von denen zwei auch noch vor 45 veröffentlicht wurden, das erste »Die Entführung« 1941, das zweite »Noch im Traum« 1944. Die anderen beiden, »Anselm, der Lehrling. Ein phantastischer Roman« und »Die Kindsräuberin. (Eine) Novelle«, erschienen nach dem Krieg 1947. Erst nach einer längeren Pause wurde ihr erstes in der Nachkriegszeit geschriebenes Buch veröffentlicht: »Die Tauben von San Marco. Roman einer Ehe«, 1953.

Als sie ihr erstes Buch schreibt, hat die Autorin sehr unterschiedliche Erfahrungen und Lebenszusammenhänge hinter sich. Die Jugend in einem bourgeoisen Elternhaus mit Kontakten zu Künstlerkreisen; nach dem Tod der Mutter kam sie als Fünfzehnjährige vorübergehend zu einer Tante in die Schweiz, deren Mann ein bekanntes Sanatorium führte; später dann die tristen Jahre im Büro, die Italieneindrücke und schließlich die stupide und unnütze Arbeit bei der Wehrmacht. Eindrücke aus all diesen Stationen sind in ihren Büchern wiederzufinden. Das erste Buch, »Die Entführung«, entstand am Wehrmachtsschreibtisch in Metz / Frankreich – »aus Langeweile«, wie Geno Hartlaub mir erzählte.

»Die Entführung« hat den Untertitel »Eine Geschichte aus Neapel«. Sie enthält eine Rahmenerzählung von einem reisenden Ehepaar in Neapel, wo der Mann seiner Frau eine Geschichte erzählt, die er vor langer Zeit bei seinem ersten Neapelaufenthalt erlebt hat. Der größte Teil des Textes besteht aus dieser Erzählung des Mannes, die in der Ich-Form als direkte Rede geschrieben ist, während die kurze Rahmenerzählung – aus der Perspektive eines allwissenden Erzählers – über beide Personen distanziert berichtet. Die spannende Geschichte einer Kindesentführung, von der der Mann berichtet, steht dabei in einem eigentümlichen Gegensatz zur Rahmenhandlung, die aber den Bedeutungskontext für die Moral dieser Geschichte abgibt.

Zunächst die Entführung: Der Mann hatte auf der Schiffsüberfahrt von Ischia nach Neapel einen Jungen und seinen Vater kennengelernt, war zu ihnen nach Hause eingeladen worden und zum ›Freund‹ avanciert. Das Haus, in das er kommt, ist wohlhabend, aber unglücklich, denn die beiden leben ohne Frau bzw. Mutter. Die Atmosphäre ist bedrükkend, und er beobachtet bei dem Jungen einen auffälligen Wechsel zwischen Wohlerzogenheit und wütenden, bösartigen Ausbrüchen. Bei einem Fest, das die drei am anderen Tag gemeinsam besuchen, verschwindet der Junge; für den Vater ist sofort ausgemacht, daß die Mutter ihn entführt habe. Nun beginnt die Odyssee der beiden Männer auf der Suche nach dem Kind. Um es kurz zu machen: Sie werden schließlich in ein Haus außerhalb der Stadt geführt, um mit den Entführern, die der Mutter zuvorgekommen waren, Verhandlungen zu führen. Freunde der Mutter sind ebenfalls eingeladen worden; es geht offenbar darum, das Geschäft durch die Konkurrenz der beiden Elternteile im Streit um den Sohn besonders vorteilhaft zu gestalten. In dieser Situation wird der Erzähler zum Vermittler. Er geht zur Frau, überzeugt sie davon, daß nur durch gemeinsames Handeln der Sohn zu retten sei, und führt sie dann zu dem Vater des Kindes. Schließlich befreit er den Jungen aus dem Versteck, von dem er zuvor erfahren hatte, bringt ihn zu den wieder vereinten Eltern zurück und verabschiedet sich. Die Moral von der spannenden und trivialen Geschichte liefert der Ich-Erzähler gleich mit:

»Das ist die Lehre der Geschichte. Alle Dinge sind einfach.Sie wiederholen sich. Die Zeit kann ihnen nichts anhaben. Was geschieht, sieht sich ähnlich. Man erzählt es nur immer neu. Eine alte Ordnung bricht entzwei: man ist abtrünnig geworden. Von da an herrschen Willkür und Streit, bis die Einheit wiederhergestellt ist. So ist die Handlung der Mythen.«[25]

Die Wiederherstellung der alten Ordnung, das ist dann auch die Lehre, die die beiden Personen der Rahmengeschichte für sich daraus ziehen; vor allem die Frau. Die beiden werden als ein Paar in den Text eingeführt, das sich voneinander entfremdet hat. Sie ist eine launische, ungeduldige Person, die nicht zufriedenzustellen ist. Er, sehr viel älter, hat sich in einer »hartnäckig verteidigten Einsamkeit« von ihr abgewandt. In

Neapel führt der Mann sie zu einem Platz und vor ein Haus, das den Schauplatz seiner früheren Erlebnisse darstellt. Dort beginnt er seine Geschichte zu erzählen, und sie, anfangs unkonzentriert, hört ihm immer genauer und beteiligter zu. Zum Schluß wird ihr klar, daß die Geschichte für ihn nie ein Ende gefunden hat.

»Da hörte er auch schon ihre Stimme, fand sie beängstigend jung. ›Ich will dir helfen, das Ende zu finden‹, sagte die Frau, ›die alte Ordnung ist wiederhergestellt, unser Kind wird das Ende sein.‹«[26]

Mit diesem Entschluß hat sie, wie es heißt, »die Würde ihrer Weiblichkeit« wiedergewonnen, sich in die »alte Sicherheit ihres Geschlechtes« wieder eingefunden: »Weiter als alle Wechselfälle der Liebe reichte der Bund zurück, den es neu zu bestätigen galt.«[27] – »Der Kreis schloß sich, der Strom mündete in seine Quelle.«[28]

Das Ende der Fabel, die Rückführung der abgeirrten Frau auf den Weg ihrer ›natürlichen Bestimmung‹ zurück – das ist ein bekanntes, vieltraktiertes Muster von Frauenromanen. Wie aber in vielen Frauenromanen des 18. und 19. Jahrhunderts wird auch hier bei der Lektüre ganz deutlich, daß der Text nicht dieser Moral wegen erzählt wurde. Der Erzählfluß folgt einer anderen Dynamik. In diesem Falle ist der Kontrast sogar besonders deutlich durch die Trennung in Rahmen- und Binnengeschichte und durch die abgesetzte, hervorgehobene Erklärung des Erzählers. Der Sinn der Erzählung aber ist ein anderer; bei diesem Text nämlich geht es deutlich um *das Erzählen selbst*. Die erzählerische Spannung, der Zauber des Geheimnisvollen und der Sprachfluß selbst bilden das Schreibmotiv, die Lust am Erzählen – eine Lust, die Mythen hervorbringt, auch moderne Mythen wie Kriminalromane und die sogenannte Trivialliteratur. Besonders kraß wird der Gegensatz zwischen der Moral der Geschichte, die auf die bürgerliche Ehemoral hinausläuft, und der Erzähldynamik andererseits, weil die spannungsreiche Binnengeschichte ein literarisches Frauenbild enthält, das als Handlungsmotiv für den Ich-Erzähler wirksam ist. Die Suche nach der Mutter des Jungen, nach der fernen, unsichtbaren, rätselhaften, schönen

Frau, und nicht die Suche nach dem Jungen motivierte den Ich-Erzähler dazu, sich an den Irrwegen des suchenden Vaters zu beteiligen. Es ist die Suche nach einem Bild, denn schon beim ersten Eintritt in das Haus hatte er sich eine Vorstellung von der abwesenden Frau gemacht. Daß sie nicht erscheint, facht seine Phantasie und seine Hilfsbereitschaft nur an – ebenso wie dadurch die erzählerische Spannung der Geschichte aufrechterhalten wird. Die Erzählung ist durch Brüche und Widersprüche zwischen verschiedenen Textebenen gekennzeichnet. Es lassen sich mindestens drei, teils gegenläufige Textbewegungen in der ›Entführung‹ ausmachen: 1. In der Binnenerzählung funktioniert der Typus der fernen, unerreichbaren Frau als Motor für die Bewegung des Helden in der Fabel. 2. Die Lust der Autorin am Erzählen versteckt sich hinter der Maske eines männlichen Ich-Erzählers. 3. Die Lehre bzw. Moral, die den Text abschließt, verleiht dem Buch seine moralische Legitimation. Damit folgt der Text einem für ›Frauenromane‹ typischen Muster von Widersprüchen. Die Schreib- bzw. Erzähllust bildet den Ausgangspunkt, eingelöst wird sie im Rückgriff auf tradiertes Material, d. h. auf bekannte Klischees und Bilder. Und schließlich wird der schreibend von der Autorin vollzogene Ausbruch aus der anerkannten Frauenrolle dadurch entgolten, daß ihre Heldin um so entschiedener in sie zurückkehrt.[29]

Die besondere Schreibsituation Geno Hartlaubs – in der Wehrmachtsschreibstube und unter den Bedingungen des Faschismus – erklärt, daß diese Schreibweise in allen ihren Texten vorherrscht, die vor 1945 entstanden sind. Die Einbildungskraft als Gegensatz zum öden Alltag im Dienst, die Phantasie aber auch als Flucht in Fertigteile moderner Mythen – in diese Ambivalenz ist das Schreiben Geno Hartlaubs zu Beginn ihrer Schriftstellerkarriere eingefangen. Aber sie bleibt auch später im wesentlichen eine Erzählerin, allerdings eine Erzählerin, die die Strukturen des Erzählens an manchen Stellen ihrer Texte kritisch reflektiert.

In der Erzählung »Der Mond hat Durst« z. B. gibt es Reflexionen über das Erzählen, welche Fabel als Produkt einer Handarbeit ausweisen:

»Ich erzähle, ich zähle. Ich reihe die Ereignisse auf eine Schnur wie die Perlen einer Kette. Eines nach dem anderen: die Kette wächst, ich kann sie mir schon zwei- und dreimal um den Hals schlingen. Mit der Zeit bekomme ich Übung. Ich mache meine Handarbeit schnell und geschickt. (...) Was ich erzähle, geht mich nichts an. Eine andere könnte es ebensogut erlebt haben. Es ist mir fremd, eine Schauergeschichte, eine Moritat, wie man sie auf Jahrmärkten hört zur Drehorgelbegleitung, mit einem Refrain, der sich ein dutzendmal wiederholt.
Wenn ich die Augen schließe, sehe ich die beiden vor mir, im Rampenlicht einer Marionettenbühne: Nino und Nini, ein seltsames Paar, komisch und traurig. Einer zieht an den Fäden, die Figuren bewegen sich ruckhaft und aufgeregt.«[30]

An anderen Stellen wird der ›Wahrheits‹-Gehalt der Geschichte thematisiert: »Vielleicht habe ich mir das Ganze nur ausgedacht. Es fällt mir nicht schwer, etwas zu erfinden, das der Wirklichkeit zum Verwechseln ähnlich sieht.«[31] Oder: »Ich habe geredet, wie man schreibt: glatt, verlogen und folgerichtig.«[32] In diesen Passagen wird die Tätigkeit des Erzählens auf die buchstäbliche Bedeutung des *Fabulierens* zurückgeführt. Da auch die Aussagen über das Verlogene des Schreibens im Kontext eines eben solchen Textes stehen, wird die Unterscheidung von ›Wahrheit‹ und ›Lüge‹ darin gänzlich verwirrt bzw. ad absurdum geführt.

In ihrem dritten Buch, »Anselm der Lehrling«, hat Geno Hartlaub das Phantastische direkt zum Thema gemacht. Daß sich dieser »phantastische Roman« an E. T. A. Hoffmanns Kunstmärchen »Der goldene Topf« anlehnt, wird schon durch die Namensgebung des Helden demonstriert (Anselmus – Anselm). Bei Hoffmann ist ein Student, bei Hartlaub ein Lehrling Akteur des Textes, was auf ihre eigene Lehrzeit im Büro anspielt. Genau wie bei Hoffmann gibt es in Hartlaubs Roman zu den einzelnen Kapiteln weitschweifige Untertitel, in denen die folgende Handlung angedeutet wird, z. B.: »Erstes Kapitel, in dem Anselm als Wettergott in der Registratur ein Schneegestöber von Papier und Akten auf die Köpfe der entsetzten Zuschauer niederwirbeln läßt. – Der Regen und Abend in der großen Stadt.« Das Buch handelt von dem Gegensatz zwischen ›Verwilderung‹ und ›nüchterner Ordnung‹, der durch die Anwesenheit Anselms in dem tristen Büro konkret wird. Die Büromenschen werden als ›Eiferer der alten Ordnung‹ bezeichnet, während Anselm für die übrigen als sinnesgestört erscheint. Natürlich bringt seine Anwesenheit im Büro alles durcheinander, er holt sämtliche Ordner aus den Regalen und schüttet das Papier auf den Boden. Strafversetzt aus der Registratur in die Buchhaltung, zeigt er erstaunliche Rechenkünste und irritiert damit die Leistungsnormen und Hierarchien der Abteilung. Als andere ihm ihre Kontobögen auch noch zur Bearbeitung unterschieben, haben sie plötzlich Zeit und geraten ins Träumen. Z. B. Herrn Woluwei, der »ins Schweifen, in ein süßes süchtiges Abenteuern der Gedanken und Gefühle (gerät), das er sich sonst nie oder höchstens eine halbe Stunde vor dem Schlafengehen erlaubt hat«,[33] dessen Seele jetzt von Bildern heimgesucht wird, entgleitet bei diesen »Ausschweifungen seiner Einbildungskraft« der Federhalter. Anselm selbst bewegt sich auf der Grenze zwischen der Realität und einem Reich der Phantasie. Wenn aber dieses phantastische Reich im Roman konkret dargestellt wird, zeigt sich die grundsätzliche Problematik konkreter Utopie, denn auch das Reich literarischer Mythen ist aus Fertigteilen zusammengesetzt. Genauso wie in neueren utopischen Romanen von Frauen wird das Phantastische hier banal, wenn es nicht mehr als Kraft des Widerstandes oder der Subversion gegen die bestehende Ordnung wirkt, sondern in der Darstellung einer positiven Gegenwelt konkrete Gestalt annimmt.[34] Neben den Szenen, in denen Anselm die Büro-Ordnung durcheinanderbringt, sind diejenigen am eindrucksvollsten, in denen die Übergänge zwischen realer und Phantasiewelt beschrieben sind, z. B. Anselms Streifzüge durch die Stadt. Immer ist es bei einem phantastischen Roman ein besonderes Problem, einen Schluß zu finden. In diesem Fall hat die Autorin es dadurch gelöst, daß sie einen versöhnenden Schluß für die Fabel erfunden hat, der in einer späteren Reflexion wieder aufgehoben wird – womit sie sich eine Verfahrensweise romantischen Erzählens zunutze gemacht hat: die Brechung der Harmonie durch die Reflexion. Ziemlich zum Ende des Romans enthält der Text die Rede des zurückgekehrten Firmenchefs, der sich zuvor als

Anselms Vater entpuppt hatte. Darin verkündet er eine Harmonisierung der vorher getrennten Welten als ›menschliches‹ Programm. Die Rückkehr zu den (realen) Menschen, den Bürgern, und der Verzicht auf das Phantastische werden von ihm im Programm von der ›Freiheit in der Ohnmacht‹ gefaßt: »Zurückkehren wollen wir in den Kreis seines (des Menschen, S. W.) Wesens und uns seiner Freiheit in der Ohnmacht erfreuen.«[35] Doch diese Rückkehr, die als Versöhnungsgestus zu lesen ist, wird auf den letzten Seiten des Buches wieder in Frage gestellt:

»Von nun an ist alles gut, märchenhaft, langweilig gut. (...) Vielleicht bleibt alles beim alten. Vielleicht auch fällt der Vorhang, und das Ende wird ohne Zuschauer gespielt. Es gibt mehrere Möglichkeiten. Und darum weiß man nie genau, wie solch eine Geschichte ausgehen wird.«[36]

Der Konflikt, der hier am Ende angedeutet ist, verweist auf ein *anderes* Ordnungsproblem als das des Realen, und zwar auf die im Erzählen entstehende Ordnung der Sprache, die den Stoff zurichtet – ähnlich, wie es später im Bild der Perlenkette, auf der die Ereignisse aufgereiht sind, in der Erzählung »Der Mond hat Durst« beschrieben sein wird. Schon 1947 in ihrem phantastischen Roman hat Geno Hartlaub Reflexionen über das Schreiben angedeutet, die heute – im Kontext der Diskussionen über ›weibliche Ästhetik‹ – eine zentrale Bedeutung erhalten haben:

»Aufgeschriebene Dinge sind verfälscht, ungenau und immer ein wenig verschoben. Was man wirklich weiß, hat man sich einverleibt, so daß man noch im Schlafe davon erfüllt ist. Und nicht nur der Kopf, auch der Leib muß davon wissen, jede Bewegung muß vom Wissen erfüllt sein!«[37]

Vielleicht hat die Autorin damals in diesen Überlegungen die Diskrepanz ausdrücken wollen, die sie selbst empfand zwischen ihren Imaginationen und dem Text bzw. dem sprachlichen Produkt, das nach Abschluß eines Romans oder einer Erzählung auf dem Papier zu lesen war. Schreibanlaß, Erzähl-Lust und Text sind nicht zur Deckung zu bringen.

3.

In der weiteren literarischen Entwicklung Geno Hartlaubs werden phantastische, mythische und realistische Momente z. T. miteinander verwoben. Den Entwurf einer phantastischen Gegenwelt aber gibt es bei ihr nach dem Roman »Anselm der Lehrling« nicht mehr. Die lange Publikationspause nach dem Krieg bis zu dem Roman »Die Tauben von San Marco« (1953) erklärt die Autorin mit ihrer Tätigkeit für die Zeitschrift »Die Wandlung« in den Jahren 1945 bis 1949. Mit dieser Tätigkeit beginnt ihre Doppel-Existenz als Redakteurin und Schriftstellerin, die ihre Karriere seither geprägt hat. Nach vielen Jahren Lektoratstätigkeit begann sie 1962 als Redakteurin beim »Deutschen Allgemeinen Sonntagsblatt« in Hamburg, für das sie noch heute gelegentlich schreibt. Neben diesem eher äußeren Grund nennt sie selbst noch andere Probleme, welche die Entwicklung ihrer schriftstellerischen Produktion bestimmt haben: Außer der Enttäuschung über die politische Entwicklung der Bundesrepublik hielt sie die jahrelange Beschäftigung mit dem Nachlaß ihres Bruders von eigenen literarischen Produktionen ab.[38]

Ihr zwei Jahre älterer Bruder Felix war seit 1945 vermißt. Dieser quasi unabgeschlossene Status seiner Lebensgeschichte machte es ihr besonders schwer, eine klare Beziehung zu ihm und zu seiner Abwesenheit zu gewinnen. Schriftstelleridentität und Geschwisterbeziehung wurden für sie offenbar zu einem schwer lösbaren Knoten, nicht zuletzt wegen der eindeutigen, geschlechtsspezifisch üblichen Zuschreibungen in der Familie. Ihr Bruder Felix galt zu Hause als der begabte Schriftsteller. Nun, da er abwesend war, konnte sie nicht einfach an seine Stelle treten, nachdem sie sich schon die Freiheit genommen hatte, selbst zu schreiben. Sie bemühte sich dagegen intensiv um Publikationen seiner Werke aus dem Nachlaß; 1955 dann erschien, von ihr herausgegeben, das Gesamtwerk Felix Hartlaubs. Es läßt sich vorstellen, wieviel Arbeitsenergie in diese Aufgabe geflossen ist. Vielleicht läßt sich diese Arbeit Geno Hartlaubs als ihre Trauerarbeit um den vermißten Schriftstellerbruder begreifen.

Während der Zeit, in der sie sein Werk edierte, entstand eine kleinere Erzählung, »Brief an einen Vermißten«, die davon handelt, wie schwierig es ist, sich mit der Abwesenheit eines Vermißten abzufinden, von dessen Tod man nie definitiv erfahren hat. Die Erzählung ist aus der Ich-Perspektive einer Verlobten geschrieben, die als »ewige Braut«, als Wartende, beschrieben wird; sie schwankt zwischen der Hoffnung auf ein Wunder der Rückkehr und dem Haß auf die ständige Anwesenheit des Vermißten in ihren Vorstellungen. Weil sie von seinem Tod nichts weiß, muß sie verschiedenste Todesarten in ihrer Phantasie für ihn erdenken – und wird damit selbst zur Tötenden. »Um endlich Ruhe zu haben, scheue ich nicht vor dem Letzten zurück: Ich lasse dich sterben.«[39] In der Situation der Wartenden in dieser Erzählung sind einige Momente enthalten, die in der Erzählung »Der Mond hat Durst« wiederkehren. Die Beziehung der Frau zu einem Abwesenden bindet sie zunehmend an ein Bild bzw. an ein imaginäres Konstrukt, während ihr eigenes Leben diesem Bild unterworfen ist. Von der wartenden Geliebten heißt es, daß sie in seinem Schatten lebe – ebenso wie Nini in Ninos Schatten. Dabei verflüchtigt sich zunehmend die konkrete Vorstellung, die sie vom Vermißten hat.

»Es gibt Tage, an denen gleichst Du nur noch einem Punkt am Horizont, Schnittpunkt der Fluchtlinien vieler Gedanken – möglich, daß es ihn gar nicht gibt, man konstruiert ihn, er ist eine mathematische Größe.«[40]

Möglicherweise läßt sich die Erzählung »Der Mond hat Durst« auch so lesen, daß Geno Hartlaub damit – in der Form eines Werkes – ein *dauerhaftes Bild* vom Bruder entworfen hat, daß es ihr ermöglichte, ihre Gedanken und Phantasien auf andere Fluchtpunkte zu richten. Dennoch sind einige Motive aus der Konstellation ihrer Bruder-Geschichte auch in anderen, späteren Texten zu finden: z. B. das Heimkehrermotiv in dem Roman »Nicht jeder ist Odysseus« (1967) oder das Geschwisterpaar, das sich in Opposition zum Vater verbündet, in dem Roman »Lokaltermin Feenteich« (1972). Der erste nach dem Krieg geschriebene Roman, »Tauben von San Marco. Roman einer Ehe«, führt allerdings vorerst noch ein anderes Motiv fort. Handlung und Ambiente erinnern an die erste Erzählung »Die Entführung«. Das Paar aus der Rahmenerzählung der Entführung ist dieses Mal in Venedig, auf der Hochzeitsreise. Die Beziehung ist also noch jünger und voller Hoffnungen. Das Kinderproblem steht für dieses Paar nicht an, denn vorerst ist die Braut noch Jungfrau. Und von eben dieser Jungfräulichkeit, von ihrer Unwissenheit, ihrer ›Unschuld‹ handelt der Roman, in dem der Beginn der Ehe durch einige Konflikte verzögert wird. Und im Unterschied zur ersten Erzählung, in der das Paar nur den Rahmen abgab, dreht sich in diesem Text alles um die beiden.

Der Roman ist in der dritten Person erzählt, aber mit deutlicher Nähe der Erzählerin zur weiblichen Hauptfigur. Die Reise nach Venedig, zum symbolischen Ort der Liebe, führt das Paar an einen Ort, der *ihm*, dem Älteren, vertraut, und *ihr* fremd ist: die Stadt der Liebe – der irdischen Liebe, wie sich bald herausstellt, denn da kennt er sich aus, während sie der Idee einer körperlosen Liebe nachhängt. Im Rahmen dieser eher stereotypen Fabel wird eine in der Literatur von Frauen immer wieder zu lesende, immer aktuelle Kritik am Mann bzw. an seiner Männlichkeit vorgetragen.

Schon das Selbstbildnis des Mannes Ben ruft bei der Frau immer mehr Widerspruch hervor. Er betrachtet sich als sehr viel erfahrener und reifer und kann sich überhaupt nichts anderes vorstellen, als daß Irene im Laufe der Jahre zu eben den Einsichten kommen werde, über die er schon heute verfügt. Insofern vertritt er grundsätzlich den Standpunkt der Wahrheit, den sie erst noch erreichen muß. Er wird als zur Ruhe strebender Lebemann dargestellt, der sich mit vielem abgefunden hat und seine Heirat in seinen Lebensplan eingebaut hat, um endlich ein seßhaftes Leben zu führen.

Noch problematischer als sein Selbstverständnis ist das Bild, das er sich von Irene gemacht hat. D. h., er liebt eben dieses Bild von ihr, das Bild einer unberührten Frau, die noch über etwas verfügt, was er verloren hat. Er, selbst liebesunfähig geworden, hofft, von ihr die Liebe neu zu erlernen. Er will seine Erlebnisfähigkeit durch sie neu beleben. »Aber ich erlebe es durch dich heute noch einmal neu«[41], formuliert er auf der Bahnfahrt in den Süden. Und dieser auf das Naturerlebnis der vorbeirauschenden Landschaft bezogene Satz kann ebenso für seine Erwartungen an die Sexualität mit ihr gelten. Seine Überlegenheit drückt er darin aus, daß er sie ständig »mein armes Kleines« nennt und sie auch gestisch als sein Geschöpf behandelt, indem er beispielsweise ihr Kinn in seine Hand nimmt und ihr Gesicht zu ihm hindreht. Irene reagiert auf seine Haltung ihr gegenüber mit einer Mischung aus Geborgenheitswünschen und Angst.

»Sie wünschte, Ben möge durch die Kälte im Abteil aus seinem Schlummer auffahren und zu ihr herüberschauen, ein paar Worte reden, seine Hand ausstrecken zu einer zerstreuten Zärtlichkeit. Doch zu gleicher Zeit hatte sie Angst vor seinem Blick in ihr blasses, übernächtigtes Gesicht.«[42]

Sie hat Angst vor seinem Blick – und vor seiner Sexualität und seiner Überlegenheit. Einmal fragt sie sich, wie ausgerechnet sie an einen so unerträglich »männlichen Mann« geraten konnte. Ihre Gefühlsmischung entspricht der doppelten Botschaft seiner Blicke auf sie. Er blickt sie häufig mit einer Mischung aus »Rührung und Spott« an – Rührung für die von ihm verehrte Unschuld, Spott für ihre Unerfahrenheit. Es gibt Textpassagen, in denen diese Widersprüchlichkeit seines Blickes genau ausgedrückt ist:

»Wenn er nur endlich damit aufhören wollte, sie zu verehren und aufs Podest zu stellen wie eine verschleierte Göttin der Keuschheit. Daß er nicht merkte, wie erniedrigend diese Erhöhung war.«[43]

Im Grunde ist sie eine Gefangene seiner Blicke und seines Bildes. Die ambivalenten Gefühle ihm gegenüber – Zärtlichkeitswunsch und Angst vor Nähe – lassen sie zu keinem klaren Verhalten kommen. Sie flieht vor ihm, irrt durch die Stadt, dann sehnt sie sich wieder nach seiner Nähe. Eine gelungene Hochzeitsnacht verhindert sie durch eine Verweigerungsstrategie, mit der sie auf genau jene Kränkung reagiert, die daher rührt, daß er in ihr bloß die »verschleierte Göttin der Keuschheit«, das Bild der ›Unschuld‹ liebt. Sie zerstört eben dieses Bild, indem sie ihm plötzlich ein Geständnis macht, bei dem sie ihm von einer ganzen Reihe vergangener Liebhaber erzählt, eine Erzählung, in der Phantasie und Realität eine wilde, von ihr selbst nicht mehr kontrollierbare Mischung eingehen. Diese Verweigerung bedeutet aber auch Abwehr gegen seine Sexualität überhaupt, denn seine Annäherungen und sein Begehren stimmen für sie nicht überein mit ihren Wachträumen, in denen sie selbst die Rolle der erhöhten Frau angenommen hat:

»Seit ihren verwilderten Kinderträumen hatte Irene gewartet auf diesen einen Sturm, auf den Mond und die jagenden Wolken am aufgerissenen Nachthimmel. Für sie allein war die Wind- und Wetterbühne gemacht, Ben jedoch würde nur als Partner auftreten bei ihren Läufen und Wirbeltänzen, als Mittänzer, der die Ballerina an den vorgeschriebenen Stellen ergreift, hochhebt und dem unsichtbaren Publikum präsentiert, bis sie ihm wieder mit einer geschickten Wendung entschlüpft.«[44]

Ihre Phantasie entspricht dem Bild von der Frau, die sich ergreifen läßt und sich wieder entzieht und daraus ihre spielerische Überlegenheit bezieht, eine triviale Variante einer heute so populär gewordenen Weiblichkeitsvorstellung. In Geno Hartlaubs Roman dient sie der Hauptfigur dazu, sich als unabhängig zu imaginieren, unabhängig vom Mann, der dabei nur als Diener ihrer besseren Präsentation fungiert. Ihr Begleiter Ben betrachtet Irene als eine Frau mit übersteigerter Einbildungskraft. Dennoch wird seine Enttäuschung immer deutlicher, daß sie nie im Zusammensein mit ihm, sondern nur bei ihren Entdeckungsgängen in der Stadt oder z. B. allein in den Wellen des Meeres in Erregung gerät.

Um die weitere Fabel kurz zusammenzufassen: Es kommt zum Eklat zwischen den beiden, nachdem sie im Restaurant eine frühere Freundin Bens getroffen haben. Nach einer Auseinandersetzung verschwindet Ben, ohne ihr zu sagen, wohin. In ihrer Verzweiflung sucht Irene diese ältere Frau auf, in der Hoffnung, von ihr einen Rat zu bekommen, und um herauszufinden, ob Ben bei ihr war. Die ältere Frau spielt nach einigem Zögern die Rolle der erfahrenen, tröstenden Freundin, die ihr ihre Lebensweisheit über die Männer und die Liebe vermittelt. Diese Szenen verweisen auf das mythische Motiv von der Einweihung der jungen Frau durch die ältere Frau in die Liebe. Hier versucht die ältere, in Liebesdingen erfahrenere Frau Irene deren Idee vom Gegensatz von körperlicher und reiner Liebe und deren ›überhöhte Erwartungen‹ an einen Mann auszureden. Was sie propagiert, läuft dabei letzlich auf eine Strategie der ›Freiheit in der Abhängigkeit‹ hinaus, das altbekannte Motto weiblicher List, deren Stärke darin bestehe, daß die Frau dem Mann gefalle. Im Zusammensein der beiden Frauen entsteht eine starke sinnliche Nähe, die das Vertrauen Irenes in die ältere Frau steigert. Und obwohl dieses Zusammensein von den beiden Frauen als Bündnis verstanden wird – »Wenn sich die Frauen überall zusammenschlössen wie wir, dachte sie, wäre die Welt ein sicherer Aufenthalt.«[45] –, dient diese Begegnung am Ende doch nur Irenes Anpassung an Bens Ehevorstellungen. Die Wiederbegegnung zwischen beiden wird zur Rückkehr der abtrünnig gewordenen Braut: »Ich gebe mich in deine Hände.«[46] Etwas prosaischer hatte sie es auch vorher schon ausgedrückt:

»Es wird eine Weile dauern, bis ich mich an die übliche Rollenverteilung gewöhnt habe mit den Rechten des Ehemanns und den Pflichten der Frau.«[47]

In diesem Roman, der ein ganzes Repertoire gängiger Weiblichkeitsmythen enthält, taucht der Widerspruch zwischen moralisierender Fabel und gegenläufigen Tendenzen im Text, der schon die Erzählung »Die Entführung« prägte, wieder auf, hier fast noch deutlicher, weil er auf *einer* Erzählebene angesiedelt ist und das thematische Zentrum des Textes betrifft: die Vorstellungen von Liebe und Ehe und das damit verbundene Frauen- und Männerbild. In der Kritik an der Liebesunfähigkeit des Mannes und seiner Liebe zum Bild ist ein Thema vorweggenommen, das in der neueren ›Frauenliteratur‹ sehr verbreitet ist. Daß diese Kritik noch nicht mit einer grundsätzlichen Kritik an der Institution Ehe und den damit verbundenen Rollenklischees verbunden wurde, markiert den zeitlichen Abstand zur Frauenbewegung und die Nähe zu anderer zeitgenössischer Literatur von Frauen.

Es ist aber wohl kein Zufall, daß in diesem Roman, der sehr vordergründig – im Modus realistischer Erfahrungs- und Beschreibungsliteratur – Liebe und Ehe thematisiert, die damit zusammenhängenden alltäglichen Mythen reproduziert werden, ohne daß der Text zu einer Auseinandersetzung mit den zugrundeliegenden Strukturen vordringt, während in der zehn Jahre darauf geschriebenen Erzählung »Der Mond hat Durst«, die sich explizit auf mythische Motive bezieht, eine subtile Darstellung der Funktionsweise der Geschlechterbeziehung erfolgt. Eine andere Wendung in der Handlung des Eheromans wäre in den frühen Fünfzigern nicht nur ungewöhnlich gewesen; der Text wäre dadurch auch allzuleicht zu einem Stück Tendenzliteratur mit praktischer Handlungsanweisung für den Lebensgebrauch geraten. Die Widersprüche des Romans leiten sich nämlich zu einem Großteil aus den Gesetzmäßigkeiten des problematischen Genres ›Eheroman‹ ab. Insofern wiederholt sich in ihm eine Widersprüchlichkeit, die für die Geschichte des ›Frauenromans‹, und der Frauenroman ist im wesentlich ein Liebes- oder Eheroman, kennzeichnend ist.

Anmerkungen

1 S. 63. Die Erzählung »Der Mond hat Durst« erschien 1963 bei claassen in Hamburg. Ich zitiere nach dieser Ausgabe, allerdings unter Berücksichtigung der Korrekturen, welche die Autorin für die Neuausgabe des Textes 1986 bei Zweitausendeins in Frankfurt vorgenommen hat.
2 S. 18.
3 S. 33.
4 S. 96.
5 S. 10.
6 S. 12/13.
7 S. 14. (Hervorhebung von S. W.)
8 S. 15.
9 S. 19.
10 S. 45.
11 S. 71.
12 S. 29.
13 S. 28.
14 S. 63.
15 S. 47.
16 S. 30.
17 Ebd.
18 S. 62.

19 S. 92/93.
20 S. 16.
21 S. 17.
22 S. 85.
23 Vgl. das Interview mit Geno Hartlaub, welches ich mit ihr im Juli 1985 durchgeführt habe. In: »Der Mond hat Durst.« – Frankfurt/M. 1986, S. 123 – 159. S. Anm. 1.
24 Über die Biographie Geno Hartlaubs gibt ebenfalls das Interview Auskunft. S. Anm. 23, außerdem die autobiographischen Erzählungen »Wer die Erde küßt. Orte, Menschen, Jahre«, München 1975 (Überarbeitete Neuausgabe »Sprung über den Schatten. Orte, Menschen, Jahre.« Bern und München 1984). Vgl. auch den Artikel über Geno Hartlaub von Ingrid Laurien in »Kritisches Lexikon zur deutschsprachigen Gegenwartsliteratur.« München 1982.
25 »Die Entführung. Eine Geschichte aus Neapel.« Wien 1942, S. 60.
26 S. 92.
27 S. 93/94.
28 S. 96.
29 Dies ist eine bekannte Struktur in der Schreibpraxis von Frauen. Vgl. meinen Aufsatz »Der schielende Blick. Thesen zur Geschichte weiblicher Schreibpraxis.« In: Inge Stephan/Sigrid Weigel: »Die verborgene Frau.« Berlin 1983.
30 »Der Mond hat Durst«, s. Anm. 1, S. 80.
31 Ebd., S. 35.
32 Ebd., S. 96.
33 »Anselm der Lehrling. Ein phantastischer Roman.« Hamburg 1947, S. 36.
34 Vgl. meinen Aufsatz »Mit Siebenmeilenstiefeln zur weiblichen All-Macht oder die kleinen Schritte aus der männlichen Ordnung. Eine Kritik literarischer Utopien von Frauen.« In: »Feministische Studien« 1985. Nr. 1, S. 138 – 152.
35 »Anselm der Lehrling«, A. a. O., S. 328.
36 Ebd., S. 331/332.
37 Ebd., S. 72.
38 Vgl. das Interview, s. Anm. 23.
39 »Rot heißt auch schön. Erzählungen.« Hamburg 1969, S. 83.
40 Ebd., S. 82/83.
41 »Die Tauben von San Marco. Roman einer Ehe.« (1953) Bergisch Gladbach 1980, S. 19.
42 Ebd., S. 12.
43 Ebd., S. 46.
44 Ebd., S. 53.
45 Ebd., S. 188.
46 Ebd., S. 198.
47 Ebd., S. 83.

Marlen Haushofer (Foto: claassen Verlag)

REGULA VENSKE

»... das Alte verloren und das Neue nicht gewonnen...«[1]: Marlen Haushofer

1.

»Etwas muß mir vor Jahren geschehen sein, seither glaube ich es nicht ertragen zu können, daß, unfaßbar für mein Hirn und Herz, Gut und Böse eins sind.«
»Mein Zorn ist längst verraucht, geblieben ist nur das Grauen, das mich ganz beherrscht und in dem ich wohne wie in einem verhaßten Raum. Es ist in mich eingedrungen, es hat mich ganz durchtränkt und begleitet mich überall hin. Es gibt keine Flucht.«[2]

Die österreichische Autorin Marlen Haushofer starb, noch nicht fünfzigjährig, am 21. März 1970 an Knochenkrebs. Ähnlich wie bei Ingeborg Bachmann, zu deren Prosawerk sich bei ihr inhaltliche Parallelen finden, erscheint ihr früher Tod geradezu konsequent im Hinblick auf ihr Leben und Schreiben. Wie hier in der Novelle »Wir töten Stella«, die zuerst 1958 erschien, so handelt Haushofers Werk aus den 50er und 60er Jahren insgesamt von einem »Grauen« und »Wissen um die Wahrheit, die man nicht wissen sollte«.[3] Es geht um die weibliche Sicht auf die ›Dialektik der Aufklärung‹, um die Kritik an einer Rationalität, die, selber höchst irrational, von Ausgrenzungen lebt: des anderen, der Frau, der Natur. In Marlen Haushofers Texten ist die Erinnerung an das andere, das in der bürgerlichen Ordnung Verdrängte, eingeschrieben. Welches Wissen ist es, das die Ich-Erzählerin hier mit Entsetzen erfüllt? Es ist die scharfe und bittere Kritik an den Männern, an ›Männlichkeit‹, von der Haushofers sämtliche Texte handeln: Männlichkeit verstanden nicht als biologische Kategorie, sondern als das bürgerlich-patriarchalische Konstrukt. Gemeint ist der »Verhärtungs- und Verflachungsprozeß«, »der viele Männer mit den Jahren in einen gutgebügelten Anzug verwandelt mit irgendeinem Kopf darauf, in dem nichts mehr Platz hat als Zahlen, Statistiken, Propagandareden und Schlagworte«, so heißt es in dem Roman »Eine Handvoll Leben« aus dem Jahr 1955.[4] Die darin ausgesprochene Kritik an der männlichen Zivilisation und Gesellschaftsordnung ist immer auch eine Kritik an den Männern als Einzelwesen.

»Allmählich fing sie an, über ihre Lage nachzudenken und die Männer auf den Straßen und in den Konzerten zu beobachten. Sie schienen ihr alle gleich lächerlich und unbedeutend; sie konnte auch nicht recht begreifen, wieso es so viel hübsche Frauen und so viel häßliche Männer gab. Ihre Tante gab dies zu und behauptete, es komme daher, daß die Männer so intensiv mit Geldverdienen beschäftigt seien.«[5]

Die Spaltung der Geschlechter wird hier als eine gesellschaftliche begriffen, es ist die Rede von »anerzogene(n) und übernommene(n) Vorurteile(n)«.[6] Die Kritik an der bürgerlichen Männlichkeit, für die als *pars pro toto* der gutgebügelte Anzug ebenso herhalten mag wie die in Papierblasen aus dem Mund aufsteigende phrasenhafte Rede, läßt dabei an Deutlichkeit nichts zu wünschen übrig.

»Sie liebte es sehr, den endlosen, unfruchtbaren Debatten ihrer Freunde zu lauschen, diesem Spiel mit Wörtern und Begriffen, das sie immer wieder in Erwartung versetzte, aus den Mündern der Sprechenden plötzlich Papierblasen aufsteigen und mit leichtem Knall zerplatzen zu sehen. Sie sah graue Scheitel, rosige Glatzen, Zwicker, Bärte, ehrwürdige Bäuche und hagere Eifererschultern und den tödlichen Ernst der Männergesichter, als handle es sich um Leben und Tod und nicht um ein bloßes Spiel der Eitelkeit. Spott und blinde Zärtlichkeit regten sich in ihr...«
»Im Grund war sie überzeugt davon, daß Tonis Beschäftigung eine Schande sei für einen Mann, ja, daß fast alle Beschäftigungen der Männer eine Schande seien.«[7]

»Mit dem stillen Zynismus der Frau«[8], aus der Perspektive der »Résistance«[9] und der Trauer schreibt Haushofer über die historisch entstandene Unfähigkeit der Männer zu lieben, über die »männliche Grausamkeit aus Gedankenlosigkeit und Kontaktunfähigkeit«, wie wir in ihrem Roman »Die Tapetentür« aus dem Jahr 1957 lesen:

»Etwas, was mich früher schon oft beschäftigt hat, fängt an, mir unter die Haut zu dringen. Immer hat mich die Blindheit und Ungeschicklichkeit der Männer gerührt, jetzt bekomme ich langsam Angst davor. In dieser scheinbar so liebenswerten Tolpatschigkeit steckt etwas Entsetzliches und Unmenschliches, ein Nichtinteressiertsein am organischen Leben. Kleine Buben und Männer aller Altersstufen in der Wochenschau, vor den Bildern der letzten Rakete, vor den unzähligen Autoparks. Es läuft mir kalt über den Rücken bei diesem Anblick. Und der Feind steckt in ihnen, die wir lieben müssen.«[10]

Im selben Roman faßt die frisch verlobte Heldin die Paradoxie ihrer ›Liebe zum Feind‹ zusammen:

»Man ist nicht blind, wenn man liebt, und sieht die Fehler des geliebten Menschen so deutlich wie die eigenen, und man fängt damit an, Liebe auf diese räudigen Stellen zu häufen. Aber immer wieder scheint das Übel durch. So geht es nicht, man muß anfangen, die Räude selbst zu lieben.«[11]

Es ist irritierend zu sehen, wie diese provozierende Kritik von den zeitgenössischen Rezensenten ignoriert wurde. Das Feuilleton las Haushofers Romane als affirmative ›Frauen‹-, sprich: Ehe- und Familienromane und empfahl sie besonders ›alleinstehenden Frauen‹ oder ›Damen mit psychologischem Interesse‹.[12] In der bürgerlich-patriarchalischen Ordnung ist die Rede der Frauen über Männer und ›Männlichkeit‹ von vornherein auf die Kaffeeklatschebene verwiesen, sie begründet keinen gesellschaftlich relevanten Diskurs bzw. kann als solcher gar nicht wahrgenommen werden. Vielleicht hätten die Herren Rezensenten sonst in Haushofers Kritik auch sich selbst gespiegelt gesehen? Ihre Ironie zielt ja gerade auch immer wieder auf die Intellektuellen, »diese ernsthaften, dezent gekleideten Männer«, »die manchmal die Kleider ablegen und, bleich wie Kartoffeltriebe, darangehen, sich eine Stunde mit Liebe zu beschäftigen...«[13]

Die Arbeitsteilung zwischen den Geschlechtern, wie sie in »Die Tapetentür« dargestellt ist, ist sowohl eine ökonomische als auch eine psychologische. All das, was der Mann in seinem Leben verdrängen muß, will er im bürgerlichen Berufsleben erfolgreich sein – Trauer, Schmerz, Leiden, und: Liebe –, überantwortet er der Frau zur Aufbewahrung:

»Jeder Mann wurde ja bei seinen Taten vom Schatten einer wartenden Frau verfolgt, nur konnte oder wollte keiner von diesem Schatten wissen.«[14]

Dafür ist der Mann ja auch ein »Meister im Vergessen«.[15] Wenn ›Männlichkeit‹ in diesem Roman mit Destruktivität und der Unfähigkeit, selbst Leben zu spenden, in Zusammenhang gebracht wird, so zielt die Kritik an den Männern hier auf deren erste und zweite Natur, sie bezieht sich sowohl auf die Ebene der Gesellschaft als auch der Biologie. »Männer sind von Natur aus keine Pazifisten, und Politiker schon gar nicht...«[16], heißt es z. B.

In kruder Weise wird Marlen Haushofers Weltsicht auch in der parabelähnlichen »Geschichte vom Menschenmann«[17] deutlich. Der Menschenmann verläßt das Paradies der ›großen Mutter‹ freiwillig, um in Ruhe nachdenken zu können. Sein Nachdenken gebiert aber nur Haß, Mord und Krieg. Seine Frau klagt der großen mystischen Mutter mehrfach ihr Leid:

»›Er wird töten (...) solange es noch etwas zu töten gibt. Du hättest ihm damals verbieten müssen, nachzudenken. Jetzt siehst du, was daraus geworden ist.‹«[18]

Die ›große Mutter‹ sieht schließlich die einzige Lösung, um das Leben zu retten, darin, den Menschenmann auszulöschen. Nachdem der Mann alle Kinder der Frau erschlagen hat, fleht diese, die zuvor um sein Leben gebeten hatte, die Göttin/Mutter schließlich doch an, ihn, das »Ungeheuer«, zu töten.

Dagmar Lorenz hat darauf hingewiesen, daß sich diese pessimistische Sicht auf Männlichkeit und die Beziehung zwischen den Geschlechtern mit der privaten Meinung der Autorin deckte.[19] Über ihr Verhältnis zu ihren eigenen Texten und den von ihr entworfenen Frauengestalten äußerte sich Marlen Haushofer selbst in einem Interview:

»Ich schreibe nie über etwas anderes, als über eigene Erfahrungen. Alle meine Personen sind Teile von mir, sozusagen abgespaltene Persönlichkeiten, die ich recht gut kenne.«[20]

In meiner Darstellung beschränke ich mich im folgenden auf zwei ihrer Texte, die Novelle »Wir töten Stella«, die *in nuce* Haushofers Männlichkeits- und Gesellschaftskritik enthält, und den Roman »Die Wand«, der, in Zusammenhang mit der Novelle und auf der Folie des Gesamtwerks gelesen, nicht nur als verschlüsselte Autobiographie im Sinne des obigen Zitats zu verstehen ist, sondern auch als vorfeministischer Roman einer ›Entmannung‹.

2.

Die bittere Kritik an bürgerlicher Männlichkeit ist mit der größten Radikalität in »Wir töten Stella« (1958)[21] ausgesprochen. Diese kleine, unscheinbare Novelle enthält die Essenz jenes grauenerregenden Wissens über das Herrschaftsverhältnis zwischen den Geschlechtern. Über den Einzelfall – die Katastrophe, die in eine bürgerliche Familie einbricht – hinaus macht eine strukturalistische Analyse der Novelle deutlich, daß darin das patriarchalische System insgesamt im Paradigma des Vater/Tochter-Inzests begriffen[22] und angeklagt wird.

»Richard ist ein Ungeheuer: fürsorglicher Familienvater, geschätzter Anwalt, leidenschaftlicher Liebhaber, Verräter, Lügner und Mörder.« (25)

Die Ich-Erzählerin Anna, bürgerliche Hausfrau und Mutter, klagt hier ihren Mann an, der die ihnen anvertraute Pflegetochter Stella für ein sexuelles Abenteuer benutzt hat, um anschließend, wie es seine Art ist, das Liebesverhältnis zu ›liquidieren‹(!) (55), indem er sie einfach ignoriert, ›vergißt‹. Das junge Mädchen, das in ihn verliebt war, verübt Selbstmord. Richard, der ›Mörder‹, ist jedoch kein Einzelfall. »Es gibt so viele von seiner Art...«, äußert sich die Frau über ihn, und über seine Freunde und Kollegen: »keiner besser als Richard, aber die meisten nicht von seinem Format, kleine, abscheuliche, geile Lügner«. (46)

Richard, der bürgerliche Mann, für den sich Beziehungen in Eigentums- und Warenverhältnissen ausdrücken, ist unfähig zu lieben; seine Frau, »seine Kinder, sein Haus, kurz, alles, was zu seiner Person gehört«, liebt er »nur als seinen Besitz« (38). Lediglich seine kleine Tochter Annette, die ihm so sehr ähnelt, daß es die Mutter »mit Entsetzen erfüllt« (20), liebt er noch auf andere Weise: »Aber da er nichts so liebte wie sich selbst, muß er auch sein kleines Abbild lieben.« (21)

Richards Unfähigkeit zu lieben ist also integraler Bestandteil der bürgerlichen Ordnung. Und er selbst, für den es doch »keine Grenzen gibt«, ist auf »äußere Ordnung und Genauigkeit« peinlich bedacht:

»Keiner hütet die Moral strenger als der heimliche Gesetzesbrecher...« (37)

Er ist der Hüter der Doppel-Moral, und seine Moral besteht aus lauter Verdoppelungen und Spaltungen. So ist er ein nur »oberflächlich gezähmte(s) Raubtier« (44) einerseits, zivilisierter Bürger andererseits. Er ist »Diplomat und Gewaltmensch« (35), beide Seiten gehören zusammen: Er ist »der gute Onkel« *und* der Mörder, ja, so zeigt Haushofer in ihrer Novelle auf, der gute Onkel *ist* der Mörder.

»Das Leben mit Richard hat mich verdorben und unbrauchbar gemacht. Alles, was ich anfinge, wäre sinnlos, seit ich weiß, daß es gütige Mörder gibt. Rechtsvertreter, die täglich das Recht verletzen, mutige Feiglinge und treue Verräter. Die monströse Mischung von Engelsgesicht und Teufelsfratze war mir so vertraut geworden, daß jedes reine, unbefleckte Bild nur mein tiefstes Mißtrauen zu wecken vermochte.« (45)

Die männliche Doppel-Moral wird in der Novelle aber auch noch auf eine andere Weise enthüllt: Teil dieser Ordnung ist es eben auch, die Frauen zu spalten und in Bildern, z. B. dem Doppelbild der Heiligen und der Hure, zu verdoppeln.

Es gibt zwei Muttergestalten in »Wir töten Stella«, die diese Spaltung in Heilige und Hure genau verkörpern. Anna, die Ich-Erzählerin, ist die gute, bürgerliche ›Hausfrau und Mutter‹, während ihre Freundin Luise, Stellas leibliche Mutter, die Hure repräsentiert. Die Gegensätze beider Frauen zeigen sich besonders deutlich in den Anspielungen auf deren (inzestuös angehauchte) Beziehungen zu den ›Söhnen‹. Anna liebt ihren Sohn Wolfgang über alles, ihm zuliebe – um den Schein der

Familienharmonie zu wahren – opfert sie Stella. Ihre anfangs »närrische« (38) Liebe zu ihm diszipliniert sie zu einem genau kontrollierten »Maß an Zärtlichkeit« (39), um ihm nicht zu schaden – so daß es von außen wohl aussehen mag, als sei diese Mutter/Sohn-Beziehung die »von jeder Ambivalenz freieste aller menschlichen Beziehungen«.[23] Schließlich handelt es sich hier um *das* Tabu der patriarchalischen Gesellschaft:

»Ich habe mich verschlossen, gegen den Duft seiner Haut, gegen seine Stimme und die Verlockung der schwarzen Wimpern über gerundeten Wangen.« (39)

Im Gegensatz zu ihr kauft sich Luise mit dem ererbten Geld ihrer Tochter jugendliche Liebhaber und »verfolgt junge Männer, deren Mutter sie sein könnte«(9).

Wenn Anna und Luise als ›Heilige‹ und ›Hure‹ ein komplementäres Paar verkörpern, beide aber Mutter einer Tochter sind, so ist auch das Verhältnis von Anna zu ihrer Tochter und zu ihrer Pflegetochter, Annette und Stella, austauschbar. Und in der Tat heißt es:

»Jede Frau in Luises Alter, überhaupt jede Mutter, mochte Stella gefährlich erscheinen.« (41)

Für Stella ist die Mutter eine »unerbittliche Feindin« (18), wie die Stiefmutter im Märchen, die ja nur die Abspaltung darstellt, die es ermöglicht, die Imago der guten Mutter zu schützen.

Das Verhältnis zwischen Anna und ihrer leiblichen Tochter unterscheidet sich nicht wesentlich von ihrer Position gegenüber Stella:

»Annette hätte ebensogut das Kind einer Bekannten sein können, das zu Besuch bei mir war...« (52)

Bei den Beziehungen Anna/Luise: im Verhältnis zu den Söhnen, sowie Anna : Annette, Luise : Stella, Anna: Annette/Stella, handelt es sich also jeweils um strukturelle Verdoppelungen der Frauengestalten. Im Patriarchat sind die Frauen »ersetzbar«, austauschbar. Dies zeigt sich in der Novelle auch daran, daß Stella nicht das einzige Mädchen/die einzige Frau ist, die getötet wird. Anna selbst vergleicht sich mit Stella: »um wieviel endgültiger bin ich tot als du!« (32) Auch sie selber, das Mädchen, das sie einmal war, ist gemordet worden:

»Das kleine Mädchen von damals war tot, erwürgt und verscharrt von großen geschickten Händen.« (48)

Am Schluß der Erzählung werden Mutter und Tochter, und zwar sowohl Anna/Annette als auch Anna/Stella in einer Reihung korreliert:

»Für einen Herzschlag lang bin ich verwandelt in das kleine Mädchen, in einer Welt der süßen heiteren Wärme, an der Hand eines allmächtigen und gütigen Vaters. Und während Stellas Fleisch sich von den Knochen löst und die Bretter des Sarges tränkt, spiegelt sich das Gesicht ihres Mörders im blauen Himmel unschuldiger Kinderaugen.« (72)

Hier wird eine Identität hergestellt zwischen Anna und Annette, in die auch Stella einbezogen wird. Annette, die kleine Anna, nimmt am Ende der Novelle den Platz von Stella ein. Die Reihung Anna = Annette = Stella ermöglicht es, die Novelle als Inzestgeschehen zwischen Vater und Tochter (und in Anspielungen des verhinderten, tabuisierten Inzests zwischen Mutter und Sohn)[24] zu lesen. Alle Frauen sind betroffen von der »Blutschande«, für alle führt der Weg auf den »Friedhof der ermordeten Töchter«, wie es später bei Ingeborg Bachmann in »Malina« heißen wird.[25] Stella aber, die eigentlich »zu den Lebenden« gehörte (25) und unfähig war, »die Spielregeln zu erlernen« und sich den patriarchalischen Gesetzen anzupassen (10), Stella bleibt ›auf der Strecke‹.

Jedoch sind die Frauen bei Haushofer nicht nur Opfer, so einfach liegen die Dinge nicht. Die Ich-Erzählerin legt Rechenschaft ab über ihre Mitschuld an Stellas Selbstmord; bereits die Formulierung des Titels, »Wir töten Stella«, läßt keinen Zweifel an ihrem aktiven Beteiligtsein. Anna war es, die versucht hat, Stella die Spielregeln – wie man sich zum Opfer macht – beizubringen, indem sie sie in die weibliche Rolle – »jung, schön und verlockend« zu sein (27) – initiiert hat.[26] Und Anna hat die Fassade ihres bürgerlichen Familienlebens höhergestellt, als die Verantwortung gegenüber dem jungen Mädchen, sie hat wider besseres Wissen die Dinge laufenlassen, um die schöne Harmonie, besonders im Verhältnis zu ihrem abgöttisch geliebten Sohn, nicht zu stören. Neben der Kritik am Mann als dem Mörder enthält Haushofers Novelle damit eine Kritik an der Frau, die zur Komplizin der männlichen Ordnung wird und einen »Verrat« (31)[27] an der Geschlechtsgenossin, letztlich aber an sich selber begeht. Hier kommt das Wissen zum Ausdruck, daß die Frau in der bürgerlich-patriarchalischen Ordnung nicht nur Objekt, sondern Subjekt ihres eigenen Objektstatus ist.

Auf kunstvolle Weise wird darüber hinaus auf der Erzählebene des Textes aufgezeigt, wie die Ich-Erzählerin selbst gespalten ist, wie sie zugleich in das Geschehen involviert und als Beobachterin wiederum distanziert ist. Die Spaltung betrifft auf inhaltlicher Ebene die bürgerliche Frau, deren Heim sich von einem »goldene(n) Käfig in einen Kerker verwandelt« hat (29). Auf formalästhetischer Ebene äußert sich die Spaltung zwischen Komplizenschaft und Selbstkritik der Frau in einer Verdoppelung ihrer Sichtweise. »Von außen gesehen waren wir ein Ehepaar in mittleren Jahren...« (12); doch zeigt sie im folgenden auf, was hinter der Fassade verborgen ist. Die Verdoppelung der Perspektive wird auf der Textebene, sozusagen hinter dem Rücken der Ich-Erzählerin, noch einmal vorgenommen. Anna führt sich gleich zu Beginn als *»unrealiable narrator«*[28] ein, wenn sie sich für den »schlechten Zustand meiner Nerven« (5) entschuldigt. Es scheint, als habe Haushofer hier die übliche Kritik ihrer Rezensenten am psychopathologischen Zustand ihrer weiblichen Protagonisten[29] antizipiert und außer Kraft setzen wollen. Die Frage der Ich-Erzählerin nämlich, »Hätte ich Stellas wegen unser friedliches Beisammensein gefährden sollen?« (7), erweist sich im Kontext der Novelle insgesamt als Kainsfrage, und der Text enthält eindeutig die moralische Antwort ›Ja‹. Anna ist zu mehr Empathie fähig, als sie vorgibt, und wenn die Ich-Erzählerin auch behauptet, den Mann nicht anklagen zu wollen, so ist es doch genau das, was im Text geschieht. Wenn es auch ihr Ziel ist, »ohne Furcht und Erinnerung« zu leben (7), so bringt der Text doch immer wieder ihre Erinnerungen zum Vorschein. Sie kann die Spuren der Vergangenheit nicht tilgen, ebensowenig, wie es ihr als

Hausfrau gelingt, Flecken zu beseitigen (vgl. S. 61!). In der Erzählperspektive selbst ist die Ich-Erzählerin gespalten in die Verräterin und Komplizin einerseits und die Anklägerin andererseits, durch die hindurch die moralische Position der Autorin aufscheint. Marlen Haushofer zeigt damit noch in der Erzählperspektive auf, wie die Frau in der patriarchalischen Ordnung »zugleich beteiligt und ausgegrenzt«[30] ist.

Annas Zwiespalt ist der zwischen dem ›Wissen‹, das den Tod bedeutet, und dem Leben und seiner Fiktion von ›Unschuld‹. Ebenso wie sie aber im ›Fall Stella‹ hat lernen müssen, daß es unmöglich ist, »nicht in die Angelegenheiten anderer verstrickt« zu werden (7) – sie *ist* beteiligt, ob sie will oder nicht –, so zeigt der Text auch die Unmöglichkeit für sie, ihr Wissen zu leugnen und zu vergessen. Die Erinnerungen der Frau sind im Text – in der Literatur – aufbewahrt. So gibt es *eine* Projektionsfigur in Haushofers Novelle, die uns heute, angesichts Christa Wolfs »Kassandra«-Komplex, als bedeutungsvoll erscheinen muß: Anna liest zusammen mit ihrem Sohn Wolfgang die Ilias, und zu ihrer größten Verwunderung stellt sie fest, daß sein Herz für Kassandra schlägt.

»Aber warum eigentlich sollte er nicht geahnt haben, daß sie die wahre Heldin ist?« (33)

Sie selber träumt einmal von Kassandra, der sie einen Stein nachwirft, »erbittert von ihren Weissagungen«: »Was sie mir aber gesagt hatte, vergaß ich im Moment des Erwachens vollkommen.« (40)

Das »Wissen um die Wahrheit, die man nicht wissen sollte« oder nicht wissen will, hat Marlen Haushofer in ihre Novelle eingeschrieben.

3.

Im Zusammenleben mit dem Mann und ihrem Bedürfnis nach Liebe – Lieben *und* Geliebtwerden – sind Haushofers Frauenfiguren sämtlich in dieser Aporie befangen: »Und der Feind steckt in ihnen, die wir lieben müssen...« Dies läßt sich in einen Zusammenhang stellen mit Christa Wolfs Ausführungen über das *unmögliche Begehren* der Günderrode:

»Sie will ja vereinen, was unvereinbar ist: Von einem Mann geliebt werden und ein Werk hervorbringen, das sich an absoluten Maßstäben orientiert. Ehefrau und Dichterin sein; eine Familie gründen und versorgen und mit eignen kühnen Produktionen in die Öffentlichkeit gehn: unlebbare Wünsche.«[31]

Wolf sieht mit der Günderrode einen Diskurs von Frauen begründet, in dem »die verwundende Erfahrung (...), daß ihre Art Liebe nicht erwidert werden kann«[32], ausgesprochen wird. Liebe als eine »Erfahrung zum Tode« bilde ein Motiv, »das sich durch die Dichtung von Frauen über fast zwei Jahrhunderte zieht.«[33]

»Ein Verhängnis. Der gleiche Augenblick, der Frauen befähigt, zu Personen zu werden – was heißt, ihr ›wirkliches Selbst‹ hervorzubringen, und sei es wenigstens im Gedicht –, dieser gleiche historische Augenblick zwingt die Männer zur Selbstaufgabe, zur Selbstzerstückelung, beschädigt ihre Fähigkeit zu lieben, zwingt sie, die Ansprüche unabhängiger, zur Liebe fähiger Frauen als ›unrealistisch‹ abzuweisen. (...) Das Erlebnis, mit sich selbst zugleich das eigne Unglück hervorzubringen, ›was mich tötet, zu gebären‹, muß zur *Versteinerung oder zur gesteigerten Empfindlichkeit* führen. (...) Lieben müssen, aber sich nicht eignen für das bürgerliche Frauenleben – wie soll der Widerspruch sich auflösen.«[34]

Vor dieser Wahl zwischen Scylla und Charybdis: Versteinerung oder gesteigerter Empfindlichkeit, stehen auch die weiblichen Charaktere bei Haushofer. Diese, auf ihr Gesamtwerk zu beziehenden Motive stellen sie in einen spezifischen weiblichen Traditionszusammenhang, der insbesondere über Ingeborg Bachmann hin zu Christa Wolf verweist.

Betty in »Eine Handvoll Leben« kann den Zwiespalt ihres Lebens zwischen Freiheits- und Geborgenheitsbedürfnis nicht dadurch lösen, daß sie letzteres unterdrückt. Annette in »Die Tapetentür« schützt sich vor der Kälte und Gleichgültigkeit ihrer Umwelt, indem sie selbst kalt und gleichgültig wird; daß Versteinerung oder gesteigerte Empfindlichkeit aber zusammengehören und in Wirklichkeit nur zwei Seiten einer Medaille sind, wird deutlich in der metaphorischen Umschreibung ihrer Depression: »einen Stein in der Brust zu tragen«.[35] Über die Verkümmerung und Versteinerung ihres Ehemannes Hubert grübelt die Ich-Erzählerin in »Die Mansarde«: »Ja, so war es, äußere Erstarrung war die einzig mögliche Form geworden.«[36]

In »Die Wand« wird das Motiv der Versteinerung buchstäblich eingesetzt. Eine Frau, zu Besuch im Wochenendhaus von Verwandten, wird über Nacht durch eine plötzlich vorhandene Wand von der übrigen Außenwelt abgeschnitten und muß sich einrichten auf das Überleben allein in der Natur. Jenseits der Wand herrscht der Tod, die Versteinerung alles Lebendigen. Die Metapher der Versteinerung findet sich bei Haushofer derart häufig, daß wir sie hier im Zusammenhang mit ihrer sonstigen Verwendung sehen müssen. In »Die Mansarde« wird die Zivilisationskritik der Ich-Erzählerin auf der Folie des Untergangs des Römischen Reichs geübt; die tagebuchschreibende Frau träumt »von zerfallenen Städten und Landschaften, in denen es keine Menschen mehr gibt, nur verwitterte Statuen«.[37] In »Die Wand« vergleicht die Ich-Erzählerin die Leichname der Menschen jenseits der Wand mit »Ausgrabung(en) in Pompeji«.[38] Der Bezug des Römischen Reichs zur Gegenwart wird in »Die Mansarde« hergestellt, wenn sich die Nekrophilie der Zivilisation in Huberts musealer Vorliebe spiegelt, mit der er bereits seine Frau angesteckt hat: Beide genießen es, die gemeinsamen Sonntage im Kriegsmuseum zu verbringen, »diesem friedlichen Totenreich«.[39]

Diesseits und jenseits der Wand herrscht genau die von Christa Wolf benannte Dichotomie: Versteinerung versus gesteigerte Empfindlichkeit. Die Ich-Erzählerin reflektiert darüber, wie wenig Phantasie die meisten Menschen – von denen sie sich dabei abgrenzt – besaßen:

»Phantasie macht den Menschen überempfindlich, verletzbar und ausgeliefert.«[40]

Beide Alternativen, Versteinerung und gesteigerte Empfindlichkeit, führen letztlich zum Tode.

Auch die Metapher der Wand zieht sich durch Marlen

Haushofers gesamtes Schreiben. In der späteren Kindheitsautobiographie »Himmel, der nirgendwo endet« (1969) bezeichnet sie das gestörte Kommunikationsverhältnis zwischen Mutter und Tochter:

»Ganz langsam wächst eine Wand zwischen Mutter und Tochter auf. Eine Wand, die Meta nur in wildem Anlauf überspringen kann.«[41]

Das Bild der Wand ist ambivalent. Es formuliert metaphorisch Trennung als Störung und Trennung als Schutz. Die gesteigerte Sensibilität braucht nämlich die Schutzhaut gegen das totale Eindringen der Außenwelt:

»Es gab kein Innen und kein Außen mehr, keine Grenze, die sie von den Bettlern und schmutzigen Gassenkindern trennte. Elisabeth war durchlässig geworden, und alle Welt durchströmte sie. Es war, als hätten sich ihr Fleisch und ihre Knochen in Flüssigkeit aufgelöst...«[42]

Im Unterschied dazu schützt sich die Ich-Erzählerin in »Wir töten Stella« hinter einer »unsichtbare(n) Wand« vor dem »Grauenhaften«, das ihrer »zerbrechlichen Glaswand« aber schon »so nahe gekommen« ist, »daß ich seinen Atem und Gestank spüren konnte«: »aber ich wünschte nicht, die Wand zu durchbrechen, die mich von diesem Schmerz noch trennte«, heißt es schließlich.[43] Das Verhältnis von Innen und Außen, die Metaphorik von Wand, Schutz-Haut, Glasglocke, von Versteinerung und Erstarrung gegenüber Auflösung und Empfindlichkeit prägt Haushofers gesamtes Schreiben. In der Literatur von Frauen finden sich diese Motive – die symbiotische oder osmotische Kommunikation mit der Umwelt durch das Kommunikationsorgan Haut und die Dünnhäutigkeit, vor der sich die Frauen »Unter der Glasglocke«[44] schützen – sehr häufig. Auch die Wand als Metapher steht damit in einer intertextuellen Traditionskette ›weiblicher‹ Metaphorik und Symbolik.[45] Eine Passage aus Caroline Muhrs Roman »Die Freundinnen« (1974) sei hier ausführlicher zitiert, da sie sich wie eine Anspielung auf Haushofer liest. So einsam das Sprechen Marlen Haushofers auch war – liest man die z. T. erschreckend verständnislosen zeitgenössischen Kritiken –, so steht es doch im Zusammenhang eines Diskurses, der in der Literatur von Frauen geführt wird und der sich u.a. in diesen intertextuellen Bezügen nachspüren läßt.

»Ich saß plötzlich wie unter einer Glasglocke. Die Erde könnte unbewohnt sein. Ich stellte mir die Erde unbewohnt vor und verspürte eine unendliche Erleichterung. Kein menschliches Gewimmel, keine Hungersnöte, keine Napalmbomben, keine Folterkeller, keine Krankheiten, kein Tod mehr. (...) Kein Geschrei, kein Gekreisch, keine Todesschreie mehr. Natürlich auch kein Lachen mehr. Aber in diesem Augenblick hätte ich das Lachen, auch das Lachen meiner Kinder, ohne Zögern eingetauscht gegen diese verlockende, wunderbare Stille. (...) Aber ich kann mir derartige Vorstellungen nicht leisten. Ich bin eine Mutter von vier lebendigen Kindern.«[46]

4.

Seit der Wiederauflage des Romans 1983 wird »Die Wand« immer wieder gelesen als »Alptraum vom Überleben in einer zerstörten Welt«, und es wird dem Buch »in der Zeit der weltweiten Atomangst und der apokalyptischen Stimmung der sich nähernden Jahrtausendwende eine geradezu bestürzende Aktualität« bescheinigt.[47] So verblüffend ›aktuell‹ im journalistischen Sinn Haushofer auch sein mag, so erscheint mir diese Lesart doch peripher in bezug auf den Kern der Haushoferschen Zivilisationskritik. Denn diese geht über einen allgemeinen Kulturpessimismus – etwa ›Chemie in der Nahrung‹[48] – weit hinaus. Haushofers Kritik zielt auf die Basis des Patriarchats, die arbeitsteilige, hierarchisch strukturierte Beziehung zwischen den Geschlechtern. Auch enthält der Roman bei aller Bitternis eine utopische Dimension, die in dieser Lesart nicht aufgeht – sie würde dann höchstens auf das ›Überleben‹ reduziert.

Ich begreife die »Wand« als eine Metapher für die Isolation der weiblichen Hauptfigur. Sie fungiert als Schutz vor der Außenwelt und als Gefängnis zugleich, als Asyl und Exil. Die Einsamkeit, in die auch die anderen ›Heldinnen‹ Haushofers gestellt sind, wird mit der »Wand« gleichsam von innen heraus radikalisiert und durchquert: insofern nämlich, als es sich auch bei dieser weiblichen Person um eine literarische Projektionsfigur für Marlen Haushofers autobiographische Einsamkeit handelt, die eine doppelte war: Einsamkeit einer bürgerlichen Ehefrau, deren Leiden am Geschlechterverhältnis sich vor der modernen Frauenbewegung nur individuell äußern konnte, und darüber hinaus die Einsamkeit einer schreibenden Frau. Auch Hartl begreift in einer Rezension »Die Wand« als »verklausulierte Autobiographie«:

»Es geht nicht um die Welt nach einem dritten Weltkrieg, wie bei Huxley, es geht um die Innenwelt einer Frau, psychoanalytisch gesagt: um die Projektion der inneren Isolation nach außen.«[49]

Hartl sieht jedoch nur das negative Moment in der »rettungslosen Einsamkeit«, die hier dargestellt werde. Im Unterschied dazu verstehe ich das Motiv der Einsamkeit bei Haushofer auch im Sinne einer Chance, aufgrund derer die Frau zu einer eigentlichen Identität gelangen kann. Haushofer zeigt, daß das Erlangen der Autonomie die *conditio sine qua non* für die Frau bedeutet, um zu einer Utopie eines anderen Verhältnisses der Geschlechter zu gelangen, zu einer Utopie, die allerdings in ihren Texten noch nicht literarisch ›realisiert‹ werden konnte.

»Wenn ich jetzt an die Frau denke, die ich einmal war, ehe die Wand in mein Leben trat, erkenne ich mich nicht in ihr.«[50]

Begreift die Ich-Erzählerin einerseits die Einsamkeit unter der Wand als Fortsetzung ihres bisherigen Lebens, das schon ein ›Überleben‹ war (vgl. S. 26f.), so hat in anderen Aspekten doch ihr »früheres Leben ein jähes Ende« (61) durch die Wand gefunden, insofern, als es auf einer »Lüge« (263), auf mangelnder Kommunikation mit den Mitmenschen basierte und »in jeder Hinsicht ungenügend« war (61). Es war ein Leben, »eingesperrt in steinernen Häusern hinter Rolläden und Vorhängen« (191), und: eingesperrt in die Weiblichkeitsmuster und determinierende Rolle einer bürgerlichen Hausfrau und Mutter,

»in einer Welt, die den Frauen feindlich gegenüberstand und ihnen fremd und unheimlich war«. (83)

Aus den vorgegebenen Bildern, die ihr Leben bestimmten, kann sich die Frau nun lösen. In ihrem einsamen, autarken Leben in der Natur kommt ihr das Bewußtsein abhanden, eine Frau zu sein. Mal ist sie »ein Kind, das Erdbeeren suchte, dann wieder ein junger Mann, der Holz zersägte, oder (...) ein sehr altes, geschlechtsloses Wesen«, bis sie zu dem Punkt gelangt, wo sie »einem Baum ähnlicher als einem Menschen« ist (82).

Die Wandlungen der Ich-Erzählerin sind Ausdruck der Utopie, daß dem Austritt aus der alten Ordnung auch etwas Konstruktives, eine neue Produktivität, folgen könnte. Es ist ihr gelungen, die alten Weiblichkeitsbilder – der rundlichen Frau mit dem kleinen Doppelkinn – aufzuheben; nicht zugunsten eines fixierten neuen Bildes, sondern eines Kettenflusses von Bildern, einer unaufhörlichen Metamorphose. Als Teil der Utopie gelingt es ihr, Einsamkeit in Autarkie umzuwandeln und eine autonome Identität zu entwickeln.

»Es ist ja keiner da, der für mich denken und sorgen könnte« (7): sie ist zu einer eigenständigen Verantwortung für sich gezwungen. Haushofers ›Heldin‹ nimmt die Herausforderung aber auch an, sie wartet nicht auf den Märchenprinzen und Befreier.

»Seit meiner Kindheit hatte ich es verlernt, die Dinge mit eigenen Augen zu sehen...«
»...aber die Einsamkeit brachte mich dazu, für Augenblicke ohne Erinnerung und Bewußtsein noch einmal den großen Glanz des Lebens zu sehen.« (211)

Im Unterschied zu vulgär-feministischen, teleologisch konzipierten Emanzipationsfabeln berichtet Haushofers Frau mehr noch als vom Glanz von den Dunkelheiten ihres Weges, den Regressionen und Gefahren:

»...ich bin nur ein einfacher Mensch, der seine Welt verloren hat und auf dem Weg ist, eine neue Welt zu finden. Dieser Weg ist schmerzlich und noch lange nicht zu Ende.« (235, vgl. auch S. 148ff.)

Sie berichtet von den Verlusten und Opfern des Verwandlungsprozesses. So empfindet die Ich-Erzählerin z. B. Bestürzung über ihre »Kälte«, als der Anblick der fernen

Kirchtürme jenseits der Wand in ihr schließlich kaum noch Betroffenheit oder Trauer erweckt.

»Etwas hatte sich geändert, und ich mußte mich mit der neuen Wirklichkeit abfinden. Der Gedanke verursachte Unbehagen, aber ich konnte dem Unbehagen nur entrinnen, wenn ich mitten hindurch ging und es hinter mir ließ.« (263)

Es ist eine moderne, im aktuellen feministischen Sprachgebrauch gern benutzte Metapher, die Haushofer hier verwendet: das Hindurchgehen.[51] Die Durchquerung der Trauer – wohin soll sie aber Haushofers einsame Heldin führen?

Bleibt die Stärke nicht folgenlos, in ihrer Einsamkeit ohne Gebrauch? Ist die Frau nicht jetzt in das ›Bild der einsamen, autarken Heldin‹ eingesperrt?

Wir könnten auch fragen: wo bleibt der Mann in dieser Utopie?

Haushofer läßt ihre Ich-Erzählerin an einer Stelle darüber nachdenken, wie ihr Leben im Zeichen der Wand sich wohl gestaltet hätte, wenn sie einen Gefährten, z. B. den für das Grundstück zuständigen Jäger, bei sich gehabt hätte. Zuerst denkt sie, sie hätte es dann in vielem leichter gehabt. Dann jedoch:

»Jetzt allerdings bin ich meiner Sache nicht mehr ganz sicher. Wer weiß, was die Gefangenschaft aus diesem unauffälligen Mann gemacht hätte. Auf jeden Fall wäre er körperlich stärker als ich, und ich wäre von ihm abhängig gewesen. Vielleicht würde er heute faul in der Hütte umherliegen und mich arbeiten schicken. Die Möglichkeit, Arbeit von sich abzuwälzen, muß für jeden Mann eine große Versuchung sein. Und warum sollte ein Mann, der keine Kritik zu befürchten hat, überhaupt noch arbeiten. Nein, es ist schon besser, wenn ich allein bin. Es wäre auch nicht gut für mich, mit einem schwächeren Partner zusammen zu sein, ich würde einen Schatten aus ihm machen und ihn zu Tode versorgen...« (65f.)

Zwei Prämissen, von denen sie ausgeht, sind hier interessant: sie wäre von dem Mann abhängig gewesen – wieso eigentlich? zumal, wenn sie die Arbeit verrichtet hätte. Es ist offensichtlich die Implikation des Geschlechterverhältnisses gemeint, wie es im Patriarchat strukturiert ist, das hier aber jeder

Grundlage entbehren würde. Und zweitens: sie spricht von dem »Mann, der keine Kritik zu befürchten hat...« – doch offensichtlich außer ihrer. Er hätte also doch Kritik hervorgerufen, aber eine, die nicht zählt: sie ist ein Niemand, eine Frau... Daß die Kritik der Frau am Mann für den Mann nicht existiert, er sich also keinem ›Männerbild‹ unterzieht, ist hier angesprochen; Marlen Haushofer antizipiert damit auch den Umgang der Rezensenten mit ihrer Kritik.

Eine gleich-berechtigte Beziehung kann die Ich-Erzählerin sich, bei der herrschenden Arbeitsteilung der Geschlechter, nur mit einer Frau vorstellen:

»Wenn ich mir heute einen Menschen wünschte, so müßte es eine alte Frau sein, eine gescheite, witzige, mit der ich manchmal lachen könnte. Denn das Lachen fehlt mir noch immer sehr...« (66)

Aus Angst jedoch über den jeder Bindung impliziten Verlust und die Trauer darüber verzichtet sie lieber auf die Vorstellung einer Gefährtin – »Das Lachen wäre damit zu teuer erkauft«: Beispiel für die Dünnhäutigkeit, die gesteigerte Empfindlichkeit der Ich-Erzählerin, die trotz des Schutzes, den die Wand ihr gewährt, sich mit Gleichgültigkeit abhärten muß und die Versteinerung auch ein Stück in sich trägt:

»Ich müßte mich dann auch noch an diese Frau erinnern, und das wäre zu viel. Ich bin schon jetzt nur noch eine dünne Haut über einem Berg von Erinnerungen. (...) Was soll denn mit mir geschehen, wenn diese Haut reißt?« (66)

Es ist der Schutz vor ihrer zu großen Liebesfähigkeit, um den es hier geht, einer Hingabe, die einer Auslieferung gleichkommt und die Enttäuschung immer impliziert:

»Ich habe an derartigen Ängsten gelitten, solange ich mich zurückerinnere, und ich werde darunter leiden, solange irgendein Geschöpf lebt, das mir anvertraut ist. Manchmal, schon lange ehe es die Wand gab, habe ich gewünscht, tot zu sein, um meine Bürde endlich abwerfen zu können. Über diese schwere Last habe ich immer geschwiegen; ein Mann hätte mich nicht verstanden, und die Frauen, denen ging es doch genau wie mir. Und so tratschten wir lieber über Kleider, Freundinnen und Theater und lachten, die heimliche verzehrende Sorge in den Augen. Jede von uns wußte darum, und deshalb redeten wir nie darüber. Es war eben der Preis, den man für die Fähigkeit bezahlte, lieben zu können.« (71)

Aus diesen Sätzen läßt sich die Ansicht schließen, daß Männer als Geschlecht unfähig zu lieben sind: Sie könnten die Liebesfähigkeit der Frau nicht verstehen. Haushofer geht noch weiter, indem sie die beiden Geschlechter tatsächlich so polarisiert, daß sie den Frauen die Liebes-Aufgabe, den Männern aber das Prinzip der Destruktion zuordnet: Die Arbeitsteilung der Geschlechter, wie sie seit Ende des 18. Jahrhunderts verstärkt ideologisch vorangetrieben wurde, hat sich im 20. – nicht zuletzt im Zusammenhang mit den großen Kriegen – realisiert. So mächtig haben diese Definitionen auf die Geschlechtswesen gewirkt, daß sie als ›Natur‹ erscheinen. Auch Haushofer verwendet Formulierungen, die biologische Unterscheidungen nahelegen. Diese müssen aber immer auf den bürgerlichen Hintergrund, in dem ihre literarischen Figuren stehen, rückbezogen werden.[52] Wenn es z. B. heißt:

»Etwas war mir *eingepflanzt*, daß es mir unmöglich machte, Anvertrautes im Stich zu lassen« (200, Hervorhebung von R.V.),

so verunmöglicht Haushofer doch eine Interpretation dieses ›mütterlichen Prinzips‹ als bloßen Naturinstinkt; ihren leiblichen Kindern gegenüber empfindet die Frau ja in ungewohnter Ehrlichkeit sogar Desinteresse.

Ob es sich um biologische oder gesellschaftliche Polarisierung handelt, werden wir erst entscheiden können bei der Frage, ob Haushofers Denken Utopien zuläßt – Biologismen würden die Frage nach einer gesellschaftlichen Entwicklung ja verhindern. Darauf werden wir noch zu sprechen kommen. Bleiben wir vorerst bei der Analyse der Polarität, des Status quo.

»Es gibt keinen Ausweg, denn solange es im Wald ein Geschöpf gibt, das ich lieben könnte, werde ich es tun; und wenn es einmal wirklich nichts mehr gibt, werde ich aufhören zu leben. Wären alle Menschen von meiner Art gewesen, hätte es nie eine Wand gegeben, und der alte Mann müßte nicht versteinert vor seinem Brunnen liegen. Aber ich verstehe, warum die anderen immer in der Übermacht waren. Lieben und für ein anderes Wesen sorgen ist ein sehr mühsames Geschäft und viel schwerer, als zu töten und zu zerstören. Ein Kind aufzuziehen dauert zwanzig Jahre, es zu töten zehn Sekunden. Sogar der Stier brauchte ein Jahr, um groß und stark zu werden, und ein paar Axtschläge konnten ihn auslöschen.« (161 f.)

Die Arbeitsteilung zwischen den Geschlechtern als eine zwischen dem mütterlichen Prinzip der Liebe und dem zerstörerisch-männlichen des Tötens ist also auch hier nicht undifferenziert gedacht: Haushofer spricht von ›Menschen‹, sie denkt immer die Komplizenschaft der Frau in der männlichen Zivilisation mit. Der Roman »Die Wand« veranschaulicht, wie die Frau zugleich innerhalb und außerhalb der patriarchalischen Gesellschaftsordnung lebt. Um diesen Gedankengang auszuführen, ist es nötig, kurz auf Defoes Roman »Robinson Crusoe« einzugehen, mit dem Kritiker »Die Wand« immer wieder verglichen haben, meist allerdings, ohne die Unterschiede oder Parallelen näher auszuführen, so daß sie den Roman in einen bestimmten Traditionszusammenhang gestellt haben, ohne diesen inhaltlich aufzufüllen. Im Unterschied zu Robinson hat die Ich-Erzählerin in »Die Wand« kein kolonialisierendes, ausbeuterisches Verhältnis zu der sie umgebenden Natur. Dieses Verhältnis zur Natur ist aber als ein gesellschaftliches zu begreifen. Robinsons kolonialistische Attitüde kulminiert schließlich in seiner Beziehung zu Freitag; jede metaphysische Interpretation dieser Beziehung als einer zwischenmenschlichen, die Robinsons Einsamkeit aufhebe, ignoriert den gesellschaftlichen Charakter dieses Verhältnisses als eines Herr/Knecht-, genau: Kolonialherr/Sklave-Verhältnisses. Schon bevor er sich Freitag unterwirft, symbolisch auch in der Namensgebung ausgedrückt, träumt er davon, sich einen Eingeborenen-Sklaven zu gewinnen, um sich seiner als Mittel zur Befreiung zu bedienen. Hiervon unterscheidet sich die »Wand«-Ich-Erzählerin diametral: kein Gedanke daran, sie hätte sich jemanden unterwerfen können, lediglich Furcht davor, sie selbst hätte der ausgebeutete Teil sein können. Und doch gibt es eine *strukturelle* Parallele zwischen Defoes »Robinson« und Haushofers »Wand«.

»Die Einsamkeit, das eigentlich Typische, Reiz- und Wirkungsvolle am Robinson, ist aber in sich schon angelegt auf die Begegnung mit anderen Menschen, die diese Einsamkeit aufheben werden: Hoffnung auf rettende Wesen gleicher Kultur, Furcht vor Gefahr durch unbekannte Eingeborene geben dem Inseldasein das Gepräge, welches den entscheidenden Einbruch erfährt, als die Spur eines Menschenfußes im Sand des Strandes entdeckt wird – das zentrale Ereignis des Romans, wie Karl-Heinz Bohrer (...) betont.«[53]

Bei allen inhaltlichen Unterschieden gibt es im epischen Spannungsaufbau der »Wand« hierzu eine Parallele, die die Kritiker geflissentlich übersahen – zu angstbesetzt mögen die daraus zu ziehenden inhaltlichen Konsequenzen wohl gewesen sein.

Hier ist Dagmar Lorenz entschieden zuzustimmen:

»Bemerkenswerterweise übersahen die meisten Kritiker seinerzeit die Kernstelle des Romans: die Ermordung des letzten überlebenden Mannes durch die letzte Frau. Die Unterbewertung dieses Details erklärt die Fehlbeurteilung von *Die Wand* als eine Geschichte des Überlebens oder eine Robinsonade im 20. Jahrhundert.«[54]

Die Lektüre des gesamten Romans wird gelenkt durch die Andeutungen der Ich-Erzählerin, daß sie – unter dem Schutz der Wand! – von einer Katastrophe heimgesucht wurde, daß ihr Hund Luchs inzwischen nicht mehr lebt oder, wie oben zitiert, daß ihr Stier mit ein paar Axthieben hingeschlachtet wurde. Die kontinuierlich aufgebaute Spannung kulminiert am Schluß in der ›Begegnung‹ mit einem anderen menschlichen Wesen, einem Mann, der ebenfalls hinter der Wand überlebt hat.

»Ich wußte sofort, daß etwas Schreckliches geschehen war. (...) Ein Mensch, ein fremder Mann stand auf der Weide, und vor ihm lag Stier. Ich konnte sehen, daß er tot war...« (272)

Ohne die Besinnung zu verlieren, aber auch ohne sich zu besinnen, läuft die Frau ins Haus, holt die Flinte und handelt: »Ich zielte und drückte ab...« (272)

Eine kühle Geschäftsmäßigkeit des Handelns, eine lakonische Beschreibung: Es geht hier nicht um Reue. Ebensowenig geht es um Haß: Sie tötet den Mann, weil das die einzig angemessene, lebensnotwendige, ja konsequente Handlung ist, aus Notwehr. Er selber, als Objekt ihrer Handlung, ist aber völlig uninteressant – nach der Tat gelten ihre ersten Gedanken den Tieren, sie beachtet ihn gar nicht weiter. Schließlich:

»Ich wollte ihn gar nicht deutlicher sehen. Sein Gesicht war sehr häßlich. Seine Kleider, schmutzig und verkommen, waren aus teurem Stoff und von einem guten Schneider genäht. Vielleicht war er ein Jagdpächter wie Hugo oder einer jener Anwälte, Direktoren oder Fabrikanten, die auch Hugo so oft eingeladen hatte. Was immer er auch gewesen sein mochte, jetzt war er nur tot.« (273)

Daß sie ihn getötet hat, töten mußte, ist im Roman keine weitere Frage. Eine Frage ist jedoch, warum er ihre Tiere hingeschlachtet hat. Das Motiv dieser verrohten Handlung eines – offensichtlich der bürgerlichen Gesellschaftsschicht entstammenden – Mannes bildet die Schreibmotivation der Ich-Erzählerin, die, um sich vor dem Grübeln, dem Wahnsinn zu schützen, ihren Bericht schreibt als »letzte(n) Versuch« zu ergründen: »warum der fremde Mann meine Tiere getötet hat.« (275) Eine Vermutung, eine mögliche Erklärung, findet sie in der bereits erwähnten Dichotomie zwischen den beiden Geschlechtern: Lieben versus Töten.

»Vielleicht war der Mensch, der ihn (ihren Stier, R.V.) erschlagen hat, wahnsinnig; aber selbst sein Wahnsinn hat ihn verraten. Der heimliche Wunsch zu morden, muß immer schon in ihm geschlafen haben. Ich bin sogar geneigt, ihn zu bedauern, weil er so beschaffen war, aber ich würde immer wieder versuchen, ihn auszumerzen, weil ich nicht dulden könnte, daß ein so beschaffenes Wesen weiterhin morden und zerstören kann. (...) Ich habe viel über diese Dinge nachgedacht, und vielleicht bin ich jetzt so weit, daß ich auch die Mörder verstehen kann. Ihr Haß auf alles, was neues Leben erschaffen kann, muß ungeheuer sein. Ich verstehe es, aber ich muß mich gegen sie zur Wehr setzen, ich persönlich.« (162)

Bleibt man im Bild der Wand als einer Wunderwaffe der Mörder, so wird sie hiermit als Ausgeburt einer männlichen Zivilisation, deren Impetus der Neid auf die Gebärfähigkeit der

Frauen ist, verständlich. Gleichzeitig wird aber – und hier wird die Wand als solche uninteressant – die Katastrophe als in der männlichen Normalität bereits angelegte Konsequenz begriffen. Darin ist Haushofers Radikalität zu sehen, die in aktuellen feministischen Manifesten nicht übertroffen werden kann und die um so eindringlicher ist, je leiser und freundlicher, gediegener und scheinbar harmloser ihre Art des Schreibens zunächst anmutet. Was oberflächlich gesehen alltäglich, ja idyllisch wirkt, offenbart sich bei genauerem Hinsehen als Abgrund.

Von dem anderen, mörderischen Prinzip hat sich die Ich-Erzählerin verschiedentlich abgegrenzt. Immer wieder, wenn sie für ihren Lebensunterhalt oder den der ihr anvertrauten Tiere auf die Jagd gehen muß, betont sie, wie verhaßt ihr diese Tätigkeit ist.

»Diesen Abscheu vor dem Töten verlor ich nie. Er muß mir angeboren sein...« (124, s. auch 43) »...und ich fühlte mich krank. Ich wußte, es kam davon, daß ich immer wieder töten mußte. Ich stellte mir vor, was ein Mensch empfinden mag, dem Töten Freude macht. Es gelang mir nicht.« (140f.)

Um so verwunderlicher muß die ›Leichtigkeit‹ und Kaltblütigkeit erscheinen, mit der sie schließlich den Eindringling tötet. Handelt es sich denn eigentlich um einen Eindringling von außen? Wenn wir die Wand nicht als eine *science-fiction*-Erfindung nehmen, sondern als eine Haushofersche Metapher, mit der sie das Verhältnis der Frau zur herrschenden Gesellschaft, ihre Einsamkeit und Abgrenzung in der Résistance, beschreibt – Bedürfnis nach einer »Insel des Alleinseins und der Geborgenheit«, nach einem Leben »unter eine(r) Glasglocke«[55] –, so müssen wir die Bedeutung der Wand als Schutzhaut, die zwischen Drinnen und Draußen trennt, hier noch einmal differenzieren. Obwohl die Wand, anders als die ›dünne Haut‹, unter die so viel dringt: Lärm, Blicke, Gewalt, keine durchlässige Membran mehr ist und die Außenwelt scheinbar total abschottet, dringt dennoch die Gewalt der Außenwelt – männliche Gewalt – in die ›Idylle‹ der Frau ein.

In »Die Tapetentür« hieß es:

»Warm war es in dem großen, grauen Kokon, dunkel und still, und bald konnte kein Blick von außen in das dichte Gehäuse durchdringen.«[56]

Die abendliche Einsamkeit, Geborgenheit im Schlaf, und die Erstarrung, mit der Annette sich dort abgrenzte, bot jedoch keinen überzeugenden Selbstschutz. Analog existiert für die Ich-Erzählerin hier auch unter der Wand kein hinreichender Schutz vor der patriarchalischen Gewalt. Haushofer zeigt – durchaus realistisch! –, daß das Gedankenexperiment, eine Frau[57], abgeschottet von der ›Männerwelt‹ in die Einsamkeit, die Autarkie zu stellen, scheitern muß. Die Gewalt – Männlichkeit – ist längst ›unter die Haut gedrungen‹, die Frau selbst trägt sie in sich. Solange der Mann eindeutig ›außen‹ steht, ist das Feindbild für die Frau klar: Ihre Energien können sich auf Ablehnung konzentrieren. Dieser plakative, leichtere Weg entspricht aber nicht Haushofers Denkmodell. Im Roman »Die Mansarde« wird die Figur einer alten Baronin entworfen und ridikulisiert, deren Leitmotiv die Lebensweisheit »an allem sind die Männer schuld, ich hoffe, du siehst das endlich ein« ausmacht.[58] Sie selber hatte ihren Gatten ermorden wollen, doch war ihr der leider mit seinem ›Freitod‹ zuvorgekommen, so daß sie sich nun haßerfüllt mit der »Aufzählung aller Todesarten, die sie dem Baron zugedacht hatte: vergiften, erschlagen, erstechen, elektrische Fallen im Badezimmer und so weiter« zufriedengeben muß.[59] Daß die Baronin mit ihrem steinern scheinenden Busen selbst ein Beispiel für die die Zivilisation kennzeichnende Versteinerung bei lebendigem Leibe abgibt, verweist noch einmal auf Haushofers Sichtweise, daß sich die einzelnen Individuen quer zur Geschlechterdifferenz verhalten können und nicht einfach unter die prinzipielle Dichotomie der Geschlechter subsumiert werden können. »Die Wand« veranschaulicht, wie die äußere, zivilisatorisch-männliche Gewalt in die Frau eingedrungen ist. Der ›Mann an sich‹ stellt daher kein Feindbild dar, sondern es geht um den Prozeß der Auseinandersetzung mit der Gewalt innerhalb der Frau.

Haushofer zeigt beides auf: die Überwindung der alten Weiblichkeitsbilder in der Frau und die lebensnotwendige

Überwindung des Mannes, der das tötende Prinzip in sich trägt. Mit dem Akt des Tötens handelt die Frau im Widerspruch zu einer Definition von Weiblichkeit als Sanftmut, Passivität etc. Im Unterschied dazu hatte es in »Die Tapetentür« noch geheißen:

»Gestern auf dem Heimweg Ärger mit einem zudringlichen Menschen, dem ich sehr gerne einen Tritt versetzt hätte. Leider bin ich dazu erzogen worden, keine Tritte zu versetzen, so daß ich, im Notfall, wahrscheinlich gar nicht mehr dazu imstande wäre.«[60]

Nicht nur auf diese alltägliche Gewalt, sondern grundsätzlich auf das Gewaltverhältnis der Geschlechter bezogen, geht es später auch in Ingeborg Bachmanns »Malina« um die Schwierigkeit und Unmöglichkeit der Frau, sich gegen den Mörder zu ›wehren‹, zu töten, statt getötet zu werden. Die Alpträume mit der Vaterfigur führen sie immer wieder auf den ›Friedhof der ermordeten Töchter‹ und ihre Drohungen:

»Jetzt weiß er, daß ich kein Gefühl mehr habe für ihn und daß ich ihn töten könnte«[61]

bleiben zaghaft, zurückgenommen. Später fordert Malina die Ich-Erzählerin wiederholt auf: »Töte ihn! töte ihn!«[62], sie aber weigert sich und ist dazu nicht imstande. Auch hier ist die der Frau aufgezwungene Alternative klar: den Urheber der Gewalt (auch der Gewalt der Bilder) zu töten, oder getötet zu werden. Die Handlung, an der das weibliche Ich in »Malina« jedoch scheitert, wird von Haushofers Ich-Erzählerin ausgeführt.

Die Frau in »Die Wand« ist bereits so weit aus der Ordnung getreten, daß sie nicht mehr zu den Kompromissen bereit ist, mit denen sich Haushofers andere Heldinnen immer wieder der zerstörerischen Gewalt unterwerfen. Gleichzeitig zeigt Haushofer, daß die Gewalt dieser Ordnung so stark ist, daß sie auch innerhalb des utopischen Raums der Frau weiterlebt, so daß ihre ›Befreiung‹ auf paradoxe Art selbst eine Tötung erfordert.

Diese ungeheuerliche Botschaft ihres Romans wurde in der Rezeptionsgeschichte geflissentlich ignoriert. Auch die Rede vom ›Überleben nach dem Dritten Weltkrieg‹, von Atomapokalypse etc. läßt den Roman ja insofern innerhalb der bestehenden Ordnung, als er damit wieder auf eine Opfergeschichte hin interpretierbar wird – mit Opfern lassen sich Frauen gut identifizieren.[63] Dagegen treibt Haushofer ihre Kritik des Männlichen hier auf den Punkt: Die Form von Männlichkeit, die als Unfähigkeit zu lieben und Haß auf das kreatürliche Leben sich in Anlage und Erscheinung als Gewalt offenbart, muß überwunden werden, will die Frau eine Chance haben zu leben. Dieser Akt wird aber nicht in selbstangreifender, kriegerischer Form gedacht, sondern besteht in der radikalen Abwendung und Trennung der Frau. Er findet ›unter der Glasglocke‹, d.h. im Innern der Frau statt: als ›Entmannung‹.[64]

Wenn auch die Gewalt des Mannes in das Schutzgehäuse der Frau eingedrungen ist und abgetötet werden muß, so enthält »Die Wand« darüber hinaus doch eine utopische Dimension. Wie wir sahen, bleibt die ›Idylle‹ weiblicher Autarkie nicht folgenlos, ebensowenig aber sind die Folgen Defätismus oder Fatalismus. »Gegen alle Vernunft« (153) hält die Ich-Erzählerin an dem Gefühl der Liebe fest.

»Es gibt keine vernünftigere Regung als Liebe. Sie macht dem Liebenden und dem Geliebten das Leben erträglicher. Nur, wir hätten rechtzeitig erkennen sollen, daß dies unsere einzige Möglichkeit war, unsere einzige Hoffnung auf ein besseres Leben. Für ein unendliches Heer von Toten ist die einzige Möglichkeit des Menschen für immer vertan. Immer wieder muß ich daran denken. Ich kann nicht verstehen, warum wir den falschen Weg einschlagen mußten. Ich weiß nur, daß es zu spät ist.« (238)

Das ›zu spät‹ bezieht sich auf die Menschenzeit, die Alltagsordnung. Jedoch lebt die Ich-Erzählerin inzwischen in der ›Krähenzeit‹; mit dem Bild der weißen Krähe, die schon auf sie wartet, endet der Bericht. Wenn dieses Bild des einsamen (und eben doch nicht einsamen: das Warten verweist ja auf *etwas anderes*) Vogels intertextuell mit Haushofers Roman »Mansarde« in Zusammenhang steht, so gilt auch die dortige Erkenntnis der Ich-Erzählerin, die sich vergeblich darum bemüht, einen Vogel zu zeichnen, der aussieht, als sei er nicht der einzige Vogel auf der Welt: »Aber es war nur eine Ahnung, kein Erkennen...«[65] Eine solche Ahnung bestimmt auch »Die Wand«: Die Utopie von einem möglichen Zusammenleben, das nicht mehr in einem Gewaltverhältnis, sondern in Liebe besteht, ist dort (noch) nicht realisierbar oder auch nur vorstellbar. Die Frau ahnt jedoch, daß es hinter allen Dingen etwas Neues geben müßte, nur ist sie noch zu sehr im Alten verwurzelt, um es wahrnehmen zu können.

»Etwas ganz Neues wartet hinter allen Dingen, nur konnte ich es nicht sehen, weil mein Hirn mit altem Zeug vollgestopft war und meine Augen nicht umlernen konnten. Ich hatte das Alte verloren und das Neue nicht gewonnen, es verschloß sich vor mir, aber ich wußte, daß es vorhanden war.« (134)

Marlen Haushofer findet hier einen Ausdruck, der spätere Formulierungen feministischer Theorie zwischen ›nicht mehr‹ und ›noch nicht‹ vorwegnimmt und z. B. an Kristevas Formulierung erinnert, daß eine weibliche Praxis negativ sein müsse, »um sagen zu können, daß ›es dieses nicht ist‹ und ›dies noch nicht ist‹«.[66]

Die Ich-Erzählerin der »Wand« beschreibt sich als eine Frau, die »hungrig und sehnsüchtig unsichtbare Spuren« verfolgt und die weiß, daß sie ihr Wild nie stellen wird. (117)

Nur insofern ist es zu spät. Das Neue, das Unerhörte wartet aber jenseits von Gewalt und Einsamkeit auf sie. »Ich sehe, daß dies noch nicht das Ende ist.« (275)

Der Roman beschreibt eine Durchquerung: Wenn auch *das ganz andere* noch nicht vorstellbar bzw. darstellbar ist, so zeigt Haushofer doch auf, was die Voraussetzungen wären, um dahin zu gelangen: Einsamkeit und Autarkie, eine Identität *für sich*, im Unterschied zu den alltäglichen Liebesbeziehungen, die aus einem Mangel heraus eingegangen werden. In »Die Mansarde« heißt es:

»Etwas sehr Wichtiges war mir gerade durch den Kopf gegangen, etwas, das sehr böse und nicht in Ordnung ist: Niemand und nichts sollte jemals Ersatz für irgendeinen oder irgend etwas sein.«[67]

Und Annette in »Die Tapetentür« hatte nachgedacht:

»Ist das der Grund (...), warum sie heiraten, in Gesellschaft gehen oder sich Hunde und Katzen halten? Es schien ihr ehrenhafter, die Belästigungen des Unsichtbaren zu ertragen, sein lautloses Lachen zu hören, als andere Geschöpfe als Mittel zum Zweck zu benützen, und dann fiel ihr ein, daß sie genau das immer wieder getan hatte.«[68]

Aus solchen Beziehungen des Mangels und des Ersatzes hat sich die Ich-Erzählerin in »Die Wand« gelöst. Sie betrauert am Ende den Verlust ihrer Tiere, aber in dem Wissen, daß sie es überleben wird. Wenn sie auch für ihre Liebesfähigkeit nur ihre Tiere als Objekte hat, so bleibt die Hoffnung auf zwischenmenschliche und zwischengeschlechtliche Liebe dem Text doch als utopischer Gehalt eingeschrieben.

Anmerkungen

1 Titelzitat aus: Marlen Haushofer: »Die Wand«. Roman. 2. Auflage, Hamburg und Düsseldorf 1983, S. 134.
2 Marlen Haushofer: »Wir töten Stella«. Novelle. Neuausgabe, Hamburg und Düsseldorf 1985, S. 24 u. 26.
3 Ebd., S. 26.
4 Marlen Haushofer: »Eine Handvoll Leben«. Roman. Wien und Hamburg 1955, S. 142.
5 Ebd., S. 119f.
6 Ebd., S. 142.
7 Ebd., S. 133f.; S. 133.
8 Ebd.
9 Vgl. Marlen Haushofer: »Die Tapetentür«. Roman. Wien und Hamburg 1957, S. 96.
10 Ebd., S. 104.
11 Ebd., S. 79.
12 Zit. n. Dagmar C. Lorenz: »›Marlen Haushofer – eine Feministin aus Österreich«, in: »Modern Austrian Literature (MAL)« Vol. 12, No. 3/4, 1979, 171–191, Anm. 14, S. 189.
Vgl. dies: »Biographie und Chiffre: Entwicklungsmöglichkeiten in der österreichischen Prosa nach 1945, dargestellt an den Beispielen Marlen Haushofer und Ilse Aichinger«. (Phil. Diss.) Cincinnati 1974, S. 44-67 zur Rezeption Haushofers, hier S. 58.
S. zum Vergleich der zeitgenössischen und der aktuellen Rezeption Marlen Haushofers auch meinen Beitrag. »›Vielleicht, daß ein sehr

entferntes Auge eine geheime Schrift aus diesem Splitterwerk enträtseln konnte...‹ Zur Kritik der Rezeption Marlen Haushofers.« In: »Oder war da manchmal noch etwas anderes?« Texte zu Marlen Haushofer, von Anne Duden u. a. Frankfurt/Main 1986, S. 43–66.

13 »Die Tapetentür«, S. 42.

14 Ebd., S. 190.

15 Ebd., S. 146. Dieses Motiv findet sich ähnlich auch bei Johanna Moosdorf und Hilde Domin, vgl. dazu meine Beiträge in diesem Band.

16 »Die Tapetentür«, S. 96.

17 »Die Geschichte vom Menschenmann«, zuerst in: »Die Vergißmeinnichtquelle«. Zwanzig Erzählungen. Wien 1956, S. 51–65; neu abgedruckt in: Marlen Haushofer: »Begegnung mit dem Fremden«. Erzählungen. Düsseldorf 1985, S. 224–229.

18 Ebd., S. 227f.

19 Vgl. Dagmar C. Lorenz in: »MAL«, a. a. O., S. 176f., S. 183f., sowie Anm. 25 u. 41.

20 Zit. n. Oskar Jan Tauschinski: »Die neue Phase in Marlen Haushofers Prosa«, in: »Literatur und Kritik« 5/1970, S. 485. Zuletzt abgedruckt unter dem Titel: »Marlen Haushofer oder die sanfte Gewalt. Ein Gespräch mit Elisabeth Pablé«, in: »Oder war da manchmal noch etwas anderes?« s. Anm. 12, S. 127–131, hier S. 130.

21 S. Anm. 2; hier zit. n. der Neuausgabe. Im folgenden werden die Seitenzahlen in Klammern im Text angegeben.

22 Vgl. hierzu Phyllis Chesler: »Über Männer«. Reinbek 1982, die den Inzest zwischen Vater und Tochter als »das vorherrschende psychosexuelle Verhaltensschema zwischen den Geschlechtern in der modernen Gesellschaft« bezeichnet (S. 106).

23 Sigmund Freud, zit. n. Chesler, ebd. Dazu Chesler: »In Wirklichkeit oder in Ersatzbildungen tritt ein Inzest zwischen Mutter und Sohn sehr selten auf; er ist überaus stark tabuisiert.«

24 Dazu gehört auch, daß der Sohn Wolfgang den Vater zu verabscheuen und die Mutter wegen ihrer Feigheit und Schwäche zu verachten lernt (vgl. S. 15). Am Ende hat die Mutter ihren Sohn verloren – »streng und starr aufgerichtet« (S. 67), ein Fremder, richtet und ignoriert er sie schließlich. Ihr Opfer/Stellas Opferung waren umsonst.

25 Ingeborg Bachmann: »Malina«. In: »Werke«. Hrsg. v. Christine Koschel, Inge von Weidenbaum, Clemens Münster. München u. Zürich, Sonderausgabe 1982, Bd. III, S. 181 u. 175.

26 Vgl. eine entsprechende Szene zwischen Mutter und Tochter in Jutta Heinrichs Roman »Das Geschlecht der Gedanken«. München 1977, S. 21–24.

27 Nur unter diesem Aspekt wertet Dagmar C. Lorenz das Verhalten der Ich-Erzählerin, in »MAL«, a. a. O., S. 176. Sie läßt damit das

Spannungsverhältnis zwischen Ich-Erzählerin und Autorstimme im Text unberücksichtigt.

28 Vgl. hierzu Wayne C. Booth: »The Rhetoric of Fiction.« Chicago und London 1961, S. 158f.

29 Vgl. z. B. die Rezension von Helene Henze zu »Die Tapetentür« in der »FAZ« v. 9.11.1957: »Wir, die Leser, sind also mit eingesperrt in dieses Gehäuse eines selbstgeschaffenen Wahns, wo die arme Seele im Kreise läuft...«

30 Vgl. Sigrid Weigel: »›Der schielende Blick. Thesen zur Geschichte weiblicher Schreibpraxis«, in: Inge Stephan/Sigrid Weigel: »Die verborgene Frau. Sechs Beiträge zu einer feministischen Literaturwissenschaft.« Berlin 1983, S. 85.

31 Christa Wolf: »Der Schatten eines Traumes. Karoline von Günderrode – ein Entwurf«, in: »Lesen und Schreiben. Neue Sammlung«. Darmstadt und Neuwied 1982, S. 225–283, hier S. 242.

32 Ebd., S. 260.

33 Ebd., S. 261.

34 Ebd., S. 262 (Hervorhebung v. R. V.).

35 »Die Tapetentür«, S. 78.

36 Marlen Haushofer: »Die Mansarde«. Roman. Hamburg und Düsseldorf 1969, S. 111.

37 Ebd., S. 98.

38 Marlen Haushofer: »Die Wand«. Roman. Düsseldorf 1983, S. 56.

39 »Die Mansarde«, S. 18.

40 »Die Wand«, S. 45.

41 Marlen Haushofer: »Himmel, der nirgendwo endet«. Roman. Hamburg und Düsseldorf 1969, S. 15.

42 »Eine Handvoll Leben«, S. 165; vgl. dort auch die ›Wand‹-Metaphern S. 81 u. S. 176.

43 »Wir töten Stella«, S. 46 u. S. 58, vgl. auch S. 24.

44 Vgl. Sylvia Plaths autobiographischen Roman »The Bell Jar« (1963); aus der neueren Literatur von Frauen ist es lohnend, Vergleiche zu ziehen mit Texten von Anne Duden oder Libuŝe Moníková. Vgl. dazu Venske 1986 (s. Anm. 12).

45 In Charlotte Perkins Gilmans autobiographischer Erzählung »The Yellow Wallpaper« (1892) identifiziert sich die ›verrückte‹ Ich-Erzählerin mit der vergitterten Tapete und projiziert ein Doppelgänger-Ich hinter die Tapete, d. h. hinter die Wand. Eine Anspielung auf Gilmans Text findet sich bei Jutta Heinrich »Mit meinem Mörder Zeit bin ich allein« (1981), wo es heißt: »Ich lag Tage oder Wochen, das Gelb der Tapete im Auge...« (München 1981, S. 65); der gesamte Text ist von Wand-Metaphorik durchzogen, vgl. z. B. im Zusammenhang mit Haushofer: »die herannahende Wand« als Bild für die Atomkatastrophe (S. 12), die Vorstellung, »von einer Schweigezone umschlossen« zu sein (S. 15), und selbst die Anrede der Schwester als

»Klagemauer« (S. 15). Utopisch ist die Rede von der Liebe als »einzige(r) Kraft, die noch starke Flügel hat und mich zwingt, gegen alle Mauern zu stoßen«. (S. 23).

In Jutta Heinrichs erstem Roman »Das Geschlecht der Gedanken« verschwindet die Mutter hinter einer »Wand aus Rauch« (München 1979, S. 127). Dies erinnert an das Romanende von »Malina«, wo das weibliche Ich in den Riß in der Wand hineingeht; auf beides ließe sich Virginia Woolfs Diktum beziehen, daß die Wände der Häuser mit weiblicher Kreativität getränkt seien. Vgl. hierzu auch Ricarda Schmidt: »Westdeutsche Frauenliteratur in den Siebziger Jahren«. Frankfurt 1982, S. 189 u. S. 228.

Diese wenigen Beispiele aus der Literatur von Frauen ließen sich endlos fortsetzen. Vgl. nur noch Christa Wolf über die Günderrode: »Sie brächte die Glut auf, die Wand zwischen sich und den andern einzuschmelzen.« »Kein Ort. Nirgends«. Darmstadt und Neuwied 1981, S. 107.

46 Caroline Muhr: »Freundinnen«. Roman. Frankfurt-Berlin-Wien 1979. S. 52f.

47 Ingeborg Drewitz, in: »Nürnberger Nachrichten« v. 13.9.1983; Geno Hartlaub, in: »Deutsches Allgemeines Sonntagsblatt« v. 4.9.1983.

48 Vgl. z. B. »Die Mansarde«, S. 34ff. Auf entsprechende Stellen bezieht sich Hannelore Krollpfeiffer in: »Brigitte«, Sonderheft, Herbst 1983.

49 Edwin Hartl, in: »Salzburger Nachrichten« v. 2.7.1983.

50 »Die Wand«, S. 44; im folgenden werden die Seitenzahlen in Klammern im Text angegeben.

51 »Man befreit sich von einer Sache nicht, indem man sie vermeidet, sondern indem man durch sie hindurchgeht.« (Inga Buhmann: »Ich habe mir eine Geschichte geschrieben«. Frankfurt/M. 1978, S. 127; vgl. hier auch Sigrid Weigel. »Der schielende Blick«. a.a.O., S. 117).

52 Z. B. spricht die Ich-Erzählerin in »Die Mansarde« von der »Verrücktheit, die meine ganze Generation befallen hat«, als »Folge von Ereignissen, denen wir nicht gewachsen waren«. (S. 104) Auf sehr behutsame Art sind diese scheinbar so privaten Geschichten bei Marlen Haushofer in die große ›Geschichte‹ eingewoben.

53 Wolfgang Biesterfeld: »Die literarische Utopie«. Stuttgart 1974, S. 35.

54 Dagmar Lorenz, in: »MAL«. a.a.O., S. 184.

55 »Die Tapetentür«, S. 24 u. S. 155.

56 Ebd., S. 60f.

57 Ebensogut könnte es sich um eine Kommune von Frauen handeln, wie es in neueren feministischen Romanen der Fall ist.

58 »Die Mansarde«, S. 88.

59 Ebd., S. 92.

60 »Die Tapetentür«, S. 23.
61 »Malina«, a. a. O., S. 234.
62 Ebd., S. 305.
63 Vgl. Sigrid Weigel: »Die geopferte Heldin und das Opfer als Heldin. Zum Entwurf weiblicher Helden in der Literatur von Männern und Frauen.« in: »Die verborgene Frau«, a. a. O., S. 138–152.
64 So der Titel des Romans von Christa Reinig. Düsseldorf 1976.
65 »Die Mansarde«, S. 21 f.
66 Zit. n. »Kein weibliches Schreiben? Fragen an Julia Kristeva« in: »Freibeuter« 2/1979, S. 82.
67 »Die Mansarde«, S. 120.
68 »Die Tapetentür«, S. 60.

Marie Luise Kaschnitz (Foto: Karin Voigt)

INGE STEPHAN

Männliche Ordnung und weibliche Erfahrung: Überlegungen zum autobiographischen Schreiben bei Marie Luise Kaschnitz

1.

»Als eine ewige Autobiographin, eine im eigenen Umkreis befangene Schreiberin, werde ich, wenn überhaupt, in die Literaturgeschichte eingehen, und mit Recht.«[1] Diese kritische Selbsteinschätzung von Marie Luise Kaschnitz findet sich in einer von der Autorin zurückgehaltenen Passage aus ihren letzten Aufzeichnungen »Orte«, die 1973 veröffentlicht wurden. Die Autorin war damals 72 Jahre alt, sie starb wenig später 1975. Jahre bevor die ›Neue Subjektivität‹ als literarische Strömung zur Mode wurde, Jahre bevor vor allem Frauen ›Erfahrungstexte‹ schrieben und ›Frauenliteratur‹ zumindest eine Zeitlang mit Selbsterfahrungstexten gleichgesetzt wurde, hat Kaschnitz Texte geschrieben, die immer wieder um das eigene Ich kreisten: Angefangen von den beiden frühen Romanen »Liebe beginnt« (1933) und »Elissa« (1937) bis hin zu den späten Tagebuchaufzeichnungen »Wohin denn ich« (1963), »Tage, Tage, Jahre« (1968), »Steht noch dahin« (1970) und »Orte« (1973). Dazwischen liegen andere, stärker mit den Mitteln der Verfremdung arbeitende Texte wie z. B. »Das Haus der Kindheit« (1956) oder »Beschreibung eines Dorfes« (1966), aber auch hier ist der autobiographische Bezug unverkennbar. Natürlich gibt es im Rahmen des Gesamtwerkes auch Texte, die nicht autobiographisch im engeren Sinne sind, aber selbst für manche dieser Texte hat Kaschnitz den autobiographischen Kern angedeutet, den Leser häufig sogar erst darauf aufmerksam gemacht.

Nun hat Kaschnitz selbst darauf hingewiesen, daß das Autobiographische ein Merkmal moderner bürgerlicher Kunst insgesamt sei[2] und daß im übrigen »niemand ohne eigene Erfahrungen zu verwenden schreiben« könne[3], dabei aber auch bemerkt, daß ihr immer wieder erneutes Kreisen um das eigene Ich etwas Besonderes war, etwas, das ihr manchmal unheimlich, manchmal peinlich, aber immer notwendig war. Unter dem 22. Februar notierte Kaschnitz in ihren Aufzeichnungen »Tage, Tage, Jahre«:

»Das Autobiographische ist vielen Schriftstellern nachgewiesen worden. Wer die Form des Tagebuchs, der Briefe, der Aufzeichnungen wählt, ist doppelt verdächtig, nicht einmal zur Verfremdung hat er sich die Mühe gegeben, bietet dem Leser nur an, was Byron ›das Erbrochene seiner Erinnerungen‹ nennt.« (GW III, S. 211)

So unangenehm ihr die »eigenen Ich-Anbietenden« und die »fatalen Ich-Ich-Ich-Sager« mit ihrem »Drang zur Bloßstellung« (ebd.) auch sind, so wird das Schamgefühl doch immer wieder von der Notwendigkeit des Schreibens besiegt. Das Schreiben aber, die Arbeit, macht aus dem, was Byron »das Erbrochene« der Erinnerungen genannt hat, etwas Neues, Fremdes:

»Zahllose Arbeitsstunden, Bemühung um die Form, Worte abgehorcht, Sätze gedreht, gewendet, Morgenstunden, Nachtstunden, schon selbst ein Stück Leben, da hat sich inzwischen alles verändert, ist dem Persönlichen entwachsen, und das Wort Schamgefühl hat seinen Ort hier nicht mehr.« (Ebd.)

Über die Gründe, warum das Autobiographische in ihrem Werk eine so zentrale Rolle spielt, ist oft spekuliert worden. Uwe Schweikert hat in diesem Zusammenhang den treffenden Begriff von der »Archäologie des eigenen Ich«[4] geprägt, und Susanne Keßler hat in ihrem Aufsatz »Die Egozentrik der undefinierten Frau«[5], einer Untersuchung zum »Haus der Kindheit«, darauf aufmerksam gemacht, daß die Ichbezogenheit der Autorin mit der weiblichen Rolle zusammenhängt, die Kaschnitz nicht durchbrechen konnte. Keßlers Begriff der »undefinierten Frau«, der sich an Simone de Beauvoirs These von der Frau als dem Anderen, dem Männlichen Entgegengesetzten, anlehnt, verweist auf einen wichtigen Zusammenhang: auf den zwischen weiblicher Erfahrung und autobiographischem Schreiben. Die Schwierigkeiten der Selbstdefinition sind ein Resultat der paradoxen Situation des Weiblichen in der männlichen Ordnung: Das Weibliche ist Teil dieser Ordnung, und zugleich ist es das ›Andere‹, das aus dieser Ordnung ausgegrenzt ist. Auf der Suche nach dem eigenen Ich werden Frauen, wenn sie die Identität, die ihnen die männliche Ordnung in Form von ›Frauenbildern‹ vorgibt und anbietet, nicht annehmen, auf eine Leere stoßen. Kaschnitz hat dafür in ihren späten Aufzeichnungen das Bild der »leeren Stelle« geprägt und von der Chance gesprochen, die in dieser Leere, in dem Fehlen von Festschreibungen, liegt.

»Am Ende möchte man doch weiße Wände, wenig Bücher, wenig Bilder, nur das Nötigste an Möbeln, mit einem Wort, die Klosterzelle. Wie wahr, sagt ML begeistert, wie wahr. Ich habe mir, fuhr sie fort, an der Wand über meinem Schreibtisch eine Stelle ausgespart, an die ich nichts hänge, vor die ich nichts stelle, dreißig auf vierzig Zentimeter, das ist nicht viel. Aber wenn ich aus meinen Händen eine Art von Fernglas mache, sehe ich nichts anderes als diese leere Stelle, das herrliche Nichts.« (GW III, S. 587)

Das, was in den späten Aufzeichnungen als Chance erscheint, wird in den Jahren davor in erster Linie als Mangel erfahren: als Beunruhigung, Schwäche, Ortlosigkeit und Identitätsverlust. In der ständigen Beschäftigung mit der eigenen Person versucht Kaschnitz diese Leere einzukreisen, sie zu fassen, sich selbst zu definieren. Immer wieder kehrt sie an bestimmte Orte zurück, in das »Haus der Kindheit«, nach Bollschweil, das Dorf im Breisgau, wo sie längere Zeit gelebt hat, nach Rom, Frankfurt, Wien und an andere Stätten, an denen sie das Ich vermutet, aber nicht finden kann. Das autobiographische Schreiben, das immer stärker topographische Züge annimmt, wie man bereits den Titeln der Werke ansieht, ist ein Versuch, einen Ort zu finden, weil die Leere und Identitätslosigkeit nicht ausgehalten werden kann. Im frühen Roman »Elissa« ist es ein ort- und zeitloses Reich der Phantasie, in das sich Kaschnitz einschreibt; nach dem Krieg ist die Fortsetzung einer solchen Phantasieproduktion, die in tagträumerischer Weise letztlich nur Strukturen der abgelehnten Realität wiederholt und gängige Frauenbilder, wenn auch nicht ungebrochen, reproduziert, nicht mehr möglich. Die Erfahrung von Krieg und Zusammenbruch erschüttert die naive Phantasietätigkeit und die naive Ichbezüglichkeit, auch wenn die Autorin einer solchen Einsicht damals noch auszuweichen suchte.

So schrieb sie 1945, nach dem Zusammenbruch – und der Wunsch, daß es so sein möge, ist unüberhörbar: »Das Erste, das Einzige, was wir fassen und halten können, ist das eigene Ich.«[6] Später ist diese Selbstgewißtheit, daß es dieses »eigene, unverwechselbare Ich« (GW III, S. 835) gibt, verschwunden. In den Aufzeichnungen »Wohin denn ich« findet sich gleich zu Beginn die Einschränkung: »Wenn Sie wissen wollen, wer hier spricht, welches Ich, so ist es das meine und auch wieder nicht, aus wem spräche immer nur das eigene Ich« (GW II, S. 381). Das Ich ist also eine literarische Fiktion – niemand hat das am Ende besser gewußt als Kaschnitz –, es wird im Prozeß des Schreibens mühevoll als eine künstliche Instanz hergestellt, es ist das Ergebnis einer formalen Anstrengung. Das Schreiben selbst wird also zu einem Versuch, einen Ort zu finden, keinen fiktiven, wie es noch in »Elissa« der Fall gewesen war, sondern das Schreiben selbst ist der Ort, an dem sich das Ich konstituiert, nicht als biographisches, sondern als imaginäres. Daß dieser Schreibvorgang schmerzhaft ist, wird in dem Gedicht »Ich und Ich« aus dem Sammelband »Dein Schweigen, meine Stimme« von 1962 thematisiert:

Ich und Ich

Mein Ich und Ich
Eines steht aufrecht
Faßt noch ins Auge
Greift noch die Handvoll
Spürt noch den Hundsschweiß
Den Winterbiß.

Eines schon lange
Zur Wand gekehrt
Liest auf dem Mörtel
Die Flugschrift der Träume
Sieht ein durchscheinendes
Wandernd ein Licht.

Ich sagt zu Ich
Harre aus.
Ich fragt Ich

Wem zuliebe?
Ich sagt zu Ich
Bring zu Ende,
Ich fragt Ich
Warum?

Ich der Fisch
Ich die Reuse
Ich der Apfel
Ich das Messer
Ich das Maiskorn
Ich die Henne
Ich der Faden
Ich die Nadel.
Ich die Nadel fängt den Faden
Zieht den roten
Kettenstich.

(GW V, S. 353/4)

Das Gedicht ist stellenweise ein Zwiegespräch zwischen zwei Ichs, die sich antagonistisch gegenüberstehen. Das eine Ich ist aktiv, es ergreift die Initiative, stellt die Fragen und drängt voran. Das andere Ich hat sich zurückgezogen, auf dem Mörtel der leeren Wand liest es die »Flugschrift der Träume«. Die Spannung zwischen den beiden Ichs, zwischen Aktivität und Passivität, bleibt das ganze Gedicht durch erhalten und wird in immer neuen Wendungen beschworen. Fisch und Reuse, Apfel und Messer, Maiskorn und Henne pointieren eine Opfer-Täter-Beziehung, die vom Gegensatz männlich-weiblich lebt, nicht im biologischen Sinne, sondern im Sinne einer kulturellen Dichotomie, die das schreibende Ich spaltet. Am Schluß des Gedichts verbinden sich die beiden Pole in der Schaffung des Werks: »Ich die Nadel fängt den Faden/Zieht den roten/Kettenstich.« In der Metapher des »roten Kettenstichs« klingt der Preis an, mit dem das Werk bezahlt werden muß: Das passive träumerische Ich wird dem stärkeren, handelnden Ich untergeordnet oder, um in einer anderen Begrifflichkeit zu sprechen, der Stoff wird der Form unterworfen.

Hier klingt deutlich die Auffassung an, daß Schreiben ein Tötungsvorgang ganz eigener Art ist, eine Auffassung, die

Kaschnitz an anderer Stelle sehr viel expliziter ausgeführt hat.[7] Die Unterwerfung, von der das Gedicht spricht, geht eindeutig zu Lasten des »Weiblichen«, von einer Harmonie zwischen »Weiblichem« und »Männlichem« kann nicht die Rede sein.[8]

Es entsteht eine paradoxe Situation: Im Schreibvorgang muß das schreibende Ich gerade die Anteile abtöten bzw. unterwerfen, denen es auf der anderen Seite in der autobiographischen Suche auf die Spur zu kommen versucht. Als schreibende Frau wird Kaschnitz in ihrer autobiographischen Erinnerungsarbeit notwendig immer wieder auf die eigene Weiblichkeit und die weibliche Rolle gestoßen, im Schreibvorgang selbst werden diese Spuren jedoch getilgt.

Dieser Widerspruch zwischen rekonstruierender Erinnerungsarbeit einerseits und dekonstruierendem Schreiben andererseits läßt sich besonders gut an dem autobiographischen Roman »Das Haus der Kindheit« beobachten, einem Text, den Marie Luise Kaschnitz neben ihrer Erzählung »Das dicke Kind« besonders geschätzt hat.

2.

Das »Haus der Kindheit«, 1956 veröffentlicht, ist der »Bericht« (GW II. S. 310) einer namenlos bleibenden Ich-Erzählerin über ihre Erfahrungen in einem Haus, welches sie »Haus der Kindheit« nennt. Die Ich-Erzählerin hat auffällige Ähnlichkeit mit der Autorin Kaschnitz, aber offenkundig ist sie nicht identisch mit ihr. Im Werkstattgespräch mit Horst Bienek hat Kaschnitz über das Verhältnis von sich selbst zur Ich-Erzählerin gesagt: »Mit dem erzählenden Ich bin ich allerdings nicht identisch. Die Ansichten dieser etwas pedantischen Dame sind nicht immer meine Ansichten.«[9]

Bei der Ich-Erzählerin handelt es sich um eine ältere, ziemlich vereinsamte Person, die als freie Mitarbeiterin für verschiedene Zeitungen schreibt. Sie verfaßt – und hier ist der ironische Unterton der Autorin Kaschnitz unüberhörbar – Artikel zu so modischen Themen wie »Das außerirdische Zeitalter« und »Atom und Erotik« (GW II, S. 291). Das avantgardistische Image trügt jedoch und steht im Gegensatz zu der betulichen, skurrilen Art, mit der die Ich-Erzählerin von ihrer Arbeit spricht (GW II, S. 287). Die Ich-Erzählerin bewegt sich keineswegs auf der Höhe des Atomzeitalters, wie die Titel suggerieren, sondern sie ist eine zutiefst verunsicherte und hilflose Person, die die sich um sie herum vollziehenden Veränderungen zu verarbeiten überhaupt nicht in der Lage ist. Die Realität nimmt phantastische und gespenstische Züge an, die die Erzählerin als solche freilich überhaupt nicht wahrzunehmen scheint. So berichtet sie dankbar von den »Bequemlichkeiten« und der »geistigen Fürsorge«, die man dem »Steuerzahler angedeihen« läßt (GW II, S. 274), und nennt als Beispiele dafür in einem Atemzug Rolltreppen, Badeanstalten, öffentliche Bibliotheken, Kinderspielplätze einerseits und neue Sammlungen und Bildungsstätten »wie das Kosmetikmuseum, die Ausstellung ›Was bellt denn da?‹ und das Shakespeare-Unterwassertheater« andererseits (GW II, S. 275). Nichts ist der Ich-Erzählerin unvorstellbar, allem, jedem noch so skurrilen Phänomen versucht sie – hierin den Figuren Kafkas ähnlich – als Ausdruck einer anonymen Ordnung einen Sinn zu geben, dem »Schweigehotel« (GW II, S. 287) ebenso wie den winzigen ferngesteuerten Flugmaschinen (GW II, S. 329), dem ›Haus zu Haus-Flugdienst‹, den »automatischen Kellnern« (GW II, S. 302), ebenso wie der Einrichtung eines »Mondbauamtes« (GW II, S. 354), der künstlichen Wetterangleichung (GW II, S. 361) ebenso wie der unterirdischen Funeralbahn (GW II, S. 365) oder den Vorbereitungen für eine futuristische Feier im Jahr 2000 (GW II, S. 348).

Die Ich-Erzählerin steht den Veränderungen vollkommen kritiklos gegenüber, obwohl ihr dämmert, daß es sich bei der »Atomkraft« um eine »Erfindung von hoher Gefährlichkeit« handelt, die ein »neues Zeitalter für die Menschheit heraufzuführen scheint« (GW II, S. 282), und »daß eine Kriegsdrohung heutzutage eine unmittelbare Todesdrohung, und zwar für alle Lebewesen ohne Ausnahme bedeutet« (GW II, S. 300).

Scharfsinnig hat hier die Autorin Kaschnitz bestimmte Phänomene der 50er Jahre wie Technisierung, Zentralisierung, Umweltzerstörung, atomare Bewaffnung aufgegriffen und durch ihre utopische Fortschreibung in ein futuristisches Jahr 2000 in ihrer Gefährlichkeit entlarvt, während die Ich-Erzählerin naiv an ihrer Fortschrittsgläubigkeit und an ihrem Obrigkeitsdenken festhält.

Die Unfähigkeit und Hilflosigkeit der Ich-Erzählerin, sich in der Gegenwart zu orientieren, hängen zusammen mit ihrer persönlichen Isolierung. Weder zu ihren erwachsenen Kindern, die sie nur einmal erwähnt, noch zu ihrem Freundeskreis, von dem sie am Anfang spricht, scheint eine tiefere Beziehung zu bestehen.

In ein merkwürdiges Dunkel ist die Beziehung zu Carl getaucht. Früher scheint zwischen beiden eine engere Beziehung bestanden zu haben. Die Erzählerin spricht davon, daß Carl und sie früher »fast täglich beisammen waren« (GW II, S. 311). Die Beziehung hat sich aber gelockert. So zieht sich die Erzählerin für einen längeren Zeitraum ganz in ein Kaffeehaus zurück, ohne Carl zu treffen, und Carl geht auf eine längere Reise, ohne der Ich-Erzählerin davon zu sagen. Er läßt sie gerade zu Weihnachten allein, obwohl die Ich-Erzählerin fest damit gerechnet hatte, dieses Fest mit ihm gemeinsam zu verbringen. Momente der Fremdheit zwischen ihnen scheint es auch schon in der Zeit gegeben zu haben, als die Beziehung noch enger war. Das Interesse Carls scheint schon damals mehr seiner Arbeit als der Ich-Erzählerin gegolten zu haben: »Wie oft, wenn ich mich bei einem Ausgang versäumt und sehr verspätet hatte und mit schlechtem Gewissen, erhitzt vom Laufen, zurückkam, hat Carl, in seine Arbeit vertieft, nur aufgeschaut und ganz freundlich gefragt: ›Wie – schon wieder da?‹« (GW II, S. 350) Ob es sich bei Carl um ihren Ehemann handelt oder ob dieser nicht vielmehr schon lange gestorben ist oder ob es sich bei Carl um ihren Liebhaber handelt – vom Text her ist das schwer zu entscheiden. Ja, es ist noch nicht einmal sicher, ob Carl überhaupt eine reale Person ist, ob er nicht ebenso ein Produkt der Imagination ist wie das Haus der Kindheit insgesamt.

Dieses Haus der Kindheit ist der Anlaß für die Ich-Erzählerin, ihren Bericht zu schreiben. In 126 Abschnitten versucht sie sich und ihren Lesern einen Eindruck von dem Haus und ihren Erlebnissen darin zu geben. Es beginnt damit – sie berichtet davon im ersten Abschnitt –, daß sie von einem ihr unbekannten Mann auf der Straße nach dem Haus der Kindheit gefragt wird, ihm darauf jedoch nicht antworten kann, ja nicht einmal weiß, was das Haus der Kindheit eigentlich ist. Während sie noch darüber nachdenkt, um was es sich bei dem Haus der Kindheit handeln könne, um ein Museum, um eine Schule oder um einen Kindergarten, steht sie plötzlich – in einer »Sackgasse« (GW II, S. 275) – davor und weiß sofort, daß es sich um das gesuchte Haus handeln muß. Der Fremde ist jedoch bereits verschwunden, so daß die Erzählerin ihre Entdeckung nicht mehr zeigen kann. Zuerst hält sie das Haus der Kindheit – der Name steht in Goldbuchstaben über dem Portal – ähnlich wie das Kosmetikmuseum oder das Shakespeare-Unterwassertheater für eine jener merkwürdigen »Errungenschaften der Nachkriegszeit«, mit der die Obrigkeit ihrer »geistigen Fürsorge« (GW II, S. 274) dem Steuerzahler gegenüber Ausdruck verleiht, aber schon bald gewinnt das Haus eine immer stärkere Bedeutung für sie. Obwohl sie gar nicht sicher ist, ob es sich bei dem grauen Backsteingebäude wirklich um das Haus der Kindheit handelt – so zweifelt sie bereits im 3. Abschnitt, ob sie sich nicht verlesen hat (GW II, S. 274) –, so verfestigt sich bei ihr doch die Auffassung, daß es sich bei dem Gebäude nur um das gesuchte Haus der Kindheit handeln könne. Diese erstaunliche Gewißheit wird durch die Merkwürdigkeiten, auf die sie während ihrer Erkundigungen stößt, eher verstärkt, denn erschüttert. Niemand kennt das Haus. Es ist von einer hohen grauen Mauer umgeben, die Fenster sind zugemauert, einen Eingang scheint es nicht zu geben. Es verändert sich ständig. Außerdem wandert das Haus:

»Ich habe eine schreckliche Entdeckung gemacht. Das Haus wandert. Als ich heute gegen Abend, allerdings in einem Zustand großer Ermüdung, zum Fenster hinaussah, lag unten nicht der kleine, vertraute Rasenhof mit der Teppichstange und den bereits kahlen Fliederbüschen, sondern etwas ganz anderes, von dem ich sofort wußte, daß es einen Teil des geheimnisvollen Hauses bildete oder aus diesem hervorgetreten war.« (GW II, S. 279)

Zwar versucht die Erzählerin, diese Entdeckung rationalistisch aufzulösen und als »Halluzination« (GW II, S. 279) abzutun, in Wahrheit ist sie jedoch sicher, daß sie dem Haus der Kindheit nicht entgehen kann, daß dieses vielmehr für sie ganz persönlich bestimmt ist. Dieser Eindruck verstärkt sich dadurch, daß sie in ihrer Wohnung eines Tages »verdächtige Gegenstände« (GW II, S. 284) entdeckt, von denen sie glaubt, daß sie in derselben oder ähnlichen Ausführung im Haus der Kindheit zu finden seien. Sie entfernt diese Gegenstände, ist aber zugleich sicher, daß es vor dem Haus der Kindheit kein Entrinnen mehr gibt: »Ich muß hin« (GW II, S. 284).

Ein letzter Versuch, sich dem Haus der Kindheit zu entziehen, es in seiner existentiellen Bedeutung zu bagatellisieren, ist die Abkürzung »H. D. K.« oder »Hadeka«, die die Erzählerin erfindet, nicht aus Gründen der Schreibökonomie, sondern vor allem, um »Macht über den gemeinten Gegenstand« (GW II, S. 283) zu gewinnen, um die Anziehungskraft, die von dem Haus ausgeht, mit einem verharmlosenden Kürzel zu bannen. In Wirklichkeit nähert sie sich dem Haus der Kindheit durch dieses Kürzel erst recht an: Die Mauer des Fremden und Unheimlichen schwindet, die Erzählerin kann eintreten.

Die Art und Weise, wie die Erzählerin das Haus von innen beschreibt, macht deutlich, daß es sich um imaginäre Räume handelt. Die Erzählerin jedoch hält an der Realität des Hauses fest und versucht es auf Vertrautes zu beziehen. So nennt sie das Haus der Kindheit immer wieder »Museum« und versucht Strukturen zu entdecken, die ihr aus anderen Museen geläufig sind: die drei Ordner etwa, die sie mit Kustoden (GW II, S. 308) in einem Museum vergleicht, und die ausgeklügelten technischen Vorrichtungen, die sie mit einer ihr »bisher entgangenen Fortentwicklung der Projektions- und Schalltechnik« (GW II, S. 306) zu erklären versucht.

Zuweilen erinnern sie ihre Erlebnisse im Haus der Kindheit an einen lehrreichen Kurs, dem sie mit Interesse und Aufmerksamkeit folgt. Dann wieder assoziiert sie ihre Erfahrungen mit schlechtem Schulunterricht, kritisiert die Lehrmethoden und wirft den Ordnern Willkür und Gehässigkeit vor. Einmal bleibt sie sogar aus Protest weg. Aber immer wieder schlägt das Haus der Kindheit sie in seinen Bann, denn es gibt auch Phasen des Glücks (GW II, S. 297/355) und des Hochgefühls. Was sie immer wieder wie ein Sog in das Haus der Kindheit zurückzieht, sind jedoch nicht so sehr diese kurzen Momente des Glücks, sondern vielmehr die Ahnung, daß in diesem Haus der Schlüssel zum Verständnis ihres Lebens verborgen ist, daß dort die Erklärung für die Identitätskrise, in der sie sich befindet, liegt. Zwar leugnet sie bis zuletzt, daß es eine solche Krise überhaupt gibt. So behauptet sie, daß sie »keine besonderen Lebensschwierigkeiten« habe, daß sie in der »glücklichen Lage« sei, »noch geliebt zu werden und, was wichtiger ist, noch selbst Liebe zu empfinden« (GW II, S. 278). Entschieden weist sie jeden Gedanken an Krankheit zurück (GW II, S. 284). Auf der anderen Seite spricht sie aber von ihrer Nervosität und Erschöpfung, klagt über lebhafte Einbildung (GW II, S. 319), Halluzinationen und Beschwernisse des Älterwerdens. Sie selbst braucht in diesem Zusammenhang hellsichtig den Begriff »Klimakterium« (GW II, S. 318) und spricht sogar von Neurose und von der Vermutung, daß das Haus der Kindheit eine »Heilanstalt« sein könne, um den Gedanken daran dann aber als völlig abwegig zurückzuweisen.

Die Widersprüche, in die sich die Erzählerin verwickelt, sind so groß, daß ein erhebliches Maß an Verdrängung dazugehört, die Fiktion der glücklichen und gesunden Frau aufrechtzuerhalten. Carl hält sie ganz offensichtlich für krank (GW II, S. 293), und ihre Freundin Eva spricht sie ziemlich direkt auf das Älterwerden an (GW II, S. 278). Auch die Begegnung der Ich-Erzählerin mit dem Unbekannten am Anfang kann als ein Hinweis aufs Älterwerden gelesen werden. Als die Ich-Erzählerin den Unbekannten fragt, warum er das Haus der Kindheit suche, antwortet er: »Ich werde alt« (GW II, S. 273). Alt zu werden scheint jedoch nicht nur er, sondern auch die Erzählerin, die kurzsichtig, zerstreut und desorientiert ist, während von altersbedingten Behinderungen des Unbekannten bezeichnenderweise überhaupt nicht die Rede ist. In der Begegnung mit dem Mann wird die Erzählerin mit ihrem eigenen Älterwerden konfrontiert. Sie wird nicht länger als erotisches Objekt begehrt, sondern als ältliche Person wahrgenommen. Das Bild der noch immer attraktiven

Frau, das sie von sich selbst bis zu diesem Zeitpunkt gehabt hat, entspricht nicht mehr der Realität. Das wird sie wenig später bei einem ihrer ersten Besuche im Museum feststellen, wo sie in einem Spiegel ein »schauerlich gealtertes Gesicht« (GW II, S. 292) sieht.

Die Begegnung mit dem unbekannten Mann, in dessen Augen sie die Wahrheit über ihr eigenes Alter liest, läßt sie auf das Haus der Kindheit stoßen, aber erst eine weitere Begegnung, in der ebenfalls weibliche Identität problematisiert wird, bringt sie dazu, in das Haus der Kindheit einzudringen:

»Ich hatte bei einer mir wenig bekannten Familie etwas abzugeben und kam mit der Frau des Hauses ins Gespräch. Wir standen im Vorzimmer, die Kinder liefen durch den Raum in den Garten, auch ein kleines Mädchen, das wie ein Bub gekleidet und mit Stöcken und Seilen und einem wilden indianischen Kopfputz recht kriegerisch ausgerüstet war. Meine Tochter spielt niemals mit Puppen, sagte die Mutter und lachte dazu, während doch ihrer Stimme eine gewisse Besorgnis anzumerken war.« (GW II, S. 282/3).

Die Szene löst bei der Erzählerin einen merkwürdigen Schock aus:

»In diesem Augenblick erfuhr der mich umgebende Raum eine blitzschnelle Verwandlung (...). Ich verlor (...) den Boden unter den Füßen, an die Stelle des netten vernünftigen Gesprächs traten Wort- und Tonfetzen von chaotischer Art.« (Ebd.)

Gegen ihren Willen fühlt sich die Erzählerin in eine Erinnerung hineingerissen, die sie jedoch nicht als eigene akzeptieren kann, sondern dem Haus der Kindheit als unzulässige »Fernbehandlung« (GW III, S. 283) anlastet. Ihr Entschluß, das Haus der Kindheit, jetzt aber freiwillig, aufzusuchen, wird durch dieses Erlebnis gefestigt.

Die Erfahrungen, die die Ich-Erzählerin im Haus der Kindheit macht, sind nun aber – und dadurch entsteht eine merkwürdige Spannung – ganz offenkundig identisch mit Kindheitserfahrungen der Autorin Kaschnitz. In dem Werkstattgespräch mit Horst Bienek, in dem Kaschnitz auf den Unterschied zwischen sich und der Ich-Erzählerin hingewiesen hatte, hat sie im gleichen Atemzug gesagt: »Ja, jedes Erlebnis im Haus der Kindheit, in dem sonderbaren Museum, ist biographisch.«[10]

Ein großer Teil dieser Erlebnisse ist geschlechtsspezifisch geprägt, das gilt sowohl für die zahlreichen Angstträume, den Haß auf die Mutter wie für den starken Selbsthaß, der in bestimmten Szenen zum Ausdruck kommt. Es beginnt mit einer Erinnerung, die die Erzählerin nicht einordnen kann: Auf einer Leinwand im Museum sieht sie das Bild von einem Mann mit Hund (GW II, S. 291). Es ist eine Kampfszene, die sie verwirrt, weil sie nicht weiß, wie sie eigentlich mit ihr in Verbindung steht. Später wiederholen sich solche Szenen: Die Ich-Erzählerin sieht sich plötzlich von einem »Gespann riesiger, kohlschwarzer Pferde« verfolgt, die auf sie zurasen und deren »gebäumte Köpfe« und deren mit blitzenden Eisen beschlagene Vorderhufe sie in Todesangst über sich sieht (GW II, S. 316).[11]

In einer anderen Szene sieht sie sich – »ein dickes, kleines Mädchen, das vom Stamm einer jungen Birke zarte, weiße Rindenhäutchen schälte« (GW II, S. 317) – plötzlich von einem wütenden Gärtner mit der Hacke verfolgt, ihm zur Seite eine »kohlschwarze, trächtige Hündin« (GW II, S. 317).

In einer dritten Szene sieht sie sich selbst als kleines Mädchen nachts am Kinderschlafzimmerfenster stehen. Auf dem Hof erblickt sie ein »widerliches Rudel« von »nackten, langgeschwänzten Tieren«, die aus einer Lache Wasser trinken und schließlich mit »wilden, ruckartigen Bewegungen« auseinanderstieben (GW II, S. 317).

In all diesen Szenen ist die sexuelle Motivik unverkennbar. Unverkennbar ist auch die Gewalt, die sich in den Szenen ausdrückt und die die Ich-Erzählerin als gegen sich selbst gerichtet erlebt. Zugleich wird in diesen Szenen aber auch eine Ambivalenz deutlich: Mit einer Mischung aus Neugier und Abscheu starrt das kleine Mädchen auf das Rudel langgeschwänzter Tiere. Diese Mischung aus Neugier und Abscheu wird in einer späteren Szene aufgenommen, wo die Erzählerin, das Spiel mit dem Puppentheater unterbrechend, in einem Buch mit dem Titel »Wie ein Mensch geboren wird« blättert und von den darin enthaltenen Texten und Bildern schockiert ist. Es überfallen sie Erinnerungen an die Kindheit, die aber –

selbst noch auf der Erzählebene des Berichts – so tabuisiert sind, daß dafür nur die Stichworte »Maxim Gorki, sexuelle Neugierde, Schock« (GW II, S. 332) gegeben werden. Sie befinden sich auf einem Zettel, den einer der Ordner der Ich-Erzählerin zusteckt, als diese überstürzt das Haus der Kindheit verläßt. Das dahinter liegende Erlebnis wird nicht aufgedeckt, die Ich-Erzählerin läßt es hinter einer Maske von Beflissenheit und Munterkeit verschwinden. Die wenigen Stichworte machen aber doch deutlich, daß hier gänzlich unverarbeitete frühkindliche Erfahrungen vorliegen müssen, die im Zusammenhang mit Männern und Sexualität stehen.
Neben diesen alptraumhaften Sequenzen gibt es andere, nicht weniger entsetzliche: Sie verweisen auf die Gestalt der Mutter. Kurz nach dem verwirrenden Bild des Mannes mit dem Hund (G W II, S. 291/2) hört die Ich-Erzählerin bei einem ihrer nächsten Besuche im Haus der Kindheit einen furchtbaren Schrei, von dem unklar ist, wer ihn eigentlich ausstößt:

»So hörte ich gestern im dunklen Raum einen einzelnen Schrei, der mir durch Mark und Bein ging, und stieß heute blinden Auges mit den Lippen an einen Gitterschleier, wobei ich Puder- und Veilchenparfum roch.« (G W II, S. 294)

So vage die Szene auch angedeutet ist, so kann es doch nur eine Auflösung geben: Ein schreiendes Kind, blind vor Tränen, versucht Trost bei der Mutter zu finden. Diese ist jedoch für das Kind unter einer Maske von Puder und Parfüm und hinter einem kratzigen Hutschleier unerreichbar. Das Kind spürt nur die »stumpfe Kühle« (G W II, S. 294), die von der Person ausgeht. Diese Kühle taucht in anderen Szenen wieder auf und wird dort eindeutig mit der Mutter in Verbindung gebracht. So wünscht sich die Erzählerin, ihre eigene Geburt noch einmal – und diesmal bewußt – mitzuerleben, um dabei zu sehen, ob das Gesicht ihrer Mutter damals wirklich vollkommen gleichgültig gewesen ist, wie ihr später erzählt worden ist.

»Es hätte mich interessiert, das Gesicht meiner Mutter zu sehen, als man mich ihr, das dritte Mädchen, das sie zur Welt brachte, zeigte. (Ich habe einmal gehört, daß sie bei der Geburt meiner zweitältesten Schwester namenlos enttäuscht, bei der meinen aber vollständig gleichgültig gewesen sei.)« (G W II, S. 304)

Daß die Mutter hier auch nur Opfer einer männlichen Ordnung ist, in der die Geburt eines Sohnes mehr gilt als die einer Tochter, bleibt von der Erzählerin unaufgearbeitet. Sie empfindet in erster Linie nur die Lieblosigkeit und das Desinteresse der Mutter. In einer weiteren Szene wird das noch viel deutlicher. Die Ich-Erzählerin sieht sich zurückversetzt in das Schlafzimmer ihrer Kindheit, sie kann nicht schlafen, darf aber die Glocke, die auf dem Nachttisch steht, nicht läuten. Als sie dies schließlich doch tut, hört sie Schritte auf der Treppe, die sie in der Erinnerung aber keiner bestimmten Person zuordnen kann:

»Über den oben erwähnten Schritt habe ich heute viel nachgedacht. Ich höre ihn noch immer, er ist leicht und doch müde, wie von jemandem, der während des Tages unzählige Gänge durch das Haus macht, treppauf und treppab. Es ist nicht der Schritt meiner Mutter (...).« (G W II, S. 318)

Schließlich, sieben Erzählabschnitte später, kommt – wie nebenbei – die Auflösung: Es war der Schritt des alten Dienstmädchens. (G W II, S. 323)

Das Stocken im Erinnerungsfluß und die Verzögerung, mit der die Ich-Erzählerin diese Auflösung gibt, zeigen, daß es ihr noch als erwachsene Person schwerfällt, sich einzugestehen, daß sie ein schlechtgeliebtes Kind gewesen ist.

Das »Entsetzen der Kindheit«, von dem die Erzählerin mehrfach spricht, ist vor allem eine Mangelerfahrung: die Erfahrung, von der Mutter als Mädchen nicht akzeptiert worden zu sein.

Daraus resultiert nicht nur ein Haß auf die Mutter (G W II, S. 368), sondern auch ein Haß auf sich selbst (G W II, S. 295/6). Dieser ist in einer zentralen Szene des Romans in ein bedrückendes Bild gefaßt:

»Beim Betreten des Hauses hatte man mir zu meinem Ärger wieder die Beinschiene angezogen, die Türe, die der Kustode für mich öffnete, führte auf einen Schulhof, den ich noch mit einiger Neugierde betrat. Gleich darauf aber sah ich mich selbst, ein dikkes, zehnjähriges Mädchen mit großen, kugelrunden Augen auf dem Schulhof stehen, und zwar in der Mitte der grauen, von zerknüllten Butterbrotpapieren übersäten Kiesfläche, ganz allein. Die andern Kinder gingen in Gruppen oder zu zweien im Kreis um mich herum, manche hielten sich umschlungen, andere trieben Späße miteinander oder warfen sich bunte Bälle zu. Das Ich-Mädchen rührte sich nun auch, es machte, wohl von der schweren Schiene behindert, ein paar unbeholfene Schritte, es rief, ohne Antwort zu erhalten, nach allen Seiten und streckte, aber ganz vergeblich, seine Arme nach den andern Kindern aus.« (G W II, S. 336)

Obgleich die Erzählerin diese Szene mit ihrem eigenen Bild von sich selbst überhaupt nicht in Zusammenhang bringen kann, wird sie gezwungen, diese Szene immer wieder vor ihrem inneren Auge abrollen zu lassen:

»Die ganze Szene, mehrmals und bis zum Überdruß wiederholt, stimmte mich traurig. Mich selbst in einer so beschämenden Lage zu erblicken war mir peinlich und ärgerlich, um so mehr, als ich mich an einen derartigen Vorfall aus meiner Schulzeit überhaupt nicht erinnern kann.« (G W II, S. 336)

Die Szene ist mehr als ein Bild für die Isolation und die Einsamkeit, in der sich die Erzählerin als Kind befunden hat. Wenn man davon ausgeht, daß das Museum nur ein imaginärer Raum ist, in dem die Erzählerin sich selbst als Kind inszeniert, dann liegen in solchen Isolationsphantasien auch starke selbstquälerische Züge, die auf Selbsthaß deuten. Die Ich-Erzählerin erkennt sich in dem unschönen, unbeholfenen Kind, zugleich rückt sie es mit einem kalten, sezierenden Blick von sich weg und betrachtet es aus dem Blickwinkel der anderen, übernimmt die lieblose Perspektive der Mutter. Diese doppelte Bewegung: Identifikation und Ablehnung findet sich als Strukturprinzip schon in der Erzählung »Das dicke Kind«, in der die Ich-Erzählerin unbarmherzig die unschönen, unsympathischen Züge des kleinen Mädchens, das sie selbst ist, offenlegt und das Kind gnadenlos in den eisigen Fluten des zugefrorenen Sees versinken läßt.

Die Parallelen zwischen der Erzählung und dem Roman gehen aber noch weiter: Der Grausamkeit, mit der die Ich-Erzählerin das dicke Kind in der gleichnamigen Erzählung gleichsam seziert, entspricht die Unbarmherzigkeit, mit der die Autorin Kaschnitz im »Haus der Kindheit« die Ich-Erzählerin in ihrer Borniertheit, ihrer Anmaßung, Selbstgerechtigkeit und ihrem verzweifelten Harmonisierungsstreben vorführt. Die erzählerische Unbarmherzigkeit geht sogar über die des »Dicken Kindes« hinaus. Während die Erzählerin dort dem Kind wenigstens für die Zukunft noch eine Chance einräumt, indem sie das Bild von der Raupe und dem Schmetterling einführt, ist eine solche tröstliche Perspektive im »Haus der Kindheit« nicht vorhanden. Zwar gibt es auch hier einen harmonisierenden Abschluß, wie wir ihn aus anderen Texten, wie z. B. »Liebe beginnt« und »Elissa« kennen, aber dieser harmonisierende Abschluß bleibt an die offenkundig beschränkte Perspektive der Ich-Erzählerin gebunden. Mit ihrer beabsichtigten Rückkehr zu Carl am Ende des Berichts versucht sie, an das alte Bild der liebenden und geliebten Frau anzuschließen, dessen Brüchigkeit der Roman sowohl auf der Ebene der Rahmenhandlung wie auf der Erinnerungsebene gezeigt hat.

Die Erzählerin hat nichts gelernt. Zwar ist sie zwischendurch durchaus zu Einsichten gekommen, aber sie zieht keine Konsequenzen daraus. Als eine Frau, die als ungeliebtes Kind keine weibliche Identität hat ausbilden können, bleibt ihr nur die Definition über den Mann. So wie das Kind auf der Erinnerungsebene den Ruf des Knaben hoffnungsvoll aufnimmt, um aus dem unerträglichen Zustand der Nicht-Identität erlöst zu werden, so greift die Ich-Erzählerin am Ende gierig nach dem Brief Carls, um die zermürbende Suche nach sich selbst, die sie an den Rand des Zusammenbruchs geführt hat, abzubrechen.

Sie wiederholt damit ein altes Muster, an dem sie bereits schon einmal gescheitert ist. Ihr Versuch, Ich-Identität über einen Mann zu erlangen, ist – das zeigt der Anfang des Berichts – spätestens in dem Augenblick gescheitert, als sie erkennen muß, daß sie als Frau nicht mehr von Männern begehrt wird. Darüber hinaus sind die Chancen eines Neuanfangs auch deswegen denkbar gering, weil unklar bleibt, ob Carl nicht nur ein Produkt ihrer Phantasie ist. Diese Frage bleibt deswegen unentscheidbar, weil Kaschnitz sich als erzählerische Instanz aus dem Text herausgenommen hat und die Ich-Erzählerin deshalb nicht direkt kritisieren, ironisieren oder in Frage stellen kann. Die ironische Distanz, die Kaschnitz als Autorin zur Ich-Erzählerin hat, ist nur indirekt zu erschließen, z. B. aus den Widersprüchen, in die sich die Erzählerin im Laufe ihres Berichts verwickelt, oder aus der gespreizten, pedantischen Sprache, die sie benutzt. Daß es schwer für Leser sein kann, diese Ironie zu erkennen, wenn keine positive Erzählerinstanz im Text da ist, hat Kaschnitz, bezogen auf den Text »Der Schriftsteller«, selbst sehr deutlich gesehen.[12] Das Mißverständnis, dem gerade dieser – ironisch gemeinte – Text ausgesetzt gewesen sei, führt sie hauptsächlich darauf zurück, daß die im Text allein vorherrschende Perspektive des Schriftstellers Mißverständnisse hervorgerufen habe. In der Tat hat Kaschnitz in der Folgezeit keine Texte mehr geschrieben, in denen eine von ihr als problematisch gemeinte Erzählerperspektive vorherrschte. Das hängt m. E. weniger mit dem ungelösten erzähltechnischen Problem einer verabsolutierten Erzählperspektive und den Schwierigkeiten, diese zu ironisieren bzw. zu relativieren, zusammen, sondern mehr mit der Unzufriedenheit, die eine so extreme Form der Verfremdung eigener Erfahrungen für die Autorin bedeutete.

Im »Haus der Kindheit« knüpft Kaschnitz an Verfremdungstechniken von Kafka und Robert Walser an und verbindet sie mit Elementen der phantastischen Literatur. Auf diese Weise entsteht ein faszinierender Text, in dem der Blick auf sich selbst mehrfach gebrochen ist, in dem das Ich wie in einem Spiegelkabinett in immer neuen Verzerrungen erscheint.

Das Gegenteil dieses aufspaltenden, verfremdenden Verfahrens, welches das Ich künstlich in immer neue Teile zerlegt, ist die unmittelbare, rekonstruierende Erinnerungsarbeit, der sich Kaschnitz in ihrer späten Prosa zuwendet. Die Autorin spricht direkt – ohne jede formale Verfremdung – von sich selbst und ihren Erfahrungen, ohne aber zu suggerieren, daß es das Autor-Ich als feste Instanz gibt. Daher entsteht auch keine geschlossene autobiographische Form und kein fortlaufender Handlungszusammenhang, sondern ein Erinnerungsgeflecht, ein Patchwork von Stimmungen, Einfällen und Reflexionen. Die offene, experimentelle Form ermöglicht Kaschnitz eine radikalere Annäherung an den Kern der eigenen Erinnerungen als die kunstvolle Verfremdung, die im »Haus der Kindheit« vorherrscht.

In einer ausgeschiedenen Passage aus den Aufzeichnungen »Orte« hat Kaschnitz notiert:

»Ich bin nicht aus Verlegenheit um literarischen Stoff, auch nicht aus Erfindungsschwäche zum Tagebuch zurückgekehrt. Schon meine letzten langen und von mir als ›gegenständlich‹ bezeichneten Gedichte sind eine Art von Chronik, Zeitgeschehen, Zeitgefahren, und ich noch immer in der Rolle des Türmers, was sehe ich, wie verändert sich das Gesehene, kann ich meinen Augen trauen? Diese Gedichte bestehen aus Erfahrungssplittern, ohne logischen Zusammenhang, neun bis zwölf Splitter, manchmal eine Art von Generalbaß oder eine jahreszeitliche Zusammenfassung, alles, was in einem schneereichen März, alles, was in einem bestimmten Jahre (...) geschehen ist. Meine neuen Prosa-Eintragungen sind kürzer als früher, man wird ja nicht redseliger, sondern wortkarger mit dem Alter, beschränkt sich auf Andeutungen.« (G W III, S. 808/9)

An einer anderen, ebenfalls ausgeschiedenen Stelle schreibt sie, daß sie in den letzten Jahren »eine Form nach der andern« aufgegeben habe (G W III, S. 813), und zwar weniger aus ästhetischem Ungenügen, sondern weil sie keine Lust mehr habe. Die Fragen »Warum eigentlich, wozu eigentlich?« hätten ihr ein Weitermachen in den alten Formen unmöglich gemacht. Eine neue Form, in der Subjektivität (vgl. G W III, S. 624) sich unverstellt ausdrücken könne, müsse gefunden werden:

»Ich könnte mir eine Literatur der Zukunft, die aus Stückwerken und jeweils viel Raum zum Selbstausfüllen besteht, durchaus vorstellen.« (G W III, S. 809)

Um »Stückwerke« handelt es sich tatsächlich bei den späten Aufzeichnungen »Orte«, sogar das tagebuchartige Gerüst, das noch in »Tage, Tage, Jahre« vorhanden war, ist aufgegeben. Das Buch enthält 215 kurze Prosastücke, die zwischen einer viertel Seite und maximal anderthalb Seiten variieren. 96 Stücke sind für den Druck 1973 ausgeschieden, sie sind erst aus dem Nachlaß veröffentlicht. Die insgesamt 311 Stücke, in keine erkennbare äußere Ordnung gebracht, sind Momentaufnahmen, herausgerissen aus dem Erinnerungszusammenhang. Sie enthalten Kindheitserinnerungen, Erinnerungen an Orte, Personen, Gespräche, Stimmungen und Gefühle, Träume, Ängste, kritische Selbstreflexionen, Auseinandersetzungen mit Literatur und anderen Autoren und vor allem immer wieder Selbstzweifel und Selbstanklagen. Die Selbstzweifel beziehen sich einmal auf den Bereich der Politik und zum anderen auf den Bereich der eigenen weiblichen Rolle. Im politischen Bereich quält Kaschnitz vor allem ihr Schweigen während des Faschismus:

»(...) worin soll sie denn bestanden haben, unsere sogenannte innere Emigration? Darin, daß wir ausländische Sender abhörten, zusammensaßen und auf die Regierung schalten, ab und zu einem Juden auf der Straße die Hand gaben, auch dann, wenn es jemand sah? Daß wir prophezeiten, zuerst den Krieg, dann den totalen Krieg, dann die Niederlage und damit das Ende der Partei? Nicht heimlich im Keller Flugblätter gedruckt, nichts nachts verteilt, nicht widerständlerischen Bünden angehört, von denen man wußte, daß es sie gab, es so genau aber gar nicht wissen wollte. Lieber überleben, lieber noch da sein, weiter arbeiten, wenn erst der Spuk vorüber war.« (G W III, S. 519)

An anderer Stelle spricht sie von den Massenvernichtungen und gibt zu: »(...) natürlich ist es nicht wahr, daß wir nichts gewußt haben« (G W III, S. 574). Aber auch in der Gegenwart wirft sie sich mangelnde Zivilcourage vor. Ihre späte Annäherung an die Sozialdemokratie (G W III, S. 807) erscheint ihr angesichts des »wachsenden Nationalismus« und der von »rechts und von links drohenden Einschränkung einer freiheitlichen Demokratie« (G W III, S. 822) nicht mehr als eine hilflose Geste. Sie versucht sich von dem konservativen Image zu befreien, zu dem sie, wie sie selbst weiß, beigetragen hat:

»Ich werde geschont, wahrscheinlich, weil ich alt bin, sogar, wie es zu meinem Ärger gelegentlich heißt, eine grand old lady der Literatur. In den Interviews stellt man mir keine Fragen, die meine politischen Ansichten betreffen, mein Engagement, meine Progressivität. Niemand will wissen, ob ich es mit den Roten Zellen halte oder mit dem Papst, der den Zölibat gegen die Stimmen so vieler Bischöfe verteidigt. Die Frage, ob ich ein auf der Flucht befindliches Mitglied der Baader-Meinhof-Gruppe in meiner Wohnung versteckt hätte, ist mir nie gestellt worden. Statt dessen soll ich von Rom erzählen (...)«. (G W III, S. 821)

Endlich möchte Kaschnitz »Farbe (...) bekennen, sich politisch äußern«. Auch wenn sie weiß, daß sie eine »miserable Revolutionärin« (G W III, S. 822) und »keine Kämpferin« (G W III, S. 434) ist, so bricht sie doch endgültig mit den Harmonisierungen, die sie in den frühen Romanen selbst gemacht hat und später, wie z. B. im »Haus der Kindheit«, ihre Figuren machen läßt. Hierzu gibt es eine aufschlußreiche Passage, die sich wie ein Kommentar zum »Haus der Kindheit« liest:

»ICH einst im Buchsbaum, ich einst im Haselgebüsch, versteckt unter dem roten Kinderzimmertisch, immer schluchzend, von Tränen überströmt. Ich tue mir leicht weh, und man tut mir leicht weh, die Geschwister, die Mutter, der Vater, der mich übersieht. Lola, der schwarze Hund des Gärtners, ist ein Schrekken, wie der Gärtner selbst, der (...) die Kinder mit seiner Hacke bedroht. Ich will lauter Freude, aber meine Wünsche werden von geheimnisvollen Mächten immer wieder durchkreuzt. Später schreibe ich dasselbe verzweifelte Glücksverlangen meinen Gestalten zu. Die Welt soll in Ordnung sein, ist aber nicht in Ordnung, scheint während meiner Lebenszeit immer mehr aus den Fugen zu gehen.« (G W III, S. 434)

Die partielle Einsicht der Ich-Erzählerin im »Haus der Kindheit«, »daß das sogenannte Goldene Zeitalter« ihrer Kindheit »ein fauler Zauber war« (G W II, S. 366), wird in »Orte« generalisiert und radikalisiert zu der generellen Auffassung, »daß es diese heile Welt niemals, zumindest nicht in meiner Lebenszeit, gegeben hat« (G W III, S. 487).

Die Radikalisierung schließt auch eine Reflexion über die eigene weibliche Rolle mit ein. Anläßlich einer Ausstellung zum Thema Emanzipation notiert Kaschnitz selbstkritisch, daß sie »nie eine Vorkämpferin der Emanzipation« gewesen sei (G W III, S. 811) und sich nicht nur ihrem eigenen Mann, sondern »eigentlich jedem Mann untergeordnet« habe. An einer anderen Stelle faßt sie das noch schärfer:

»Ich interessierte mich nicht für die Frauenbewegung, deren große Vorkämpferinnen damals, im Ersten Weltkrieg, schon alt waren, ich gehörte zu denen, die ihre Leistung anerkannten, aber ihr Erbe verschenkten.« (G W III, S. 500)

Gegenbilder einer anderen, emanzipierten Weiblichkeit tauchen auf, wie z. B. die »Lesbierin« und »Sozialistin« Daisy D. (G W III, S. 482). Kaschnitz vergleicht ihr eigenes Leben mit dem anderer Frauen, setzt sich mit anderen Schriftstellerinnen auseinander. So bewundert sie Marieluise Fleisser, eine Altersgenossin, die so ganz anders geschrieben hat als sie selbst (G W III, S. 839). An einer anderen Stelle vergleicht sie sich mit Brecht, der ebenfalls ein Altersgenosse von ihr ist:

»BERTOLT Brecht war nur wenige Jahre älter als ich, und er stammte wie ich aus einem bürgerlichen und wohlhabenden Haus. Er muß als Jüngling dieselben Eindrücke gehabt haben wie ich als Kind, eine Großstadt im Krieg, abgerissene und todmüde Soldaten aus dem Feld heimkehrend, verhungertes Proletariat. Aber wo es bei mir nur zu einem ratlosen Mitgefühl reichte, war er sofort auf Kampf eingestellt (...). Es war von Anfang an mehr als das von mir geübte billige Mitleid (...).« (G W III, S. 834/5)

In solchen selbstkritischen Vergleichen scheint manchmal das Gefühl für die eigene Person und den eigenen Wert verlorenzugehen. Kaschnitz hat den lieblosen Blick der Mutter immer noch nicht abgeschüttelt. Wie traumatisch die Ablehnung durch die Mutter gewesen sein muß, zeigt eine Stelle, die an »Das Haus der Kindheit« (G W II, S. 304) anschließt. Kaschnitz erinnert sich an einen alten Schmalfilm, in dem ihre Mutter, »schön« und »zart«, lächelnd ins Bild tritt:

»Das überaus liebevolle Lächeln hatte nicht mir gegolten, jetzt aber gilt es mir, ich lasse den Film zurückspulen, vier- oder fünfmal (...). Meine Mutter, die lächelnd auf mich zukommt, mich ansieht, mich. (...) Ich muß noch einmal sehen, wie meine Mutter mir zulächelt, so voller Liebe, ich war nicht gemeint.« (G W III, S. 543)

Dennoch: Der Haß auf die Mutter, der noch »Das Haus der Kindheit« prägte, ist in »Orte« gemildert. Das Leiden der Mutter (G W III, S. 513) wird wahrgenommen, eigene Versäumnisse als Mutter (G W III, S. 503), die Erinnerungen an die Geburt der eigenen Tochter (G W III, S. 435) lassen die

Lieblosigkeit der Mutter in einem neuen, milderen Licht erscheinen: Die Alleinschuld der Mutter relativiert sich auch dadurch, daß der Vater kritischer gesehen wird und die Identifikation, die noch im »Haus der Kindheit« vorhanden war, nicht mehr so stark ist.

In mancher Hinsicht ergänzen und korrigieren die späten Aufzeichnungen die Kindheitserinnerungen im »Haus der Kindheit«. Manche Erlebnisse werden noch einmal beschworen und anders nuanciert (vgl. GW III, S. 539, 558), andere werden in »Orte« das erste Mal preisgegeben (vgl. GW III, S. 572, 785/6). So fallen der Ich-Erzählerin im »Haus der Kindheit« die Stichworte »Cacol, Diavolo und Carmen« ein (GW II, S. 345), zu denen sie der Ordner assoziieren läßt. Zu Carmen fällt ihr der Großvater ein, zu Diavolo der Vater (GW II, S. 346), das Stichwort »Cacol« wird erst in »Orte« aufgenommen. (GW III, S. 575): Cacol war der Name der englischen Erzieherin, die die Kinder wegen ihres freundlichen und unkonventionellen Wesens sehr geliebt haben und die durch die »Schuld« von Kaschnitz ihre Anstellung in der Familie verloren hat.

Diese und andere Szenen zeigen: Der »Schrecken der Kindheit« (GW III, S. 522) ist immer noch nicht gebannt. Eine Szene scheint mir dafür besonders eindrucksvoll. Im »Haus der Kindheit« gibt es eine Passage, in der die Ängste des Kindes im Schwimmbad beschworen werden und in der von den damit zusammenhängenden Todeswünschen des Kindes die Rede ist (GW II, S. 328/9). Hier gibt es eine Parallelstelle in »Orte«, deren surrealistische Pointe am Schluß sich im Rückgriff auf »Das Haus der Kindheit« auflöst. Kaschnitz spricht von ihren Besuchen im Frankfurter Schwimmbad und beschreibt minutiös, wie sie regelmäßig und scheinbar sicher ihre Runden im Wasser zieht:

»Manchmal schwimme ich nach der Uhr, manchmal zähle ich die Stöße, die ich machen muß, um von einer Schmalseite des Bekkens zur anderen zu gelangen. Obwohl ich weiß, daß sportlicher Ehrgeiz in meinem Alter lächerlich ist, versuche ich meine Zeit bzw. die erforderliche Anzahl von Schwimmstößen immer zu unterbieten. Von den Delphinschwimmern, die so rücksichtslos in großer Geschwindigkeit das Wasser durchpflügen, lasse ich mich ebensowenig stören wie von den meist männlichen Springern, die auf dem Zehnmeterbrett wippen und dann plötzlich mit Donnergetöse direkt neben mir einschlagen und verschwinden. Meine Schrecken sind aber die kleinen Kinder, die sich wohl gerade freigeschwommen haben und die sich nun mit kurzen Atem und hektischen Bewegungen immer wieder auf den Weg machen. Wie leicht können sie sich in einem Anfall panischer Angst an mich klammern und mich in die Tiefe reißen. Von dem Toten, der regunglos auf dem Grunde des Beckens liegt und auf den ich die Badewärter schon so oft vergeblich aufmerksam gemacht habe, droht mir hingegen keine Gefahr.« (G W III, S. 617)

Der plötzliche Übergang von der realen Ebene in eine andere, surreale, der hier so meisterhaft vollzogen wird, nimmt die Mittel der Verfremdung wieder auf, die wir aus dem »Haus der Kindheit« kennen. Die surreale Situation wird hier aber nicht durch komplizierte erzähltechnische Mittel erzeugt, sondern sie ergibt sich vollkommen natürlich und unauffällig.

Mit einem ähnlich surrealen Bild schließen die Aufzeichnungen ab:

»ICH verlasse mein Zimmer nicht durch die Tür, zu der eine kleine Treppe hinaufführt, auch nicht durch die zweite Tür, den Zugang zur ehemaligen Bibliothek. Auch nicht durch eines der tiefen Fenster, wenn der Mond in mein Zimmer scheint. Vielmehr trete ich durch einen glatten Rosenholzrahmen in ein staubiges Eichenwäldchen und gleich darauf auf einen weiten, sandigen Platz. (...) Es ist heiß, meine Füße mahlen im Sand und hinterlassen doch keine Spur. (...) Ich gehe durch den Auwald, in dem später einmal Tanzmusik ertönt und Ringelspiele sich drehen, der aber jetzt noch seltsam öde ist, ein Ort der Melancholie. Warum ich gerade diesen Ausgang gewählt habe, weiß ich nicht. Ich gehe immer weiter, weiter nach Osten, und meine Füße hinterlassen keine Spur.« (G W III, S. 650)

In seiner Unbestimmtheit und Offenheit ist dieser Schluß ein Gegenstück nicht nur zu den harmonisierenden Schlüssen der frühen Romane, sondern auch zu den harmonisierenden Bildern im »Haus der Kindheit« und im »Dicken Kind«. Er zeigt den weiten Weg, den die Erzählerin Kaschnitz zurückgelegt hat.

Anmerkungen

1 Die Zitate werden im folgenden nachgewiesen nach Marie Luise Kaschnitz: »Gesammelte Werke«. Hrsg. von Christian Büttrich und Norbert Miller. Frankfurt a. M. 1981 ff.
Das Zitat befindet sich in G W III, S. 827.

2 G W III, S. 211.

3 Werkstattgespräch mit Horst Bienek. Zit. nach »Marie Luise Kaschnitz«. Hrsg. von Uwe Schweikert. Frankfurt a. M. 1984, S. 286.

4 Uwe Schweikert: »Das eingekreiste Ich. Zur Schrift der Erinnerung bei Marie Luise Kaschnitz.« In: »Marie Luise Kaschnitz«. Hrsg. von Uwe Schweikert, S. 66.

5 Susanne Keßler: »Die Egozentrik der undefinierten Frau. Zu Marie Luise Kaschnitz' autobiographischem Roman ›Das Haus der Kindheit.« In: »Marie Luise Kaschnitz«, S. 78 ff.
Die sehr negative Einschätzung, die Keßler dem »Haus der Kindheit« zuteil werden läßt, beruht m. E. auf der fehlenden Unterscheidung zwischen Autorin und Ich-Erzählerin.

6 Marie Luise Kaschnitz: »Menschen und Dinge 1945«. Heidelberg 1946, S. 14.

7 Vgl. dazu den Plan zu einer nicht ausgeführten Erzählung in G W III, S. 128/9, die an E. A. Poes Erzählung »Das ovale Porträt« (1842), einer Schlüsselerzählung über den Zusammenhang von Schreiben, Weiblichkeit und Töten, erinnert.

8 Zu harmonistisch löst m. E. Ralf Schnell die Beziehung zwischen den beiden Ichs auf. Ralf Schnell: »Das verlorene Ich. Zur impliziten Poetik der Marie Luise Kaschnitz.« In: »Marie Luise Kaschnitz«, S. 179.

9 »Werkstattgespräch«, S. 285.

10 Ebd.

11 Zu dieser Angstszene gibt es eine Gegenszene, in der ein Mann ein weißes Pferd longiert. Auch hier ist die sexuelle Motivik, diesmal aber positiv gewendet, unverkennbar. (G W II, S. 305)
Das weiße Pferd weist auf eine andere, frühere Traumszene in »Liebe beginnt« zurück, wo der Vater und das weiße Pferd in eins verschwimmen. (G W I, S. 167/8) Vgl. Inge Stephan: Liebe als weibliche Bestimmung? Frauenbild und mythische Strukturen in den beiden frühen Romanen »Liebe beginnt« und »Elissa« von Marie Luise Kaschnitz. In: Marie Luise Kaschnitz, S. 132/3.

12 Marie Luise Kaschnitz: »Die Schwierigkeit, unerbittlich zu sein.« Zit. nach Marie Luise Kaschnitz, S. 298.

Ilse Langner (Foto aus: Ilse Langner, Mein Thema und mein Echo, hg. von Ernst Johann, Darmstadt, S. 73)

INGE STEPHAN

Weiblicher Heroismus: Zu zwei Dramen von Ilse Langner

Im Lexikon »Deutsche Dichter und Schriftsteller unserer Zeit« von Franz Lennartz (1959) wird Ilse Langner eine »führende Dramatikerin und Erzählerin«[1] genannt, 1969 charakterisiert Lennartz sie als »soziale Revolutionärin, traditionsverbundene Dichterin mit hellenischem Geist« und als »emanzipierte Weltbürgerin« und stellt sie in eine Traditionslinie mit Roswitha von Gandersheim, Annette von Droste-Hülshoff und Ricarda Huch.[2]

Lassen wir einmal solche Würdigungen beiseite – wer kennt heute noch Ilse Langner, wer hat ein Drama oder einen Roman von ihr gelesen? In neueren Nachschlagewerken jedenfalls sucht man ihren Namen vergebens, und auch im Zusammenhang mit der Frauenliteratur ist er bislang nicht genannt worden.

Fernab vom Literaturbetrieb der Zeit schreibt Ilse Langner seit mehr als 70 Jahren. Entstanden ist ein imposantes Werk, das alle Gattungen umfaßt: Lyrik, Romane, Hörspiele, Essays und Dramen. Es wäre daher vermessen, eine Gesamtwürdigung zu wagen – dafür ist das Werk zu umfangreich, zu vielfältig und widersprüchlich. Wohl aber ist es an der Zeit für den Versuch einer ersten Annäherung.

1. Zur Biographie

Ilse Langner wurde 1899 in Breslau geboren. Noch als Schülerin veröffentlichte sie Gedichte und kurze Prosastücke. Nach dem Abitur schrieb sie regelmäßig für Zeitungen und Zeitschriften und machte sich sehr rasch einen Namen als Journalistin. 1928 übersiedelte sie nach Berlin, wohl um ihre Berufschancen zu verbessern und dem kulturellen Leben näher zu sein. Im Auftrag des Scherl-Verlags, für dessen Blätter sie hauptsächlich schrieb, reiste sie 1928 für über sieben Monate in die Sowjetunion, wo sie wichtige Anregungen erhielt. Sie selbst sah den Gewinn der Reise, die sie mit den Errungenschaften und Widersprüchen der Russischen Oktoberrevolution sehr direkt vertraut machte, später darin, daß ihr die Reise die Augen geöffnet und sie bereit gemacht habe, »aufzubegehren«.[3]

1929 heiratete sie den Fabrikanten Werner Siebert, der sie finanziell absicherte und mit dem sie bis zu dessen Tod 1954 zusammenlebte. Sie veröffentlichte aber auch nach der Heirat weiterhin unter ihrem Mädchennamen Langner.[4]

Im Jahr der Heirat erschien das erste große Werk von Ilse Langner: Die Chronik »Frau Emma kämpft im Hinterland«.[5] Dieses Drama, das in seinem aufrührerischen Gestus von den Erfahrungen in Rußland profitiert, wurde 1929 in Berlin im Theater unter den Linden aufgeführt und erregte großes öffentliches Aufsehen. Als ein kämpferisches Antikriegsstück, das nicht das Fronterlebnis der Männer, sondern die Erfahrungen der Frauen an der sogenannten Heimatfront thematisierte, provozierte es ambivalente Reaktionen. Alfred Kerr, der berühmte Theaterkritiker, lobte zwar das »bewegende, wirkungsstarke, nützliche, zur Einkehr zwingende Stück«[6], aber er opponierte zugleich gegen die Sicht der Autorin, daß die Leistungen der Frau in der Heimat die der Männer weit in den Schatten stelle, mit den Worten: »Das ist übertrieben. Alles was recht ist! Ich bin Frauenanwalt: aber das ist übertrieben.«[7] Er zeigte sich deshalb auch zufrieden mit der Dramaturgie, durch die die »brausende Langner-Ilse zurück in ihre Grenzen gestuppst« worden sei und wodurch die Proportionen wiederhergestellt worden seien: »So daß nun dies aufgeführte Stück bloß heißt: auch die Frau. Nicht: nur die Frau.«[8] Der Regisseur hatte damals die letzte Szene des Stükkes gestrichen, in der die Autorin die Entfremdung zwischen den Ehepartnern und die wachsende Selbständigkeit der Frauen in Szene gesetzt hatte. Andere Kritiker wie Ihering und Pinthus machten gerade dies der Regie zum Vorwurf. Ihering nannte den Regisseur einen »Spielleiter gegen Stück und Darsteller«[9] und empfahl ihm, seinen Beruf aufzugeben, und Pinthus kritisierte ebenfalls, daß dem Stück durch die Aufführung die wesentliche Aussage »abgehackt« worden sei und daß es eine »bessere Vorstellung verdient« habe.[10]

Die Autorin hatte nach diesem Stück ihren Spitznamen weg: »Penthesilea« – die sagenumwobene Amazonenkönigin, die durch ihr Eingreifen in den trojanischen Krieg die griechischen Krieger verwirrt hatte. Alfred Kerr hatte ihn in seiner Rezension geprägt, und er haftete der Autorin fortan an: Als Amazone, als kämpferische Frau, die in die dramatische Domäne der Männer eingebrochen war, wurde sie wahrgenommen und auch nicht ganz ernstgenommen, wie der etwas gönnerische Zusatz »Penthesilesia Langnerin« zeigt.

Kerr hatte dem Stück aber nicht nur Übertreibung und Verzerrung vorgeworfen, sondern – das soll hier nicht verschwiegen werden – er hatte der Autorin im Prinzip recht gegeben, wenn er im zweiten Teil seiner Rezension schrieb: »Im Kern aber hat, hat, hat sie recht. Sie sagt: ihr, die Mannsen, tragt an der Kriegsdauer die Schuld. Sie äußert gewissermaßen: erstens seid ihr blöd und wißt nichts Andres als raufen. (Man geht in sich.) Zweitens: warum wart ihr so dumm, nicht früher Revoluzz zu machen?! Das ist ein Standpunkt. (Schon die Damenschaft um Lysistrata hat ihn gehabt; copyright Aristophanes, Blochos Erben, Athen.) Dieser Standpunkt scheint mir ein Fortschritt (mehr: ein Vorausschritt) gegen die späteren teutonischen Weiber, welche die Ehekrüppel zurück in die Schlacht jagten.«[11] Als Antikriegsstück fand das Drama Gnade vor Kerrs gestrengem Kritikerauge, als ein Stück über den Kampf der Geschlechter erregte es aber sein Mißtrauen und seine Ablehnung, wie der herablassende und gönnerische Gestus zeigt, der seine Rezension kennzeichnet. Daß er das Stück im übrigen mißverstand bzw. mißverstehen wollte, zeigt der Schluß seiner Rezension, wo er auf die Männer als Opfer weiblichen Herrschaftsstrebens anspielt. Er zieht eine Parallele zwischen den teutonischen Weibern, die ihre Männer wieder in die Schlacht zurückschicken, und jenen Frauen in den USA, die das »eheliche Lasttier« ins Geschäft jagen: »um selber shopping zu gehen«.[12]

Seine Vision von »Mrs. Emily kämpft im Vorderland«[13] hat mit dem Stück von Ilse Langner nur indirekt noch etwas zu tun, dafür um so mehr mit den Ängsten des Kritikers vor der vermeintlichen Herrschaft der Frau.

Nach dem ersten Erfolg schrieb Ilse Langner noch drei weitere Stücke am Ende der Weimarer Republik. Mit dem Drama »Katharina Henschke« schaltete sie sich in die damals lebhaft geführte Diskussion um den § 218 ein. Das Stück handelte von einer schlesischen Spinnereibesitzerin, die – da selbst kinderlos – ihre Arbeiterinnen durch Druck und Hilfe dazu zu bringen versucht, nicht abzutreiben. Sie begreift nicht, wie Ilse Langner später schreibt, »daß es nicht nur um Miete, Brot und Kinderwagen« geht, sondern vielmehr um die »Selbstbestimmung der Frauen«.[14] Der Erfolg, den das Stück »Cyankali« von Friedrich Wolf oder der Roman »Maria und der Paragraph« von Franz Krey hatten, blieb dem Stück von Ilse Langner, der »Weiberwirtschaft«, wie sie selbst kritisch anmerkt[15], freilich versagt, es wurde nicht aufgeführt, sondern nur von Tilla Durieux im ›Club Berufstätiger Frauen‹ vorgelesen.

Mehr Erfolg hatte Ilse Langner mit ihrem dritten Drama »Die Heilige aus den U.S.A.«, einem Stück über die amerikanische Sektengründerin Mary Baker-Eddy. Das Stück wurde 1931 am Max-Reinhardt-Theater am Kurfürstendamm aufgeführt und trug der Autorin eine Anzeige wegen Gotteslästerung ein. In einer Verteidigung des Stückes auf einer Podiumsdiskussion, an der u. a. auch Bert Brecht und Heinrich Mann teilnahmen, faßte sie die Intention folgendermaßen zusammen: »Mich hat an dem Schicksal der Mary Baker-Eddy die Fabel einer durch ungeheure Willensanstrengung durchgehaltenen Karriere allein gereizt. Das Kultische und Geistliche daran habe ich wahrheitsgetreu übernommen. Blasphemie wurde nicht von mir, sondern von den Gründern der Christian Science ausgeübt. Ich habe den Dollarkapitalismus dieser Heilslehre nicht verteidigt, sondern durch Reportage angeklagt.«[16].

Ihr viertes Stück, die Komödie »Die Amazonen«, sollte im April 1933 in Berlin aufgeführt werden, es kam aber nicht zur Premiere, weil die Nazis das Stück verboten. Das Amazonenthema war der Autorin ursprünglich von der Kritik aufgedrängt worden, indem sie mit der sagenhaften Penthesilea identifiziert worden war. Die Autorin nahm die Herausforderung an und setzte sich in einer sehr witzigen und ironischen Art und Weise damit auseinander.

Die Schwierigkeiten um das Stück und die Verschärfung der politischen Lage deprimierten die Autorin aber so sehr, daß sie auf Ausflucht sann. Sie ging zwar nicht ins Exil wie viele andere mißliebige Autoren, aber sie nahm die sich bietende Gelegenheit wahr und begab sich für mehrere Monate auf eine Weltreise, die sie vor allem nach China und Japan führte. Diese Reise vermittelte ihr neue Kraft und neue Impulse. In dem Roman »Die purpurne Stadt« hat sie die Eindrücke jener Reise verarbeitet.[17] Der Roman wurde jedoch kurz nach Erscheinen verboten. Ilse Langner galt als unerwünschte Autorin und schrieb fortan bis 1945 für die Schublade.

Wie auch andere Autoren in jener Zeit wandte sie sich der Antike zu und versuchte sich an einer Neubearbeitung der griechischen Mythen, mit denen sie sich ja bereits in ihrer Amazonen-Komödie auseinandergesetzt hatte. Mehrere Jahre lang arbeitete sie an dem Drama »Der Mord in Mykene«, das sie auch in Verse übertrug. Als »Klytämnestra« ist das Drama 1949 in Buchform erschienen.[18] Das Stück »Iphigenie kehrt heim«, ebenfalls in Versform, das 1938 abgeschlossen wurde und 1948 in Buchform erschien, setzte die Auseinandersetzung mit dem Atridenmythos fort.[19] Auch mit den Stücken »Dido«, an dem sie von 1938 bis 1941 arbeitete, und »Orpheus findet Eurydike« von 1941 verblieb die Autorin im Bereich der griechischen Mythologie, die für sie eine Zuflucht in chaotischer Zeit war, ihr zugleich aber die Möglichkeit bot, ihre alten Themen in einem historischen Gewand weiter zu verfolgen. So geht es in der »Klytämnestra« und in der »Iphigenie« um Matriarchat und Patriarchat, um die Kriege der Männer und die Herrschaft der Frauen, also um die Themen, die sie bereits in »Frau Emma kämpft im Hinterland« bearbeitet hatte.

Nach der Niederlage des Faschismus wandte sich Ilse Langner wieder der Gegenwart zu. Ihr Drama »Heimkehr« (1949) verarbeitete, ähnlich wie Wolfgang Borchert dies mit seinem Stück »Draußen vor der Tür« getan hatte, die Erfahrungen des Krieges und des Zusammenbruchs.[20] Freilich blieb Ilse Langner der Erfolg Borcherts versagt, auch mit ihren zahlreichen anderen Stücken, unter denen »Cornelia Kungström« herausragt, ein Drama, worin sie die Verantwortung des Wissenschaftlers lange vor Dürrenmatts »Physikern« zum Thema gemacht hat.[21] Da ihr die Bühne verschlossen blieb, versuchte Ilse Langner, sich als Prosaautorin ein Publikum zu schaffen, freilich ebenfalls ohne großen Erfolg. Dabei sind ihre Texte durchaus interessant. Teils verarbeitete sie in ihnen ihre Reise- und Auslandserfahrungen, teils setzte sie sich darin sehr engagiert mit Zeitfragen auseinander, wie z. B. in dem Roman »Die Zyklopen« (1960), wo sie, lange bevor die Relevanz des Themas von anderen Autoren erkannt wurde, über ein Atomkraftwerk und die Veränderungen, die dieses bei den Menschen und in der Landschaft hervorruft, schreibt.[22]

Zwar wurde die Autorin in den 60er und 70er Jahren immer wieder durch Preise oder sonstige Anerkennungen geehrt, aber einen Platz im literarischen Leben der Bundesrepublik konnte sie sich nicht erschreiben. Erst 1979, zum 80. Geburtstag der Autorin, erschien ein Neudruck von »Frau Emma kämpft im Hinterland«, mit einem etwas lieblosen Nachwort von Wolfgang Weyrauch, in dem dieser aber die gute Frage stellt, warum die »Pioniere in Ingolstadt« von Marieluise Fleisser immer wieder aufgeführt werden, dagegen »Frau Emma kämpft im Hinterland« nicht.[23]

Ebenfalls zum 80. Geburtstag der Autorin erschien eine sehr noble Würdigung von Ingeborg Drewitz, die erstmals darauf aufmerksam machte, daß es ein »Gewinn für die Frauenbewegung der 70er Jahre« sein könnte, »sich mit der Langnerschen Deutung der Frau in den verschiedenen Kulturepochen auseinanderzusetzen«.[24] Für Drewitz gehört Ilse Langner zu den Frauen, »die zur Erhellung des Wesens Frau mehr beigetragen haben als Sozialstatistiken und Auswertungen von Intelligenzquotienten erbringen können. Sie hat auf dem Anderssein der Frau beharrt. Sie sollte in der widersprüchlichen Diskussion, die die jungen Frauen heute führen, gehört, genauer noch als in vielen Jahren ihres Lebens, gehört werden.«[25] Zu Recht hat m. E. Drewitz ein Grundthema des

Langnerschen Werkes herausgestellt, wenn sie schreibt, daß das Hauptthema der Autorin stets »die Frau« gewesen sei.

»Aber hatte nicht schon von Anfang an die Frau in unserm Jahrhundert ihre Aufmerksamkeit gefunden? Stellte sie nicht immer wieder dar, daß die Frau an eine Zeitenwende geraten ist, die sie als Aufbruch zur Selbstgewißheit begreifen lernt? Im frühesten Drama ›Frau Emma kämpft im Hinterland‹ (...) thematisierte Ilse Langner den unbürgerlichen Existenzkampf der Frau im Ersten Weltkrieg, in ›Katharina Henschke‹ arbeitete sie die emotionale Not der kinderlosen Emanzipierten heraus (...). Und nach dem Zweiten Weltkrieg stellte sie im Schauspiel ›Heimkehr‹ die tapfere und doch so erstaunlich selbstverständliche Überlebensfähigkeit der Frauen dar, die sie dann auch in den späteren Romanen immer wieder bekräftigte. Am deutlichsten aber wird ihre Suche nach der Verbindung von moderner Frauenerfahrung und dem mythologisch-psychologischen Frauenbild der griechischen Hochkultur in den Dramen (›Amazonen‹, ›Klytämnestra‹, ›Iphigenie kehrt heim‹, ›Dido‹, ›Orpheus-Fragment‹). (...) Die Brechungen der fraulichen Psyche nach der Zerstörung des Matriarchats und die sich entfaltende frauliche Intelligenz in der rational verplanten Welt des 20. Jahrhunderts werden von ihr im Zusammenhang gesehen und ermutigen sie zu ihrer Zielvorstellung von der kreativen Harmonie der Geschlechter.«[26]

Seit kurzem liegen einige Texte von Ilse Langner in neuen Ausgaben vor, und es ist möglich, mit neu geschärftem Blick das Werk zu mustern und zu prüfen. 1983 erschien ein Band mit sieben Dramen und eine Neuauflage ihres Romans »Die purpurne Stadt«. Damit ist zwar erst ein Bruchteil des Gesamtwerkes der Öffentlichkeit wieder zugänglich gemacht – aber immerhin. 1984 wurde »Frau Emma kämpft im Hinterland« in Pforzheim aufgeführt (vgl. »Theater heute«, 4/1984 und 6/1984). Eine Renaissance? – Wer weiß. Für Prognosen ist es sicherlich noch zu früh, an der Zeit ist es aber sicherlich, sich mit dem Werk auseinanderzusetzen, ohne sich den kritischen Blick von der Entdeckerfreude dabei trüben zu lassen.

2. Zur Traditionslosigkeit weiblicher Dramatiker

Aus der Fülle der Werke greife ich einige wenige heraus. Nicht zufällig konzentriere ich mich dabei auf die Dramen. Für mich sind die Dramen nicht nur thematisch besonders interessant, sondern ich finde die Tatsache, daß Ilse Langner Dramen geschrieben hat, allein schon bemerkenswert. Als Lyrikerinnen und als Erzählerinnen sind Frauen immer schon hervorgetreten, Dramatikerinnen jedoch gibt es nicht viele bzw. es sind nur wenige bekannt geworden. Am Theater hatten Frauen vor allem als Schauspielerinnen Erfolg, als Autorinnen fiel es ihnen dagegen schwer, sich durchzusetzen. Erst um die Jahrhundertwende traten Frauen als Dramatkerinnen in größerer Anzahl an die Öffentlichkeit. Die Ursachen für diese Entwicklung liegen nicht nur in den gesellschaftlichen Veränderungen jener Zeit (Stichwort: Frauenbewegung), sondern auch in der ›Literaturrevolution der Jungen‹, die ein offeneres Klima auch am Theater schaffte, von dem die Frauen profitieren konnten. Genannt seien hier die Namen Juliane Déry, Marie von Ebner-Eschenbach, Ilse Frapan, Madelaine v. Puttkamer, Lu Märten und Clara Viebig – eine Reihe, die mit Hilfe neuerer Forschungen sicherlich noch durch sehr viele Namen weiter ergänzt werden kann.[27] Die »Eroberung der Bühne« durch die Frauen als Dramatikerinnen setzte sich in der Weimarer Republik fort[28], bis sie 1933 brutal abgebrochen wurde. Neben Else Lasker-Schüler und Marieluise Fleisser sind hier vor allem Anna Gmeyner, Elisabeth von Castonier, Eleonora Kalkowska, Rosie Meller und Christa Winsloe zu nennen. Im Vergleich zu all diesen Dramatikerinnen ist Ilse Langner zweifellos die produktivste, vergleichbar vom Umfang ihres Werkes (33 Dramen!) noch am ehesten mit Berta Lask, von der sie politisch und ästhetisch aber Welten trennen. Berta Lask war eine Autorin, die in den Umkreis des proletarisch-revolutionären Arbeitertheaters gehört und die in der Weimarer Republik und später im russischen Exil ein umfangreiches dramatisches Werk schuf, das freilich auch noch der Aufarbeitung harrt.

Es gibt sie also, die Frauen, die fürs Theater geschrieben haben, aber einen wirklichen Durchbruch im 20. Jahrhundert schaffte eigentlich nur Marieluise Fleisser, und auch sie erst im nachhinein. Über Achtungserfolge oder kurzfristige Anerkennung kamen die meisten Dramatikerinnen nicht hinaus. Dementsprechend gering war auch die Selbsteinschätzung. Bereits 1910 sprach Ella Mensch, selbst Dramatikerin, vom »Mißerfolg der Frau als Dramenschriftstellerin«[29] und übernahm damit ein gängiges Votum der männlichen Kritiker. Ein Bewußtsein einer eigenen weiblichen Traditionslinie war selbst bei den Dramatikerinnen nicht vorhanden. So scheint auch Ilse Langner ihre für die Bühne schreibenden Kolleginnen aus der Weimarer Zeit nicht zu kennen oder aber – was wahrscheinlicher ist – so gering einzuschätzen, daß sie sie nicht nennen mag. In einer Diskussion mit Marie Luise Kaschnitz und Oda Schäfer in der Deutschen Akademie für Sprache und Dichtung 1957 über »Das Besondere der Frauendichtung« hat sie nur den Namen einer Autorin genannt, der sie sich verbunden fühlt: die mittelalterliche Dramatikerin Roswitha von Gandersheim.

An ihr schätzt sie die »draufgängerische Unbekümmertheit«, die »lebendige Zeitnähe«, die »Aktivität«, die »Menschenkenntnis«, die »Phantasie« und »hohe Bildung«.[30] Die dramatische Begabung erklärt sich Langner aus der Unmöglichkeit der Roswitha von Gandersheim, ihre vitalen Bedürfnisse als Nonne auszuleben. Abgeschnitten vom Leben außerhalb der Klostermauern und abgeschnitten vom normalen Leben als Ehefrau und Mutter, war sie auf die geistige Produktion beschränkt. Sie schuf sich in der Phantasie das Leben, das ihr die Realität des Klosterlebens vorenthielt. Freud hat in diesem Zusammenhang von Sublimierung gesprochen, und auch Langner bedient sich eines psychoanalytischen Terminus, wenn sie von »Verdrängung« spricht. Die Verdrängungsthese dehnt Langner nun aber nicht auf die Erklärung von künstlerischer Produktivität generell aus, sondern sie wendet sie an, um zu erklären, warum Frauen als Dramatikerinnen so wenig erfolgreich seien. Ihre These ist, daß die Frauen ihre durchaus vorhandenen dramatischen Begabungen im Alltags- und Familienleben so sehr verausgaben, daß für die literarische Produktion keine Kraft mehr übrigbleibt:

»Da die Frau solcherart ihre dramatische Begabung im Alltag verausgabt – umgekehrt wie die Nonne von Gandersheim! – hat sie naturgemäß keine Lust mehr am schriftlich festgelegten Spiel. Sie ist für das Drama eine verlorene Autorin. Der letztlich entscheidende Grund hierfür aber liegt weniger im Psychologischen als im Biologischen. Die Geburt ist die große tragische Leistung der Frau. In dieser Katharsis ihrer gesamten Existenz vollzieht sich für sie Segen oder Verhängnis. Der Vorgang des Gebärens, des damit verbundenen einmaligen Schmerzes und Glückes läßt für ihr dichterisches Wollen nur noch das Lied oder die Erzählung offen, Lyrik oder Prosa. Das von ihr zu schöpfende Drama ist erschaffen und liegt schreiend oder schlummernd neben ihr.«[31]

Wenn man einmal von der etwas verqueren Terminologie in diesem Zitat absieht, decken sich solche Gedankengänge mit Überlegungen über die spezifische Bedeutung und Funktion des Weiblichen in der Gesellschaft, wie sie auch heute in der Frauenbewegung diskutiert werden. Interessant finde ich, daß Langner die biologischen Bedingungen der Frau nicht moralisierend und normierend festschreibt. Sie beobachtet vielmehr mit wachem und kritischem Blick, wie die gesellschaftlichen Veränderungen die Rolle der Frau und das Verhältnis der Geschlechter zueinander verändern. Eine Parallele dazu sieht sie in der Episierung des Dramas auch bei männlichen Autoren.

Parallel zu dem Emanzipationsprozeß der Frauen im 19. und 20. Jahrhundert verläuft ihrer Meinung nach die Veränderung der dramatischen Form. Wenn auch diese Veränderung den Frauen die Chancen zur Teilhabe an der gesellschaftlichen Praxis und dramatischen Produkiton geben, so sieht Langner die Entwicklung doch nicht nur positiv. Sie spricht in diesem Zusammenhang vom »Scheinsieg« der Emanzipation[32], der für sie darin besteht, daß die Frauen sich den Männern angleichen. Sie besteht auf der Andersartigkeit der Frau. Das Beharren auf dem »Geschlecht« ist für sie die notwendige Voraussetzung einer Ichfindung. Auch in einem solchen Gedanken ist sie heutigen Positionen in der Frauenbewegung nicht fremd.

Fremd ist weniger die Art und Weise, wie sie denkt, sondern die Art und Weise, wie sie ihre Gedanken ausdrückt. Die fehlende begriffliche Schärfe und der Mangel an theoretischer Reflexion, von denen schon Ingeborg Drewitz in ihrer Würdigung spricht, machen einen Zugang schwierig und schaffen Verwirrung. Was meint Ilse Langner, wenn sie von »Verweiblichung des Dramas«, von »Vermännlichung der Frau«, vom »Scheinsieg der Emanzipation«, von »männlich« und »weiblich« und von »Ich« und von »Geschlecht« spricht? Stehen hinter den Wörtern vielleicht sogar reaktionäre Gesellschafts- und Dichtungsvorstellungen im Sinne eines Antimodernismus, oder verbergen sich dahinter Ideen, die die Auseinandersetzung lohnen? Das ist eine Frage, die aufgrund der spärlichen theoretischen Äußerungen der Autorin schwer zu entscheiden ist. Vieles mutet konventionell und konservativ an, nicht zuletzt auch ihre Auffassung vom androgynen Charakter der Kunst, die sie im übrigen mit der von ihr sehr geschätzten Ricarda Huch verbindet.[33]

Frisch und lebendig kommt mir die Autorin aber vor in der unkonventionellen Art, wie sie ihr Thema anpackt, vor überraschenden Wendungen und Bildern nicht zurückscheut und sich unbekümmert und selbstbewußt das nimmt, was sie gebrauchen kann.

Entscheiden läßt sich die Frage, welche Bedeutung die Autorin für unsere heutige Diskussion über Weiblichkeit und Schreiben haben kann, m. E. denn auch nicht so sehr von ihren theoretischen Ausführungen her, sondern in erster Linie von der dramatischen Praxis, in der sich die unkonventionellen und selbstbewußten Züge der Autorin besonders deutlich ausdrücken. Auf die dramatische Praxis möchte ich deshalb das Hauptinteresse richten.

3. »Aber ich will frei sein« – Die Chronik »Frau Emma kämpft im Hinterland«

Aus der Fülle der Texte wähle ich zwei sehr unterschiedliche aus. Die Chronik »Frau Emma kämpft im Hinterland« aus der Weimarer Republik und die Tragödie »Klytämnestra«, die während des Faschismus in Deutschland entstand.[34] An diesen beiden Dramen läßt sich m. E. die Spannweite und die ästhetische Vielfalt des dramatischen Schaffens von Ilse Langner besonders gut erkennen. Ich habe die Texte aber auch deshalb ausgewählt, weil beide das gleiche Thema bearbeiten, einmal im Rahmen der Zeitgeschichte und einmal im Rahmen des Mythos.

»Frau Emma kämpft im Hinterland«, das Stück, mit dem Ilse Langner als Dramatikerin debütierte, ist ein eminent politisches Stück. Die drei Akte spielen während des Krieges 1917/1918 in der Stube einer Frau, deren Mann im Krieg ist und die mit ihrer Tochter allein lebt und sich in den immer schlechter werdenden Verhältnissen durchzuschlagen versucht. Die Hauptfigur Emma Müller ist eine kämpferische und ungebrochene Person. Sie hat so gar nichts von der kränkelnden Dekadenz einer Emma Bovary, sie scheint vielmehr eine Vorfahrin jenes resoluten Frauentypus zu sein, wie er z. B. heute in der »Emma« von Alice Schwarzer propagiert wird. Neben die Hauptfigur treten verschiedene andere Frauen: die Majorin Starke, ihre Tochter Lotte, das Dienstmädchen Paula. Es gibt zwar auch Männer im Stück, z. B. den schmierigen und widerlichen Untermieter Meinhart, später treten auch noch der Major und der Feldwebel Müller auf, die aus dem Krieg zurückkehren, aber sie spielen nicht die entscheidende Rolle, die Frauen bestimmen die Szenen, so daß es nicht übertrieben ist, das Stück als ein Frauenstück zu bezeichnen.

Im Mittelpunkt steht Frau Emma, aber sie ist keine ungebrochene Heldenfigur. Am Anfang ist sie noch weitgehend beeinflußt von der nationalen Propaganda. Die Feldherren Hindenburg und Mackensen hängen nicht nur als »gewaltige Öldruckheilige« (S. 7) in der guten Stube, sie bestimmen auch das Denken von Frau Emma. Gegen die miesmacherischen Reden von Fräulein Lotte, die nicht mehr an den Sieg glauben will, setzt Frau Emma ihre Durchhalteparolen: »Das nützt alles nichts, wir dürfen nicht schlapp machen! Was sollen unsere Soldaten von uns denken. Sie kämpfen doch nur, um uns zu verteidigen, damit wir in der Heimat ruhig leben können.« (S. 13) Die Hiobsbotschaften von der Front, die Ungewißheit um die Männer und die zunehmende Verelendung zermürben jedoch auch sie. Mühsam drückt sie ihre Ängste immer wieder weg: »*Ich will mich nicht unterkriegen lassen!* Herrgott, man wird ja sonst verrückt!« (S. 15) Verrückt wird ihre Nachbarin, die Majorin Starke, die einen Sohn bereits verloren hat und nicht weiß, ob der andere Sohn und ihr Mann noch am Leben sind. Vor einem solchen Schicksal bewahrt Frau Emma ihr Wille zu überleben, um für ihre siebenjährige Tochter zu sorgen.

Sehr gut hat m. E. Langner herausgearbeitet, wie die Kriegssituation die Frauen zu einer »Familie« (S. 49) zusammenschmiedet, ohne daß daraus jedoch eine dauerhafte Solidarität entsteht. Die Klassenschranken z. B. verlieren zwar an Bedeutung, der Hunger treibt die Frau des Majors, die Frau des Feldwebels und das Dienstmädchen zwar zusammen, aber die sozialen Unterschiede sind im Bewußtsein der Frauen deshalb nicht aufgehoben, die Unterschiede bleiben weiter bestehen: »Rangordnung muß sein« (S. 19), sagt Frau Emma, und die Frau des Majors sieht in der Auffassung, daß alle Frontkämpfer Helden ohne Unterschied des Dienstgrades seien, eine jüdische Propagandaformel, die das Vaterland zerstöre und die Schreckensvision der Demokratie beschwöre. Ungeachtet der gemeinsamen Notsituation versuchen die Frauen sich nach unten abzugrenzen: Die Majorin betont den Unterschied zwischen sich und der Frau des Feldwebels, und Frau Emma besteht auf dem Unterschied zwischen sich und dem Dienstmädchen. Das Dienstmädchen Paula wird noch am besten mit der Situation fertig. Sie versteht sich aufs Hamstern und versorgt ihre Herrschaften mit Lebensmitteln, die sie vom Lande besorgen kann. Das gibt ihr eine starke Stellung, läßt in ihr aber auch Ressentiments aufsteigen, die offen hervortreten, als die Revolution ausbricht: »Jetzt wird gründlich aufgeräumt, mit den Herrschaften ist es auch aus. Mit dem verdammten, hochmütigen Getue (...).« (S. 77)

Um über die Runden zu kommen, muß Frau Emma einen Untermieter in die Wohnung nehmen, der sich als ein unangenehmer Schieber entpuppt und die Situation der alleinlebenden Frauen auszunutzen versucht. Nacheinander macht er sich an die Tochter der Majorin, an das Dienstmädchen und an Frau Emma heran. Zwar läßt Fräulein Lotte ihn abblitzen, aber sie begreift, »worauf's ankommt«, wenn man was vom Leben haben will. Sie ist nicht mehr mit einem Wurstzipfel zufrieden, sondern nimmt die Männer in der Folgezeit als Prostituierte aus. Paula geht auf die Avancen des Untermieters zwar ein, aber nur solange nichts Besseres in Sicht ist: »Sobald wieder Soldaten da sind, gehst Du hops bei mir, Du Stück Ersatz.« (S. 40) Sie ist die Dominierende in der Beziehung. Ihr geht es gar nicht um den Mann, den sie verachtet, sondern um das Kind, das sie wünscht und in ihm sucht. »(...) wenn ich nur endlich einmal von einem Kerl ein Kind bekäme! Ganz wurscht wär's mir, ob die Leute sagen: Es ist eine Schande oder nicht. – – Keinen Mann würde ich mehr ansehen, nur für das Kind würde ich leben!« (S. 80) Auch für Frau Emma steht das Kind im Mittelpunkt ihres Lebens. Als die Tochter krank ist und der Arzt ihr kräftige Nahrung verschreibt, kennt sie keine Skrupel und bietet sich dem Untermieter in einer Weise an, daß dieser ganz verschreckt ist. Um an seine Butter zu kommen, pfeift sie auf die bürgerliche Moral: »Also ich bin bereit. Sagen Sie bloß noch wo, hier auf dem Sofa oder nebenan bei Ihnen.« (S. 46) In der Regieanweisung steht, daß sie anfängt, sich die Bluse aufzuknöpfen, und daß der Untermieter durch ihre »eiskalte Geschäftigkeit« verwirrt ist: »Nur nicht so schnell, man muß sich doch vorher ein bißchen – – gewissermaßen in Stimmung bringen. Man ist doch schließlich kein Maschinengewehr.« (S. 46) Frau Emma aber drängt ihn »fiebrig«: »Sie wollen sich wohl drücken, nun gibt's keine Ausrede; das Geschäft ist abgeschlossen. Sie geben mir zwei Pfund Butter, ein Pfund Speck, zwei Würste, – – und ich halte still. Das ist gar nicht so schlimm. Dann koche ich meinem Kinde eine gute Suppe.« (S. 46) Angeekelt versucht sich der Untermieter davonzumachen: »Sie machen aus der Liebe ein Geschäft, pfui Teufel! So haben wir nicht gewettet, da mache ich nicht mit. Man will doch einen Widerstand fühlen, eine anständige Frau kann sich doch nicht so einfach hinlegen, die muß sich doch wehren! Das ist ja unmoralisch« (S. 46), woraufhin Frau Emma nur sagt: »Moralisch soll ich auch noch sein, während mein Kind stirbt!« (S. 46) Trotz des Widerstands des Untermieters gelingt es Frau Emma, ihn zum Geschlechtsverkehr zu zwingen. Die ganze Szene ist eine grandiose Umkehrung der Rollen: Frau Emma ist die Aktive, der Untermieter der Passive. Der Einsatz hat sich gelohnt. Die Tochter wird wieder – dank der guten Kost – gesund.

Die Mutter jedoch wird schwanger und gerät in eine fast ausweglose Lage. Moral und mütterliche Instinkte sagen ihr, daß sie das Kind austragen muß, aber ihr Freiheitswille rebelliert dagegen. In einem Gespräch mit Fräulein Lotte, die inzwischen als Prostituierte arbeitet und einschlägige Erfahrungen hat, bemüht sie sich, die Adresse einer Engelmacherin herauszubekommen. Fräulein Lotte gibt ihr bereitwillig Auskunft, aber Frau Emma schreckt zurück und versucht, sich als Mutter gegen die Prostituierte abzusetzen: »Was verstehen Sie denn von Mutterschaft?! Das ist was Heiliges! (...) Wenn wir noch anfangen, daran zu rütteln, dann stürzt doch überhaupt alles ein. Dann wäre das ja eine ungeheure Revolution!! Dann wären wir Frauen ja auf einmal ganz frei und hemmungslos, – dann brauchten wir vor nichts und vor niemand mehr Angst zu haben! (...) Aber so ein kleines Kind, das liegt in uns wie in einer Schaukel und will gern heraus an die Sonne! – – – Nein, nein, ich will die Adresse gar nicht wissen. Der Vater ist auch gar nicht so wichtig, – auf die Mutter kommt's an, die trägt das Kind in sich, die nährt's von ihrem Blut – – Nein, ich könnt's nicht verantworten. Man muß das eben auch noch durchmachen. – –« (S. 68)

Trotz dieser Worte entscheidet sich Frau Emma dennoch für die Abtreibung, die sie auch nicht bereut, genausowenig wie den Geschlechtsverkehr mit dem Untermieter. Sie lernt, daß sie sich auf die eigenen Füße stellen muß, daß sie keine Hilfe von außen erwarten kann, sondern sich selbst helfen muß. Am Ende des Stückes ist sie eine selbständige Frau geworden, die auf sich selbst und die eigenen Kräfte vertraut. Sie arbeitet als Busfahrerin und ist dabei, sich ein eigenes Leben mit der Tochter aufzubauen, in dem der Mann keinen Platz mehr hat. Als sie hört, daß die Männer bald heimkommen werden, fragt sie: »Was wollen die denn hier zu Hause?« (S. 75) Auf die moralisierenden Vorhaltungen des Dienstmädchens, daß sie das Kind abgetrieben habe, reagiert Frau

Emma sicher und bestimmt: »Nein, ich konnte das Kind nicht zur Welt bringen. Ich *wollte* es loswerden. Solange man Kinder bekommen kann, ob man will oder nicht, solange ist man eben noch vom Manne abhängig. Aber *ich will frei sein*. Ich gehe meinen eigenen Weg. Nur wenn man sich ganz, ganz fest auf die eigenen Füßen stellt, kann einem das Leben nicht mehr viel anhaben.« (S. 80) Das Dienstmädchen macht daraufhin den Einwand: »Aber Sie *haben* doch einen Mann! (...) Wenn der heimkommt, wird er Ihnen zeigen, was mit ihrer Freiheit los ist!« (S. 80) Mit dieser Prognose nimmt das Dienstmädchen die letzte Szene vorweg.

Wenig später kommt der Mann von Frau Emma tatsächlich aus dem Krieg zurück, ein stämmiger Mann mit verwildertem Vollbart, der die Stube mit »Kommißgeruch und männlicher Überzeugung« (S. 82) füllt. Aber Frau Emma läßt sich nicht verblüffen und schlüpft nicht in die alte Rolle zurück. Sie konfrontiert den Mann mit den Schrekkensnachrichten von zu Hause, zählt auf, wer alles gestorben ist und was sonst noch alles passiert ist, so daß der Mann sagt: »Von Deiner Chronik kann einem schlecht werden!« (S. 85) Seine tapsige Annäherung wehrt Frau Emma ab, der Mann ist ihr fremd geworden. Schon früher hatte sie davon gesprochen, daß zwischen den Männern an der Front und den Frauen zu Hause eigentlich keine Verbindung mehr bestehe. Nun wird das auch dem Mann deutlich, und er reagiert darauf mit Wut: »Das ist ja ein schöner Empfang für einen heimkehrenden Krieger! Die Frau begrüßt einen kaum, das Kind erkennt einen nicht. Ja, verflucht! bin ich hier nicht mehr Herr im Hause?« (S. 85/6) Es kommt zu einem Schlagabtausch, in dem sich die beiden unversöhnt gegenüberstehen:

»MÜLLER Ja, verflucht! bin ich hier nicht mehr Herr im Hause? Vielleicht rücken die Möbel auch noch von mir ab! (stößt heftig gegen den Tisch)

FRAU EMMA Laß den Tisch in Ruhe. Ein schlechter Hausherr, der vier Jahre Frau und Kind und Wohnung im Stich läßt.

MÜLLER (verdutzt) Kann ich etwas dafür, daß Krieg war?

FRAU EMMA Jeder von Euch! General oder Gemeiner, der draußen gekämpft hat.

MÜLLER Wir sind doch keine Deserteure, wir sind doch Soldaten!

FRAU EMMA (in großer Verachtung) Männer seid Ihr. Ihr stürzt Euch in den Krieg wie in einen Rausch und vergeßt alles andere darüber. Uns hier im Hinterland habt Ihr vergessen, wir konnten in Hunger und Kummer und Dreck verrecken! – – Ihr seid in Euren Maulwurfsgräben nicht aufgewacht!

MÜLLER (entrüstet) Jetzt sind wir aber aufgewacht!

FRAU EMMA Ja, *endlich* habt Ihr Euch besonnen. – Ein bißchen lange hat's gedauert. – Ein bißchen *eher* Schluß machen mit Eurem großartigen Kriege wäre Euren Frauen und Kindern besser bekommen. (bitter) Aber wenn ein Mann kämpfen kann, dann ist er nicht zu halten!

MÜLLER Kämpfen!! Das ist so ein Hinterlandsmärchen! Auf Tapferkeit kommt's gar nicht an, sondern bloß aufs Fressen und auf die Nerven. Wir haben die verfluchten Maschinengewehre und Handgranaten hingeschmissen und wollen wieder in Sauberkeit und Ordnung leben! – – Weil sie uns nicht aus den Schützengräben lassen wollten, darum haben wir Revolution gemacht! Die Revolution ist eine große Sache, aber das versteht so eine Frau nicht.

FRAU EMMA (stolz) Eure Revolution kann uns nicht mehr imponieren! Die Revolution haben *wir* schon hinter uns! (schlägt sich aufs Herz) Hier drin gab's eine Umwälzung. *Dieser Krieg hat uns Frauen selbständig gemacht.*

MÜLLER (pulvert verlegen) Hab Dich nur nicht so, wenn man Dich hört, glaubt man, Ihr allein habt gekämpft! – – (wendet sich ihr scharf zu. Sie stehen sich kämpferisch gegenüber)
Wir haben im Schützengraben gelegen. Halb verfault im Wasser, mit Toten und Ratten.

FRAU EMMA Wir haben tatenlos zu Hause sitzen müssen und warten, immer nur warten, in Angst und Sorge um Euch.

MÜLLER Wir haben im Trommelfeuer gelegen, wir haben uns die Bajonette in den Bauch gerannt, jede Sekunde den sichern Tod vor Augen.

FRAU EMMA Wir haben um Brotmarken angestanden. Wir hatten kein Fett, kein Fleisch, keine Milch für die Kinder, aus einem Korn Getreide haben wir ein Brot gebacken für eine ganze Familie. Jeden Tag sind wir schwächer geworden, jeder Tag hat uns Kraft ausgesaugt. Der Tod hat sich in unsere Häuser eingenistet. Wir sind an der Grippe zugrunde gegangen.

MÜLLER Wir haben die Heimat gegen die ganze Welt verteidigt! –

FRAU EMMA Was kümmert mich die Welt?! Ich sah nur mein Kind, meinen Mann, mein Haus. *Ich kämpfe für das Leben.* Ja, wir *Mütter* müßten den Krieg bestimmen!

MÜLLER (unsicher geworden, behauptet sich mit Grobheit) Weibergeschwätz!

FRAU EMMA (ausbrechend) Aber Euer Krieg war blutige Männertollheit!

(Mann und Frau wenden sich ohne Verständnis voneinander. Müller nimmt Mütze und Gewehr, Frau Emma zieht sich die grüne Dienstjacke an und setzt sich die Mütze mit einem entschiedenen Ruck auf)

MÜLLER Ich gehe zu den Kameraden ins Komitee, da werden jetzt handfeste Genossen gesucht.

FRAU EMMA Ich gehe in den Dienst, da werden jetzt ruhige Arbeiter gesucht!

MÜLLER (wendet sich zu ihr) Was hast Du denn für eine Uniform an? In welchen Dienst gehst Du?

FRAU EMMA (sachlich) Ich bin Straßenbahnführerin. Als die Männer rar wurden, haben sie eben Frauen eingestellt.

MÜLLER Nun sind wir aber wieder zurück, da müßt Ihr Platz machen!

FRAU EMMA Ich gebe den Beruf nicht mehr auf.« (S. 86 – 88)

Ich habe aus der Schlußszene einen längeren Abschnitt zitiert, um deutlich zu machen, wie kompromißlos die Autorin die Situation zuspitzt und wie scharf sie in ihrer Kritik am Krieg und an den Männern ist. Leider hält sie die Kompromißlosigkeit nicht durch, sie versucht dem Stück einen versöhnenden Schluß zu geben, der zwar den emanzipatorischen Gestus nicht vollständig zurücknimmt, aber doch sehr ärgerlich verwischt. Auf die empörte Frage des Mannes »Und wer räumt die Stube auf, und wer kocht mein Essen?« (S. 88) findet sich Frau Emma dann auch bereit, Beruf und Ehepflichten zu verbinden. Sie verspricht dem Mann, das Essen auf dem Herd warmzustellen, und beruhigt ihn, daß es so schlimm schon nicht werden wird. Zwar kann es nicht mehr so werden wie früher, aber sie ist bereit, sich mit dem Mann zu arrangieren, wenn dieser ihre Berufstätigkeit und ihre neue Selbständigkeit akzeptiert. Er ist zwar noch ein wenig bedenklich, aber schickt sich ins Unvermeidliche. Indem er ihr kräftig wie einem guten Kumpel auf die Schulter schlägt, sagt er: »Hast recht, Emma, dann wollen wir's eben auf die neue Manier versuchen.« (S. 89)

Dieser Sprung in die Idylle überzeugt mich nicht. Er kommt zu plötzlich und ist psychologisch überhaupt nicht vorbereitet. Offensichtlich ist der Autorin vor ihrer eigenen Courage angst und bange geworden, oder sie hat gemeint, daß ein unversöhnlicher Schluß auf den Widerstand des Publikums stoßen würde. Tatsächlich hatte der Regisseur dann ja die ganze letzte Szene, in der der Mann nach Hause kommt und sich Mann und Frau wie Kampfhähne gegenübertreten, gestrichen, weil ihm die Darstellung der Entfremdung der Ehepartner und die ausphantasierte Selbständigkeit der Frau wohl zu weit gingen. Vielleicht ist die Szene aber auch nur eine der Stellen, an denen der schwarze Humor mit der Autorin durchgeht. Bereits die Szene, wo Frau Emma den Untermieter zum Geschlechtsverkehr zwingt, ist ja keine realistische Szene, sondern eine, in der die Autorin mit Witz und Sarkasmus eine Umkehrung der Rollen phantasiert.

Überhaupt überwiegen in dem Stück die satirischen und grotesken Züge. Hierin liegt m. E. auch die Stärke des Stükkes, das durch seinen Witz und seine Ironie kein bißchen angestaubt, sondern lebendig und zupackend wirkt. Krieg und Frieden, Revolution und Emanzipation sind die ernsten Themen, aber sie werden nicht in der Form der Tragödie abgehandelt, sondern in einer Mischform, die an die gleichzeitigen Stücke von Fleisser oder die späteren von Brecht, wie z. B. die »Mutter Courage«, erinnern.

Dabei gelingen der Autorin eindrucksvolle und kraftvolle Szenen. Die eigentliche Stärke des Stücks sehe ich in der Art und Weise, wie die Kritik am Kriege mit der Kritik an den soldatischen Männern verbunden wird und damit Kriegsursachen herausgestellt werden, die zumindest damals in der Weimarer Republik in dieser Klarheit kaum gesehen worden sind. Emma spricht von der »Lust am Kriege« (S. 48), die die Männer antreibe, und legt damit ein Motiv bloß, das in der Kriegsanalyse von Historikern und Soziologen nicht vorkommt. Sie und auch die anderen Frauen verlieren im Laufe des Stücks die Hochachtung vor den kämpfenden Männern, weil sie erkennen, daß sie und die Kinder den Preis dafür bezahlen. Der Hinweis von Lotte auf die Entbehrungen der Männer an der Front entlockt Emma nur noch ein müdes Lächeln, wenn sie sagt: »Ich habe nicht mehr soviel Mitleid mit ihnen, wir hier müssen auch schwer kämpfen ums Tägliche. Keiner hilft uns, keiner steht uns bei. Und wenn wir dran verkommen, und unsere Kinder krank und siech werden, ist das noch immer keine Heldentat fürs Geschichtsbuch.« (S. 66) Die Frauen versagen den Männern die Gefolgschaft, sie ziehen sie zur Verantwortung und lassen sich nicht mehr einschüchtern. »Auf die Weiber ist halt kein Verlaß. Das sind die geborenen Deserteure! – –« (S. 51), so faßt der Untermieter den Emanzipationsprozeß der Frauen zusammen. So unrecht hat er damit nicht. Die Frauen fühlen sich dem Leben verantwortlich. Sie erkennen in dem Krieg eine Sache der Männer, die gegen das Leben und damit gegen sie selbst gerichtet ist. Als Mütter rebellieren sie gegen den Krieg.

Der Text geht aber in der Gegenüberstellung von Frauen und Leben einerseits und Männern und Krieg andererseits nicht vollständig auf. Parteinahme für den Frieden und das Leben heißt nicht Übernahme der traditionellen Frauen- und Mutterrolle. Emma entscheidet sich für die Abtreibung. Und diese Entscheidung ist eine Entscheidung für das Leben, für ihr eigenes und das ihrer kleinen Tochter. Leben ist keine abstrakte biologische Größe, sondern ein Wert, der von jeder Frau individuell definiert werden muß. Dazu aber gehörten Unabhängigkeit und Selbständigkeit.

Eine andere entscheidende Stärke des Stücks liegt m. E. in der Darstellung kämpferischer und selbstbewußter Frauen. Emma faßt ihren Lernprozeß folgendermaßen zusammen: »Ich bin ein bißchen spät auf die Selbsthilfe gekommen, hab mir immer eingebildet: die Hilfe müßte von einem Mann kommen, aber ich hab meine Ansicht gründlich renoviert!« (S. 72). Doch auch die anderen Frauen sind, ungeachtet ihrer Verschiedenheit, Frauen, die sich nicht einschüchtern lassen. Selbst die Frau des Majors, die durch den Verlust ihrer Kinder wahnsinnig wird, tritt als Anklägerin auf, wenn sie ihrem Mann entgegenhält: »*Ihr* allein seid ja schuld an ihrem Tode! Ihr habt sie verrückt gemacht mit Euren Parademärschen und Eurem Heldenmut, und daß der Tod am Ende kommt: *das* hat den Kindern geschmeckt wie ein Bonbon. Aber als sie ihn im Munde hatten, als sie den Tod im Leib hatten, da sind sie aufgewacht, da wollten sie ihn ausspucken, Euren Heldentod, aber es kam nur noch Blut.« (S. 49) Auch Lotte, ihre Tochter, die am Ende des Stücks als Prostituierte arbeitet, ist eine Frau, die ihr Leben selbst in die Hand genommen hat. Zusammen mit Emma wirft sie den Untermieter aus dem Haus: »Ja, da staunen Sie, lieber Herr, Sie sind geradezu lächerlich rückständig! Wir Frauen sind selbständig geworden, uns kann so leicht keiner mehr imponieren. Ziehen Sie nur mit Ihrer Schieberware blamiert heimwärts.« (S. 72) Schneller als der heimkehrende Herr Müller weiß sich der Untermieter aber auf die neue Situation einzustellen, denn, wie er sagt, »wer sich im rechten Moment anzupassen versteht, dem kann nichts passieren« (S. 73). Ironisch kommentiert er die neue Situation: »Hochachtung, meine Damen, ich habe immer gewußt, daß sie moderne Frauen sind. Ich ziehe meinen Hut vor Ihnen. Ja, die Frau rührt sich, sie steht ihren Mann. Oh, ich weiß selbständige Frauen sehr zu schätzen! – Dann ist der Krieg nicht umsonst gewesen, wenn er die Frau mobil gemacht hat.« (S. 72)

Trotzdem sind die Frauen nicht die Siegerinnen im Text. Sie nehmen zwar ihr Leben tatkräftig in die Hand und haben auch Erfolge, aber die Bedingungen – Krieg und Revolution – sind ihnen von außen aufgezwungen. Ihr Handlungsspielraum ist dementsprechend gering und reduziert sich, genau besehen, auf die Entwicklung von Überlebensstrategien. Von der großen Freiheit können sie nur einen Zipfel erhaschen, und auch da läßt die Autorin offen, ob die Anstrengung lohnt: Frau Emma im »neuen« Beruf als Busschaffnerin und Lotte im »ursprünglichen Beruf der Frau« (S. 65) als Prostituierte – sind sie die Prototypen der »neuen Frau«? Der Text vermittelt eher Skepsis: Die Abhängigkeiten werden nicht wirklich durchbrochen. Als Prostituierte hat Lotte nur eine scheinbare Freiheit, sie ist im besonderen Maße von den Männern abhängig. Aber auch Emmas neuerrungene Selbständigkeit wird am Ende mit Fragezeichen versehen. Als berufstätige Ehefrau und Mutter ist sie doppelt belastet und vom Wohlwollen ihres Mannes abhängig.

Die Skepsis der Autorin hat aber noch einen anderen Grund: Der Zusammenhalt unter den Frauen führt zu keiner wirklichen und andauernden Solidarität, die allein eine anhaltende Veränderung bewirken könnte. Die Frauen sind nur deshalb »näher zusammengerückt, weil die Männer dazwischen fehlen« (S. 68). Die Vorstellung von Emma, daß »alle Frauen (...) eine einzige Frau« (S. 81) sind, erweist sich als Illusion, wie sie selbst kommentierend zugibt: »Kaum aber kehren die Männer zurück, fallen wir voneinander ab.« (S. 81) Konkurrenz und Neid sind stärkere Triebkräfte als die gemeinsame Grunderfahrung als Frauen. In einer solchen Sicht erweist sich die Autorin als unbequeme Pessimistin. Trotzdem hält sie an der Forderung nach Solidarität fest, und trotzdem betont sie die besondere Verantwortung der Frauen für den Frieden. Die Mahnung der Krankenschwester »Aber ihr Frauen müßt wenigstens Frieden halten! Was kann man sonst von den Männer erwarten« (S. 57) ist auch eine Mahnung der Autorin: Ilse Langner hat nach dem Zweiten Weltkrieg 1947 als Vertreterin Deutschlands am Frauen-Friedenskongreß in Paris teilgenommen.

Das Stück bietet also keine strahlenden weiblichen Heldenfiguren, sondern es zeigt die Widersprüche, denen die Frauen ausgesetzt sind und in die sie sich selbst verwickeln, in einer sehr offenen und kritischen Weise, ohne deshalb die Notwendigkeit der Emanzipation in Frage zu stellen. Die Autorin ist mit ihren Frauenfiguren solidarisch, aber ohne sie kritiklos zu akzeptieren. Gerade diese Mischung aus Sympathie und Kritik den Frauen gegenüber macht den Text lebendig und provoziert zum Nachdenken und zur Auseinandersetzung.

4. »Der wahre Aufstand fängt im Eh'bett an« – Die Tragödie »Klytämnestra«

Das während des Faschismus entstandene Stück »Klytämnestra« nimmt die Themen von »Frau Emma kämpft im Hinterland« in einer sehr direkten Weise wieder auf: Auch hier geht es um Krieg und Frieden, Emanzipation der Frau und den Kampf der Geschlechter.

Bei der Abkehr von der Zeitgeschichte und der Hinwendung zur Antike muß man berücksichtigen, daß die Hinwendung zur Antike keine freie Entscheidung war, sondern den Autoren damals durch die politische Entwicklung weitgehend aufgezwungen war. Gerade in der Zeit des Faschismus wurde die Antike für viele Autoren zum Fluchtpunkt, sie bot eine unverfängliche Möglichkeit, sich aus der politischen Gegenwart zurückzuziehen. So schrieb Gerhart Hauptmann seine »Atridentetralogie« zwischen 1940 und 1945, und auch Marie Luise Kaschnitz befaßte sich mit ihren »Griechischen Mythen« (1943) in der Endphase des Faschismus. Die Hinwendung zur Antike ist ein generelles Kennzeichen der sogenannten Inneren Emigration und trägt – wie die Innere Emigration insgesamt – ein Janusgesicht: Sie kann Flucht aus der politischen Verantwortung und sie kann Auseinandersetzung mit der Gegenwart im antiken Gewand sein.

Bei Ilse Langner ist offensichtlich das zweite der Fall, denn die »Klytämnestra« steht in einem inneren Zusammenhang mit ihrem dramatischen Schaffen in der Weimarer Republik. Die Hinwendung zur Antike ist m. E. also nicht so sehr von den äußeren politischen Verhältnissen aufgezwungen, sondern sie hat eine innere Logik. So hatte sich Ilse Langner ja auch bereits am Ende der Weimarer Republik mit ihrer Komödie »Amazonen« der Antike zugewandt. Im Mythos konnte sie all die Probleme, denen sie in den Zeitstücken nachgegangen war, in dramatischer Zusammenballung vorfinden: Liebe, Haß, Eifersucht, starke, kämpferische Frauen, kriegerische Männer. Vor allem der Atridenmythos bot ein reiches Material, an dem sich die Autorin – stärker noch als an der Zeitgeschichte – abarbeiten konnte. In der Gegenwart hat Christa Wolf eine ähnliche Entwicklung vollzogen: Weg von der Auseinandersetzung mit der Zeitgeschichte etwa im »Geteilten Himmel« und »Kindheitsmuster« und hin zur Auseinandersetzung mit dem Mythos in der »Kassandra«. Auch Christa Wolf bearbeitet am Mythos das Problem von Krieg und Frieden und das Verhältnis der Geschlechter.

Die Figur der Klytämnestra hat im Laufe der Literaturgeschichte immer wieder zur Auseinandersetzung geführt. Sie ist eine zwielichtige Gestalt. Der Anteil, den sie am Tode ihres heimkehrenden Mannes Agamemnon hat, ist unklar. Homer gibt in der »Odyssee« ihrem Liebhaber Ägisth alle Schuld, Pindar dagegen läßt sie die Mörderin sein und erklärt dies mit ihrer Hörigkeit gegenüber Ägisth und mit ihrem Haß auf Agamemnon, weil dieser die Tochter Iphigenie dem Krieg aufgeopfert habe. In der Folgezeit wurde Klytämnestra entweder als schnöde Gattenmörderin gesehen und entsprechend verteufelt oder aber zur Verführten und Leidenden stilisiert, die zu eigener Tat nicht fähig war.

Ilse Langner bricht nun mit dieser Sicht sehr radikal, sie gewinnt dem vielerzählten Mythos eine neue, vorher nicht gesehene Seite ab. Bei ihr ist Klytämnestra eine starke, selbstbewußte und positiv gezeichnete Frau, die in der Abwesenheit ihres Mannes Agamemnon zur Herrscherin geworden ist und sich nicht in die Rolle der dienenden und gehorchenden Ehefrau zurückdrängen lassen will, als Agamemnon aus dem Krieg zurückkehrt. Offenkundig ist hier die Parallele zu »Frau Emma kämpft im Hinterland«, wo diese ebenfalls nicht in die alte Rolle zurückkehren will. Freilich hatte sich der Konflikt dort unblutig und undramatisch gelöst, indem sich die Ehepartner arrangieren – ein Happy-End, das mich nicht überzeugt hat. Daß auch die Autorin damit wohl nicht zufrieden gewesen ist, zeigt m. E. die »Klytämnestra«. Das, was sich in »Frau Emma kämpft im Hinterland« so problemlos auflöst, wird in der »Klytämnestra« in immer neuen Konstellationen durchgespielt und hat am Ende tödliche Konsequenzen: Klytämnestra bringt Agamemnon um.

Vom Anfang des Dramas an ist sie die Aktive, die ihre Umwelt beherrschende Frau. Schon in der Eingangsszene, wo sie mit ihrem Geliebten Ägisth auf dem gemeinsamen Lager gezeigt wird, haben sich die Rollen verkehrt. Sie springt vom Lager auf, um sich voller Tatkraft ihrer Arbeit zuzuwenden. Ägisth fragt ängstlich nach, ob sie ihn denn noch liebe, worauf Klytämnestra erklärt, daß er des »Lebens liebste Zutat« (S. 5) für sie sei und sie ihn gern habe, weil er sie »nicht nach harter Männer Art beschränke«. (S. 5) In Agamemnons Abwesenheit hat sie sich zur anerkannten Herrscherin entwickelt, die vom Volk bewundert und verehrt wird. Sie hat aber die Politik ihres Mannes nicht einfach fortgesetzt, sondern ein eigenes Profil entwickelt. Gegen die kriegerische, auf Eroberung und Unterwerfung zielende Politik ihres Mannes, die ihn in den Trojanischen Krieg geführt hat, setzt sie ihre eigene, friedensichernde und -erhaltende Politik. An die Stelle des Krieges setzt sie die Liebe und die Lust der Leiber. Sie lehnt den Krieg als zerstörerisches Männergeschäft ab (S. 12) und versteht sich als Garantin eines unverbrüchlichen Friedens, weil für sie der Frieden die notwendige Grundlage humanen Lebens ist. Die Lust der Männer am Kampf und am Töten macht es notwendig, daß Frauen sie leiten. Wenn ihre aggressiven Energien von den Frauen in die richtigen Bahnen geleitet werden, können sie »gut und nützlich« (S. 13) sein.

So sehr Klytämnestra vom Volk und vor allem von den ihr ergebenen »Büffelweibern« verehrt wird, so sehr hat sie sich mit Widerständen in der eigenen Familie auseinanderzusetzen. Ihr Sohn Orest beschäftigt sich mit Kriegsspielen und träumt von Kampf und Abenteuer, und die Tochter Elektra bewundert den abwesenden Vater gerade wegen seiner kriegerischen Fähigkeiten. Beide Kinder verstehen sich in erster Linie als Kinder des Vaters und lehnen das Leben der Mutter ab. Die Bemühungen von Klytämnestra, ihre Kinder zum Frieden zu erziehen, sind gescheitert (»O ew'ge Niederlage aller Mütter«, S. 11). Beide Kinder warten sehnsüchtig auf die Rückkehr des Vaters, während Klytämnestra der Rückkehr ihres Mannes mit eher gemischten Gefühlen entgegensieht. Sie hat sich in der Zwischenzeit ihr Leben ohne ihn eingerichtet. Ihr Geliebter Ägisth, ein weicher, kunstsinniger Mann, ist ein Gegentypus zu dem rauhen Agamemnon. Er ist kein Schwächling oder Knecht, wie Elektra der Mutter vorwirft, sondern ein Mann, der das gängige Männlichkeitsbild für sich ablehnt und dem Kult der Großen Mutter anhängt. In der zehnjährigen Abwesenheit von Agamemnon haben sich in Mykene matriarchale Zustände hergestellt: Klytämnestra ist die Göttin und Ägisth ihr Heros. Der Kult der Großen Mutter, der in den Wäldern von den »Mondbrüdern« gefeiert wird, wird von Ägisth angeführt. Im Bild der Großen Mutter wird Klytämnestra verehrt. Sie lehnt die Vergöttlichung der eigenen Person jedoch ab und verbietet dem Geliebten die Weiterführung der kultischen Handlungen, weil sie die Gewalt, die in ihnen ausagiert wird, ablehnt. Trotzdem fühlt sie sich der »Großen Mutter« zugehörig und bezieht aus dem Gebet zu ihr Kraft.

Die Rückkehr Agamemnons, von den Kindern stürmisch gefeiert, stürzt Klytämnestra in tiefe Konflikte. Agamemnon nähert sich in der Pose des Siegers, der auch seine Frau wie eine Festung erobern möchte. (S. 44) Ihre Gegenwart jedoch weckt in ihm Wünsche nach Ruhe und Vereinigung und verwandelt ihn vom Eroberer zum nachgiebigen und anschmiegsamen Liebhaber (»Geliebte, laß' mich selig bei Dir ruhen«, S. 48). Die Annäherung der Ehepartner ist aber nicht von Dauer. Agamemnon ist eifersüchtig auf Ägisth und macht Klytämnestra Vorwürfe, die diese aber mit der kurzen Frage »Warst Du mir treu?« (S. 51) zurückweist. Tatsächlich sind die Affären von Agamemnon Legion, und Klytämnestra beschämt ihn durch die Großzügigkeit, mit der sie über umlaufende Gerüchte hinweggeht. Sie fordert von Agamemnon eine Liebe ohne Eifersucht und Einschränkungen: »Die Liebe sollt' des Lebens Grenzen weiten / Und der Geliebten Sein in Freiheit achten« (S. 52). Zu einer solchen Liebe ist Agamemnon jedoch nicht fähig, immer wieder kommt er auf seinen Nebenbuhler zurück, während sich Klytämnestra sehr selbstbewußt und ohne Scham zu Ägisth bekennt. (S. 75)

Ebensowenig wie die Vergangenheit seiner Frau kann Agamemnon ihre neugewonnene Stärke ertragen. Er fühlt sich unterlegen und provoziert (»Ich fürchte fast, käm' es zum Kampf mit Dir, daß ich Dir unterläg'!«, S. 53). Herrisch verlangt er die Herrschergewalt zurück und macht dann, als er auf Widerstand stößt, den überraschenden Vorschlag, daß beide sich nur als Mann und Frau begegnen sollen: Klytämnestra soll den Richterstab weglegen, und er will dann im Gegenzug das Schwert weglegen. Auf diesen Vorschlag geht Klytämnestra – wenn auch zögernd – ein.

Das Hinzutreten Ägisths stört die mühsam errungene Übereinkunft. In Agamemnon erwachen wieder die alten aggressiven Gefühle. Die »weiche, freche Wollustfratze« von Ägisth (S. 64) stößt ihn ab, aber mehr noch die Lebensart, die er für unmännlich hält. Er wirft Ägisth Feigheit vor und verhöhnt ihn, weil er nicht am Krieg teilgenommen hat. Ägisth aber verteidigt sich, indem er Agamemnon angreift und ihm vorwirft, nicht nur die eigene Tochter Iphigenie, sondern eine Unzahl von unschuldigen Menschen dem Krieg aufgeopfert zu haben (»Dieser Krieg, der sich gewaltig ausnahm / Ist durch keinen blut'gen Zwang entschuldigt«, S. 65). Er spricht von der Lust, die die Griechen zum Kampf getrieben habe, und entheroisiert die Motive für den Krieg. Als Agamemnon, gereizt bis aufs Blut, Ägisth niederschlagen möchte und wieder nach dem eben abgelegten Schwert greifen will, verweigert ihm Klytämnestra das Schwert:

»Mein ist's, und ich geb's Dir nie zurück.
(...)
Noch herrsch' ich und wache voller Strenge,
Daß kein Mord Mykenes Eintracht stört.« (S. 67)

Wieder läßt sich Agamemnon einschüchtern. Er weicht zurück und kommt seiner Frau entgegen, indem er einen neuen Vorschlag macht, nämlich gemeinsam mit ihr zu herrschen (»Wir herrschen miteinander, Deine Weisheit / Und meine Kriegserfahrung stärkt das Volk / erst gnadenvoll zur allerhöchsten Einheit«, S. 68).

Aber wieder wird er schwankend in seinem Angebot, als Elektra seine Eifersucht erneut anstachelt. Die Offenheit, mit der sich Klytämnestra zu ihrer Beziehung mit Ägisth bekennt (»Ja, Aegisth – ich küßte ihn mit Inbrunst, / Ach, in seinen Armen blüht' ich auf«, S. 75), ist ihm unerträglich, weil daraus das Selbstbewußtsein einer Frau spricht, die sich ihrer Leidenschaft nicht schämt. Agamemnon merkt, daß Klytämnestra in einer »neuen, eignen Welt« lebt, die sie »selbst geformt« (S. 78) hat, und daß es eine gütliche Einigung zwischen ihnen nicht geben kann. Seine Konkurrenzgefühle werden durch Elektra noch verstärkt, als diese dem Vater sagt: »Herrscht Ihr gemeinsam, herrscht sie bald allein.« (S. 81) Sie unterstützt damit die bösen Ahnungen, die Agamemnon ohnehin schon quälen: »Sie übertölpelt mich mit List und Güte, / Führt gar noch in der Männer Schlacht das Heer, / Und ich darf Rinder züchten, Schafe weiden?!« (S. 81) Diese Amazonenvision zeigt deutlich, wie wenig Agamemnon von Klytämnestra verstanden hat, der es ja gerade nicht um die Übernahme der männlichen Rolle, sondern um die Sicherung des Friedens geht.

Agamemnon beschließt, seine Frau zu demütigen, indem er ihr einen öffentlichen Prozeß wegen Untreue machen lassen will, in der Hoffnung, daß sie danach »beschämt ... ins alte Ich« (S. 82) zurückkehren und sich ihm widerstandslos fügen werde. Mit dieser Entscheidung beschwört er aber seinen Untergang herauf. Als Klytämnestra von seinem Plan hört, ist sie völlig fassungslos und kann die Nachricht kaum glauben. Doch dann beschließt sie, Agamemnon mit Hilfe von Ägisth zu töten. Sie fordert von ihm den Dolch, um die Tat selbst auszuführen (»Gib den Dolch in meine eig'ne Hand! / Ich ersann's und ich vollend' es selbst«, S. 109). Schließlich vollführt Ägisth den Todesstoß, ohne freilich zu wissen, ob er den Stoß wirklich vollführt oder ob nicht vielmehr Klytämnestra seine Hand geführt hat.

Das Drama endet in Entsetzen. Ägisth ist unfähig, mit seiner Tat zu leben. Er stellt sich in den Schutz der Großen Mutter, als deren Werkzeug er sich fühlt, er verharrt regungslos im Schatten von Klytämnestra, die nach der Tat wie versteinert ist. Elektra erkennt in ihr die Mörderin des Vaters und schwört ewige Rache. Orest ist mit den Büffelweibern fortgezogen, um dereinst als Rächer des Vaters zurückzukehren. Mit dem Weggang der Büffelweiber hat Klytämnestra ihre wichtigste Stütze verloren. Sie steht allein, sie ist dem Haß und der Rache der Kinder ausgeliefert. Das Schicksal wird seinen Lauf nehmen. Sie selbst wird nicht mehr handelnd eingreifen können. Das Reich des Friedens, das sie für ein Jahrzehnt hat aufbauen können, ist unrettbar verloren.

So unbefriedigend wie das schnelle Happy-End von »Frau Emma kämpft im Hinterland«, so problematisch ist der langsame und quälende Kampf in der »Klytämnestra«. Das tödliche Ende und die Aussicht auf weiteres Morden hinterlassen nicht weniger Einwände als die halbherzige Harmonie in »Frau Emma«. Beide Ausgänge zeigen m. E., daß die Autorin eine Lösung für die von ihr dargestellten Probleme nicht gefunden hat. Klytämnestra ist – trotz weitgehender Sympathie der Autorin mit ihr – keine Figur, die die ungeteilte Identifikation auf sich ziehen kann. Durch den Mord an Agamemnon bricht sie das von ihr selbst geschaffene Gesetz des Friedens. Sie, die sich als Mutter und Liebende dem Leben verantwortlich fühlt, bringt den Tod. Sie bestätigt durch ihre Tat die Ängste ihres Mannes. Die Widersprüche, in die sich Klytämnestra verwickelt, sind ihr aber aufgezwungen, es ist Agamemnon, der durch sein aggressives Verhalten eine friedliche Lösung des Konflikts unmöglich macht, und es ist Elektra, die aus Eifersucht auf die Mutter und ihren Liebhaber den Konflikt schürt.

Die Utopie der starken, handelnden Frau, die Ilse Langner in ihren Texten entfaltet, wird durch das Ende der Tragödie nicht dementiert. Im Gegenteil: Die Friedensherrschaft Klytämnestras, ihr Zusammenhang mit der Großen Mutter einerseits und den Büffelweibern andererseits, das friedliche Zusammenleben zwischen Männern und Frauen in einer von Frauen bestimmten Gesellschaft, die Hoffnung auf eine nicht einschränkende Liebe zwischen den Geschlechtern bleibt als Utopie dem Stück eingeschrieben. Indem die Autorin diese Utopie an den Verhältnissen zugrunde gehen läßt, kritisiert sie die bestehenden Machtverhältnisse und ergreift Partei für die Frauen.

Dabei macht sie aber auch deutlich, wie stark die Frauen mit ihren eigenen Ambivalenzen in den patriarchalischen Herrschafts- und Zerstörungszusammenhang eingebunden sind und wie das Reich der Freiheit und des Friedens auch an der Uneinigkeit der Frauen untereinander und dem mißglückten Verhältnis zwischen den Generationen zuschanden geht. Daß die Autorin in ihren Stücken keine lebbaren Alternativen anzubieten hat, sehe ich nicht als Schwäche. Gerade in der Mischung zwischen Resignation, Realismus und Utopie berührt sich Ilse Langner mit Autorinnen der Moderne wie Bachmann und Wolf, die in ihren Werken ja auch sehr stark den Akzent auf die tödlichen Konsequenzen patriarchalischer Herrschaftsverhältnisse legen und die Rolle des Weiblichen neu zu bestimmen suchen.

Anmerkungen

1 Franz Lennartz: »Deutsche Dichter und Schriftsteller unserer Zeit.« 8. Auflage Stuttgart 1959.
2 Franz Lennartz: »Deutsche Dichter und Schriftsteller unserer Zeit.« 10. Auflage, Stuttgart 1969.
3 Ilse Langner: »Mein Thema und mein Echo. Darstellung und Würdigung.« Hrsg. von Ernst Johann. Darmstadt 1979, S. 10.
4 Da die Bibliotheken demungeachtet ihre Werke aber häufig unter dem Namen Ilse Siebert verzeichnen und den Namen von Ilse Langner z. T. wie ein Pseudonym der Verfasserin behandeln, ist es etwas verwirrend, sich eine Übersicht über die Bestände zu verschaffen.
5 Ilse Langner: »Frau Emma kämpft im Hinterland. Chronik in drei Akten.« Neudruck Darmstadt 1979.
6 Alfred Kerr, Zit. nach Ilse Langner: »Mein Thema und mein Echo«, S. 10.
7 Ebd.
8 Ebd.
9 Ihering, zit. nach Ilse Langner: »Mein Thema und mein Echo«, S. 12.
10 Pinthus, zit. nach Ilse Langner: »Mein Thema und mein Echo«, S. 13.
11 Kerr, zit. nach Ilse Langner: »Mein Thema und mein Echo«, S. 12.
12 Ebd.
13 Ebd.
14 Ilse Langner: »Mein Thema und mein Echo«, S. 13.
15 Ebd., S. 14.
16 Ebd., S. 17.
17 Ilse Langner: »Die purpurne Stadt. Peking-Roman.« Berlin 1937. Neudruck München und Wien 1983.
18 Ilse Langner: »Klytämnestra. Tragödie in drei Akten.« Hamburg 1947.
19 Ilse Langner: »Iphigenie kehrt heim. Eine dramatische Dichtung.« Berlin 1948.
20 Abgedruckt in: Ilse Langner: »Dramen« I. Hrsg. von Günter Schulz. Würzburg 1983.

21 Ebd.
22 Ilse Langner: »Die Zyklopen.« Hamburg 1960.
23 Vgl. Anm. 5, S. 92
24 Ingeborg Drewitz, zit. nach Ilse Langner: »Mein Thema und mein Echo«, S. 141.
25 Ebd., S. 142/3.
26 Ebd., S. 139/40.
27 Michaela Giesing: »Theater als verweigerter Raum. Dramatikerinnen der Jahrhundertwende im deutschsprachigen Raum.« In: »Frauen Literatur Geschichte. Schreibende Frauen vom Mittelalter bis zur Gegenwart.« Hrsg. von Hiltrud Gnüg und Renate Möhrmann. Stuttgart 1985, S. 240–259.
28 Heike Klapdor-Kops: »Dramatikerinnen auf deutschen Bühnen.« In: »Theaterzeitschrift« 9 (1984), S. 57–77.Dort wird auch auf Ilse Langner hingewiesen.
29 Zit. bei Giesing, S. 243.
30 Deutsche Akademie für Sprache und Dichtung, Darmstadt, Jahrbuch 1957, S. 65 und 66.
31 Ebd., S. 68.
32 Ebd., S. 69.
33 Ebd., S. 69/70. Vgl. zu Ricarda Huch auch Inge Stephan: »Ricarda Huch.« In: »Frauen. Porträts aus zwei Jahrhunderten.« Hrsg. von Hans Jürgen Schultz. Stuttgart 1981, S. 198–211.
34 Die nachfolgenden Zitate aus »Frau Emma kämpft im Hinterland« und der »Klytämnestra« werden aus dem Neudruck (Anm. 5) bzw. aus der Erstausgabe (Anm. 18) fortlaufend im Text nachgewiesen.

Nachtrag: Der Beitrag wurde 1983 konzipiert und 1985 für den Druck fertiggestellt. Am 17. Januar 1987 ist Ilse Langner in Darmstadt gestorben.

Johanna Moosdorf (Foto: Hanns Thomä-Venske)

REGULA VENSKE

Schriftstellerin gegen das Vergessen: Johanna Moosdorf

Für Hanns Thomä-Venske
mit Dank

1.

»Ich aber liege allein / im Eisverhau voller Wunden« (Ingeborg Bachmann): Schreibende Frauen sind zu Lebzeiten einer doppelten Einsamkeit ausgesetzt: als Schreibende, als Frau. Ein Jahrzehnt nach dem Tod der Autorin widerfährt dem Œuvre der Bachmann eine literarische Renaissance.

»Wart meinen Tod ab und dann hör mich wieder...«[1]

Johanna Moosdorf, Lyrikerin und Romanautorin auch sie, ist weitgehend unbekannt. Buchhändler und Antiquare in Hamburg und Berlin kennen weder Namen noch Werk, obwohl das »Verzeichnis lieferbarer Bücher« (VLB) zwei Gedichtbände von ihr aufführt.[2] Angesichts der verbreiteten Ignoranz gegenüber ihrem Werk – auch bei ›frauenbewegten‹ Leserinnen und feministischen Literaturwissenschaftlerinnen –, angesichts dieses Totschweigens gegenüber einer noch lebenden Autorin gilt es, eine Forderung zu wiederholen:

»Überhaupt wäre es an der Zeit, nicht nur das Vergessen in seiner Methodik, sondern die Wahrnehmung der Frauen selbst im Kulturbetrieb, vermittelt durch die Tageskritik, zu untersuchen.«[3]

So Ursula Krechel 1979 in ihrer Annäherung an das ›Vorbild‹ Irmgard Keun. Krechels »Frage nach der Funktion des patriarchalischen Gedächtnisses«[4], eines Gedächtnisses, das auf dem Verdrängen und Vergessen weiblicher Kulturleistungen beruht, führt uns, ob wir dabei an Irmgard Keun denken, an Rose Ausländer oder Johanna Moosdorf, zu schmerzlichen Erkenntnissen. Die mangelnde Rezeption dieser Autorinnen zu ihren Lebzeiten, auch und gerade in der Frauenöffentlichkeit, läßt auf eine perverse Struktur im Leserinneninteresse schließen. Der Suche nach den ›vergessenen Autorinnen‹ scheint eine Vorbild/Opfer-Dialektik eingeschrieben zu sein, nach der es erforderlich ist, daß eine Autorin bereits ›tot‹ ist – verstummt, vergessen, zum Opfer geworden –, damit sie der Erinnerung würdig werde. So hat die Frauenbewegung auf der Suche nach Vorbild-Opfern teil am Funktionieren des patriarchalischen Gedächtnisses. Übertragen gilt auch für sie Hilde Domins Feststellung über den im Literaturbetrieb verübten Kritikmord:

»Der Kritikmord aber ist ein Mord, der nur selten gerächt wird (...). Ausgegraben wird das Opfer gewöhnlich sehr viel später, falls überhaupt.«[5]

Die Rollen sind verteilt: Autorinnen als Opfer –

»Für jede einzelne von ihnen, deren Spur versickert, wird eine glaubwürdige, ganz individuelle, unverwechselbare Todesursache ausgeheckt.«[6]

Und die Literaturwissenschaftlerinnen gefallen sich als Klageweiber.

2.

»Frauenklage« – so sind zwei zeitlich auseinanderliegende Gedichte Johanna Moosdorfs betitelt. Das erste, 1947 im Ost-Berliner Dietz Verlag veröffentlicht, hat noch einen heute etwas kitschig anmutenden Gestus der Innerlichkeit:

»Wir sind die Schweigenden. Ach, eure Worte
Wie Vogelschwärme in der Einsamkeit,
Umschwirren lärmend die verschlossene Pforte
Zu unsres Daseins stiller Wesenheit.

Wir sind die Schweigenden. Wer will ermessen,
Was die verschuldet, die das Schweigen brach...«[7]

Demgegenüber zeigt das spätere Gedicht aus den 60er Jahren[8] die literarische Entwicklung der Autorin. Aus der Frauenklage ist eine Anklage geworden, aus der Frage eine Feststellung und Empörung:

»Wo finde ich, hängend
im Strahlengitter fremder Träume
einen Boden für meine Füße
wie will ich, meiner Vergangenheiten
beraubt, Zukunft denken, wie
geduckt ins Zwielicht
feindlicher Gestirne
der Erde wieder vertraun

Ich beuge Nacken und Knie
unter das Gesetz der Widder, lebe
behütet oder ausgesetzt
in geborgter Haut
Kathedrale Katheder Schlachtfeld
Hirn und Tod

In kalter Weltnacht
irrlichtert mein Gebet
vor verbotenen Altären
meine Klage geistert
um der Toten weißes Gebein«

Johanna Moosdorfs Texte zeugen von Bewegung: sie sind gegen das herrschende Vergessen angeschrieben, auf der Seite der Unterdrückten, der Gedemütigten. Johanna Moosdorf spricht im Namen der Opfer, der zum Schweigen Verurteilten, jedoch nicht: als Opfer. Ihr Schreiben ist eine Beschäftigung mit dem Leben, darin: in ihrer Lebendigkeit, ist ihr Vorbildcharakter zu sehen, darin liegt auch der Anlaß zu dieser Annäherung an die Autorin.

3.

Johanna Moosdorf wurde am 12. Juli 1911 in Leipzig geboren.[9] 1932 heiratete sie Paul Bernstein, der als freiberuflicher Autor und Dozent bei Gewerkschafts- und Volkshochschulseminaren u. ä. tätig war. 1933 sollte ein erster Lyrikband von ihr im Dreisäulenverlag erscheinen, jedoch wagte der von ihr als avantgardistisch bezeichnete Verlag nach der Machtübernahme durch die Nationalsozialisten die Herausgabe nicht mehr; ihr Mann war Jude, Johanna Moosdorf war nicht Mitglied in der Reichsschrifttumskammer. Trotz der Repressalien in der folgenden Zeit – Berufsverbot für Paul Bernstein, illegale Arbeit, ein Leben in Unsicherheit – dachten sie zunächst nicht an Emigration. Für den Politologen Paul Bernstein bot die Nazizeit ein interessantes Studienobjekt, an eine direkte persönliche Gefahr für sich dachte er nicht. Als er schließlich zur Emigration bereit war, war es bereits zu spät, der Krieg war ausgebrochen. Bernstein wurde 1943 verhaftet und 1944 in Auschwitz ermordet. Johanna Moosdorf stand allein mit ihren beiden 1935 und 1937 geborenen Kindern, Barbara und Thomas. Sie floh in die Tschechoslowakei und kehrte kurz vor Kriegsende nach Leipzig zurück. Nach Kriegsende war sie längere Zeit krank.

Ihrem Neubeginn als Schriftstellerin war zunächst durchaus Erfolg beschieden, gehörte sie doch zu den jungen Autoren, die nicht nur vom Schreiben redeten, sondern bereits einiges »in der Schublade liegen hatten« – sie hatte ja bereits seit Jahren geschrieben. Die Deutschen waren auch kulturell ausgehungert. Bei einer ihrer Lesungen standen die Zuhörer noch scharenweise auf der Straße, so erzählt Moosdorf, während der Vortragsraum längst überfüllt war. Ihr wurde die Chefredaktion der literarischen Zeitschrift »März« (Leipzig) angetragen. Begeistert sagte sie zu, jedoch kam es schon bald zu politischen Differenzen über inhaltliche und konzeptionelle Fragen des Blattes, das nach vier Heften von der Sowjetischen Militärbehörde wegen »kosmopolitischer und westlerischer Tendenzen« verboten wurde. Im Januar 1950 übersiedelte Moosdorf nach West-Berlin. Obwohl sie in der DDR als politisch unzuverlässig gegolten hatte, erhielt sie noch einen Preis des Leipziger Kunstamtes – Indiz für die damals heterogenen Strömungen in der DDR. Moosdorf erfuhr von dem Preis, bei dem es sich vermutlich um den ›Literaturpreis der Stadt Leipzig‹ handelte, aus Berliner Zeitungen; da sie bereits im Westen war, konnte sie ihn nicht mehr entgegennehmen.

In der BRD folgten weitere Auszeichnungen, so zwei Förderpreise von Thomas Mann 1950 und Carl Zuckmayer 1952, bis hin zum Nelly-Sachs-Preis 1962. Gegen diese Preisverleihung des Kulturpreises der Stadt Dortmund hatte nun wiederum die CDU, allerdings vergeblich, zu intrigieren versucht. So ist Johanna Moosdorfs Arbeit permanent von Konflikten und einem gewissen Außenseitertum begleitet gewesen, da sie sich nach keiner Seite hin angepaßt oder aufgegeben hat. Davon zeugt die Veröffentlichungsgeschichte ihrer Werke ebenso wie die Geschichte der Texte, die erst gar nicht zur Veröffentlichung gelangten. Z. B. konnte sie ihre beiden Erzählungen »Revolvergeschichte« und »Sabotage«, in denen es um den Wiederaufbau in der DDR geht, dort mangels Linientreue nicht veröffentlichen; in der BRD fanden die Geschichten kein Interesse. Sie arbeitete sie schließlich in den Roman »Der Himmel brennt« ein, der den Aufstand vom 17. Juni 1953 zum Thema hat.[10] Der Roman war im Westen, nicht zuletzt aus politischen Gründen, relativ erfolgreich; Johanna Moosdorf distanziert sich heute, auch aus literarischen Gründen, davon: Es war falsch, die eigenständigen, für sich stehenden Erzählungen in das größere Romanprojekt aufzulösen. An dem kleinen Beispiel läßt sich zweierlei zeigen. Erstens: Johanna Moosdorfs Verhältnis zu ihren eigenen Texten ist von Veränderung, Entwicklung, auch selbstkritischer Reflexion getragen. Zweitens: Vorwürfe wie die ihres Verlegers Unseld, der in einem Brief an sie bedauerte, sie beharre ›immer auf demselben Thema‹, nehmen weder diese Veränderungen noch die Aktualität ihres Schreibens zur Kenntnis. Mit ›immer demselben Thema‹ war die Auseinandersetzung mit dem Faschismus gemeint, eine Trauerarbeit auch über die Unfähigkeit der Deutschen zu trauern, die Johanna Moosdorfs Werk entscheidend geprägt hat.

Drei großen Themenkreisen ist ihr Werk gewidmet: der Auseinandersetzung mit dem Faschismus und der Kontinuität des Faschismus in der Bundesrepublik; der Position und Perspektive der Frau – diese beiden Themenbereiche werden zunehmend auch inhaltlich miteinander verwoben, sie sind »mehr oder weniger zwangsläufig aus existentiellen Gründen die meinen geworden«[11]. Daneben hat der Bereich des Dämonisch-Magischen, wie es in ihren Romanen »Flucht nach Afrika« (1952), »Die Nachtigallen schlagen im Schnee« (1953) sowie in einigen Passagen aus »Nebenan« (1961), dem Hexenritt-Kapitel aus »Die Freundinnen« (1977) und manchen Gedichten zum Ausdruck gelangt, die Autorin fasziniert und zum Schreiben angeregt.

Ich beschränke mich im Rahmen dieses Porträts auf den Problembereich des Geschlechterverhältnisses, wobei ich mich in erster Linie auf drei Romane, »Nebenan«, »Die Andermanns« (1969) und »Die Freundinnen« konzentrieren werde.[12]

4.

In dem bereits zitierten Gedicht »Frauenklage« aus den 60er Jahren heißt es am Schluß »meine Klage geistert / um der Toten weißes Gebein«. Die sprechende Frau klagt also nicht nur für sich, sondern auch für andere, sie spricht als Klageweib. Dieses Motiv zieht sich durch Moosdorfs gesamtes Werk. In der Frau als Hüterin der Trauer, ja als Hüterin der Erinnerung überhaupt verkörpern sich privates und kollektives Gedächtnis in einem. So heißt es z. B. in dem frühen »Requiem« für Paul Bernstein:

»Ich ruf euch alle, Mütter, Schwestern, Fraun,
An des Geliebten unbekanntem Grabe
Zu weinen und zu schreien, daß die Himmel
Erdröhnen von der Klage Sturmgewalt!«[13]

Im Mittelpunkt des Romans »Nebenan«[14] steht Dorothea Laurens, verheiratete Brockendorf, »ein sprödes empfindliches, menschenfeindliches Geschöpf«, deren »Klageweibstimme« ihr Ehemann als »ehrloses«, »vaterlandsverräterisches Geplärr« in Erinnerung behalten hat.[15] Dr. Alexander Brockendorf hatte als SS-Arzt im Konzentrationslager medizinische Versuche an Menschen durchgeführt. Als Dorothea ihm mit Fragen und Vorwürfen unbequem wurde, hatte er sie in eine Irrenanstalt einweisen lassen, in der Berechnung, sie, die Mitwisserin, werde dem nationalsozialistischen Euthanasieprogramm zum Opfer fallen. Sie hat jedoch überlebt und fristet ein kärgliches Dasein bei Verwandten. Ihre ›Verrücktheit‹ besteht darin, daß sie jede Verbindung mit der Vergangenheit leugnet, so auch ihre Ehe mit Brockendorf. Dieser hat nach dem Krieg unter dem falschen Namen Stefan Jensen als Industrieller reüssiert. In der Romangegenwart, 1958, holt die verdrängte Vergangenheit die Menschen jedoch wieder ein. Jensens wahre Identität wird von den ihn umgebenden Personen, die zum Teil in völliger Ahnungslosigkeit agieren (seiner dritten Ehefrau Lena, seinem Sohn Robert, einem Angestellten seiner Firma), nach und nach entlarvt; er wird bewußt aufgespürt und gestellt von einem früheren Rivalen, Eduard Straup, und dessen Onkel Dr. Friedrich Rapitz. Rapitz, ebenfalls Arzt, wird von seinem früheren Patienten Lachmann aufgesucht, dessen 15jähriger Sohn im KZ den medizinischen Versuchen Brockendorfs zum Opfer gefallen ist. Da Lachmann bei der (zunächst heimlichen) Konfrontation mit seinem ehemaligen Peiniger und Mörder seines Sohnes zusammengebrochen und daraufhin gestorben ist, suchen Straup und Rapitz Dorothea auf, um sie als Zeugin zu gewinnen. Während sie anfangs jegliche Verbindung mit dem Namen Brockendorf abstreitet, erkennt sie am Ende des Romans die Tatsachen an, sie wird Brockendorf identifizieren helfen. Dieser setzt sich jedoch, um der drohenden Verhaftung zu entgehen, noch rechtzeitig ins Ausland ab.

»Nebenan« wurde nach Erscheinen von Jürgen Manthey in stark polemischer Weise verrissen.[16] Wenn ich auch sein Gesamtverdikt keinesfalls teile, stimme ich doch in einem Punkt seiner Kritik an der Konstruktion des Romans zu: Die Zufälle, aufgrund derer sich die Beziehungsnetze zwischen den einzelnen Personen verdichten, lassen die Handlung als zu konstruiert und teilweise unglaubwürdig erscheinen. Dieses formalästhetische Versagen liegt m. E. in der doppelten Problematik des Romans begründet: der Auseinandersetzung mit der deutschen Vergangenheit einerseits und der Problemperspektive der Frau in der bürgerlichen Ehe. Beide Problemkreise existieren nebeneinander. Sie werden in der Person Dorotheas zwar integriert, da diese aber in der Passivität ihrer Schattenexistenz lebt, bleiben die Zufälle, denen sie begegnet, eher äußerlich. Dies steht in einem Gegensatz zu den auf der anderen Seite gerade sehr überzeugenden inneren Monologen der beteiligten Personen, aus denen sich in der Lektüre die Handlung erst erschließt.

Die aktuelle Rezeption des Romans bezog sich vor allem auf den Problemkreis ›Faschismus‹. In der Absicht, den Roman von der »Konjunktur der Eichmann-Bücher, der Abrechnungen mit Mordbeamten und Mordmaschinen« abzugrenzen, wies der Suhrkamp-Verlag auf dem ›Waschzettel‹ darauf hin, daß Moosdorf seit Jahren an dem Roman gearbeitet hatte.[17] Jedoch hatten die Rezensenten offensichtlich Schwierigkeiten mit der Tatsache, daß der Roman größtenteils aus der Sicht einer Frau, einer ›geistesgestörten‹ zumal, erzählt wird. Wie wenig aktuell dieses zweite Thema war, zeigt sich womöglich gerade daran, daß es in den Rezensionen unberücksichtigt bleibt. Dorothea, die Protagonistin, ist in der Sicht ihrer Umwelt ›verrückt‹, d. h., sie ist aus dem herrschenden Normalitätskonsens ausgeschlossen. Sie produziert den Ausschluß aber auch selbst, da sie den Konsens über die ›Realität‹ verweigert. Ihr ›Wahnsinn‹, die Trauer, die sie trägt, bedeutet eine doppelte Sicht auf die Wirklichkeit. So leugnet sie zwar einerseits hartnäckig ihre frühere Identität als Ehefrau Brockendorfs, und es hat den Anschein, als verdränge sie die Vergangenheit. Gleichzeitig ist jedoch gerade sie es, die der Vergangenheit die Treue bewahrt. Sie schreibt sich selbst Liebesbriefe unter dem Namen eines Geliebten, der sich, um nicht selbst schuldig zu werden, während des Nationalsozialismus das Leben nahm. Ihre Gedanken kreisen ständig um das entsetzliche Geschehen. Dabei ist ihre Wahrnehmung der Wirklichkeit durchaus scharf und erbarmungslos.

»Ich bin Dorothea Brockendorf, die ich war, die ich sein werde –, ach, denke ich ernüchtert, es war nur der Mann. Es war die Sitte. Der Mann nimmt dich und er nimmt auch deinen Namen, der ein Teil deines Selbst ist, und er gibt dir den seinen dafür, der ein Teil seines Selbst ist und den du schlucken mußt wie einen schlechten Happen –. Ein Fleisch. Mitgefangen mitgehangen. Und wenn du störrisch und widerspenstig bist, wirst du leiden, aber wenn du demütig und sanft bist, wirst du auch leiden, du kannst nicht entrinnen.«[18]

Gleichzeitig schafft der ›Wahnsinn‹ auch Zustände der Entgrenzung, die utopische Momente enthalten.

»... bebte ich nicht nur in Furcht vor der Kraft, die mich überwältigte, sondern auch in der wunderbarsten, nie enttäuschten Glückserwartung. Bilder, Farben, Gesichte umgaben mich, rasche, gewöhnlichen Gehirnvorgängen nicht vergleichbare Gedanken, ganze Reihen glasklarer Gedankenfolgen durchflogen wie eine Schar schillernder Vögel den geweiteten Raum meines Kopfes. Fluten farbigen Lichtes, Büschel breit wehender Lichtbänder, Kaskaden feurig leuchtender, gegeneinanderstürzender Flächen, singende Farben, die ich in keiner Bindung an eine Form mehr sah (...). Mein Glück, mein Schauder, mein Entsetzen, meine Furcht sind nicht mitteilbar; ich bin von einer fremden Kraft besessen, die keinen Namen hat. Ach, denke ich plötzlich wach und schlaff, die Wahrheit ist einfach und häßlich; sie bedarf nicht so vieler Worte.

Ich beuge meinen Nacken unter dem Hieb aus dem Dunkel vor mir...«[19]

Dorotheas Wahnsinn ist ambivalent. Geht er einerseits einher mit einer Verschärfung ihrer Wahrnehmung, so bietet er doch auch einen Schutz vor der Wirklichkeit. Im Versuch zu ›entrinnen‹ produziert die Frau eine innere Taubheit und Blindheit.[20] Über ihre Heilung heißt es am Schluß:

»Wer aber zwang mich, selbst mit diesen fremden Augen auf mich zu blicken? Das andere Auge, tief drinnen, erblindete, und für dieses Erblinden gab es keinen Arzt. Das andere Ohr wurde taub. Der andere Tastsinn, der andere Geschmack, weg, tot. Das Spiel ist aus. Der Nebel, den ich um mich gebraut habe, ist zerrissen. Vögel nisten auf dem schmalen Grabhügel in der fernen Stadt.«

»Was will ich denn? Die Toten sind gestorben. Mein Toter – gestorben. Mausetot, sagte Günter Beckermann. Ich gehe festen Blicks durch den kalten Tag. Rückfallgefahr besteht nicht.«[21]

Die ›Heilung‹ Dorotheas ist nicht nur als Anerkenntnis ihrer Vergangenheit und ihrer Verantwortung zu verstehen. Sie besteht auch in einer Anpassung an den herrschenden Vernunftkonsens. Die Trauer, der sie im Wahnsinn hingegeben war, wird nun verdrängt. Mit der Ernüchterung – »Die Toten sind gestorben« – werden die Toten noch einmal getötet.

Im Text ist ein Moment der Trauer über die Heilung der Protagonistin enthalten, deren Wahnsinn auch eine Kritik der Alltagswirklichkeit mit ihren »öden Tatsachen, auf denen die

Leute sitzen und dich triumphierend anglotzen«[22], implizierte; er war insofern eine spezifische Form der Trauerarbeit. Johanna Moosdorf äußerte sich darüber im Gespräch dahingehend, daß solch psychopathische Zustände sie mehr interessiert hätten als das Heile, das angepaßt sei, da sie ermöglichten, daß etwas Kreatives entstünde.[23] Der Roman verweist hier auf eine *andere* Wahrheit, auf die Vernunft dessen, was im herrschenden Vernunftbegriff ausgegrenzt ist, auf die Moral der Erinnerung. Ähnlich heißt es im späteren Roman »Die Andermanns« aus der Perspektive Lucies, deren erster Mann, ein Jude, im KZ umgebracht wurde:

»Heute nacht bin ich nicht Werner Andermanns vernünftige Frau, heute nacht bin ich die Verrückte, die Rosen auf ein leeres Grab pflanzte, die Todsüchtige, das Klageweib...«[24]

Das Thema, daß die Vergangenheit nicht tot, ja daß sie nicht einmal vergangen sei, zieht sich wie ein roter Faden durch Moosdorfs gesamtes Werk.[25] »... für Irina geschieht Vergangenes noch immer, oder es existiert nicht.«[26] Wenn es in erster Linie die Frauen sind, die der Vergangenheit die Treue bewahren und sie gegenwärtig sein lassen, so korrespondiert damit ein Frauenbild, das die Frauen von der Zeit, d. h. auch ihrem Lebensüberdruß, Ekel, ihrer Schuld, ›unberührt‹ läßt. Bereits in »Flucht nach Afrika« heißt es über die zentrale Frauenfigur Suzanne Lebrun, daß sie durch ihr wüstes Leben wie »unberührt, wie eingekapselt« hindurchgegangen sei.[27] Als »unberührt« wird auch Dorothea bezeichnet[28], der Wahnsinn hat an ihr keine Spuren hinterlassen, im Gegenteil. In der Begegnung mit einem Mann empfindet sie sich als »jung und unversehrt, eine Frau von dreißig Jahren, die noch nicht viel erlebt hat, ein unbeschriebenes Blatt«.[29]

Auch das Motiv der Frau als Hüterin der Erinnerung und der Trauer ist also doppeldeutig: Es entspricht einem Klischee, enthält andererseits aber auch eine spezifisch weibliche Kritik an der Arbeitsteilung der Geschlechter in bezug auf das Gedächtnisvermögen: »Many women writers feel that women remember what men choose to forget.«[30]

Im Gespräch äußerte sich Johanna Moosdorf über die von

ihr heute selbst empfundene »Konventionalität« der Frauenbilder in ihren frühen Romanen:

»Das fing an nach '45, da wollte ich eine Geschichte bei Rowohlt herausbringen, und da galt ich so als Blaustrumpf. Es war ja so, daß nach den 20er Jahren die ganze Emanzipationsbewegung zerstört worden war, und eine Frau, die schreibt, und dann hat sie auch noch eigene Gedanken – das war ja fürchterlich!

Es war eben unmöglich, eine handelnde Frau, eine Frau als Subjekt darzustellen. Man mußte eine männliche Person nehmen. Die männlichen Hauptfiguren in ›Nachtigallen schlagen im Schnee‹ und dann auch in ›Flucht nach Afrika‹, das bin im Grunde ich selbst. Mit denen identifiziere ich mich. In beiden Büchern sind die Frauen passiv und die Männer aktiv, nicht, weil ich dachte, die sind so, sondern weil es mir sonst nicht abgenommen worden wäre. Da habe ich meine eigenen aktiven Teile auf den Mann projiziert. Das habe ich nicht bewußt gemacht, das ist mir erst später aufgefallen beim Lesen. Daß die Ichform ein Mann ist, das war eine verinnerlichte Anpassung. Bei ›Andermanns‹ ist das dann schon anders. – Ich würde meine Entwicklung aber nicht so sehr als Veränderung verstehen, sondern ich habe einfach mehr Mut gehabt. Vorher konnte man sich nicht so äußern.«[31].

Die Autorin gibt hiermit eine Lektüreanleitung für ihre Romane. Keinesfalls können die Frauen- und Männerbilder als eindeutige oder einseitige Festschreibungen der Geschlechterdifferenzen verstanden werden. Diese sind gesellschaftlich produziert, sie sind jedoch im Verständnis Moosdorfs dem Menschen nicht wesentlich.[32] Die Grenzen zwischen den Geschlechtern in den dargestellten Romancharakteren verschwimmen, wenn wir davon ausgehen müssen, daß auch männliche Figuren weibliche Eigenschaften und Anteile verkörpern und zur Funktion eines weiblichen Selbstbewußtseins werden. Wenn ich dennoch im folgenden von der Männlichkeits- und Zivilisationskritik bei Johanna Moosdorf spreche, so verkennt dies nicht, daß sie letztlich von einem ganzheitlichen Begriff des Menschen ausgeht, dessen Würde und Moral gerade auch im Transzendieren der Geschlechtsstereotypen liegt: »aber es muß *Menschen* wie mich geben, die schlägt Gott mit Zähigkeit...«[33]

5.

Bereits in »Nebenan« klingt eine Kritik an (historischer, deutscher) Männlichkeit an, wie sie in Moosdorfs Schreiben insgesamt zunehmend an Bedeutung gewinnt. Sie wird allerdings in diesem Text in der Perspektive einzelner Romancharaktere versteckt und relativiert. So heißt es zum Beispiel von der »Männerverachtung« oder »Furcht« vor Männern der Sekretärin Brockendorfs alias Jensen, sie habe »einen Eindruck von ihm gewonnen, als wäre er eine Sagengestalt, ein vorweltliches Mann-Ungeheuer, getarnt mit einer Maske der Zivilisation«.[34] Oder aus der Sicht einer männlichen Romanfigur:

»Wir lebten in einer großen Zeit, einer gewaltigen und gewalttätigen Zeit, täglich schlugen historische Stunden, und Onkel Fritz fing an, mit anzüglichem Augengezwinker seine Theorie von der nicht endenden Pubertät des Mannes im zwanzigsten Jahrhundert zu formulieren. Nicht in jedem Falle sei die Erscheinung eine vorwiegend geistige, meist handele es sich um eine Art pathologische Labilität des Trieblebens, eine emotionale Inferiorität...«[35]

Zwar wird die Kritik, von der sich die Autorstimme in der Erzählperspektive distanziert, auf der Ebene des Textes durchaus bestätigt: tatsächlich siegt ja Dorotheas Moral über Brockendorfs Machtstreben.[36] Doch ist dieses Verfahren der Relativierung, teils auch Ironisierung der Kritik typisch für Johanna Moosdorfs undogmatische – humane – Haltung überhaupt.

Der Roman »Die Andermanns« ist in gewissem Sinne eine Fortsetzung zu »Nebenan« aus der Perspektive des Sohnes eines Faschisten. Der Student Justus, dessen größtes Problem die Auseinandersetzung mit der nationalsozialistischen Vergangenheit seines Vaters ist – insofern ist Moosdorfs Roman ein Vorläufer zu den, dann allerdings autobiographisch motivierten Vaterbüchern der späten 70er Jahre –, lebt als Untermieter im Hause der mit ihm entfernt verwandten Andermanns. Das Schicksal dieser Familie wird in Form innerer Monologe ihrer einzelnen Mitglieder entfaltet. Justus verliebt sich in Vera, die Kunststudentin; ihre Liebe ist durch den Konflikt geprägt, daß er der Sohn eines SS-Mörders, sie aber Halbjüdin ist, deren Vater im KZ ermordet wurde. Veras Mutter Lucie ist mit Werner Andermann verheiratet; er, der sie liebte, hat sie geheiratet, als sie schwanger war, um ihr einen Schutz vor dem Verdikt der ›Rassenschande‹ zu gewähren. Werner ist damit beschäftigt, die Geschichte des früheren Dienstmädchens Gertrud aufzuschreiben, die einen Deserteur der amerikanischen Besatzungsarmee in Berlin bei sich versteckte. Der schwarze GI Jerry war geflohen, um nicht einen Rachemord an einem seiner weißen Vorgesetzten zu begehen, der in seiner amerikanischen Heimatstadt seine schwarze Freundin vergewaltigt hatte und damit indirekt zu ihrem Mörder geworden war; sie starb an den Folgen einer durch die brutale Vergewaltigung ausgelösten Fehlgeburt. Aus der Verbindung Gertruds mit Jerry ist Simon hervorgegangen, der als Adoptivkind im Andermann-Haus aufgewachsen ist. Er ist Außenseiter aufgrund seiner Hautfarbe, ein introvertierter Jugendlicher, der ebenfalls die Stiefschwester Vera liebt – beide verbindet der Widerstand gegen den ihnen entgegenschlagenden Rassismus der Umwelt.

Simon, Jerry, Lucies jüdischer Mann Bruno – sie zählen zu den Opfern der Geschichte, denen das Interesse und die Anteilnahme der Autorin gilt. Jerrys »Charme« und »Anmut« sind in den Augen der ihn liebenden Gertrud »Eigenschaften, die sie an Männern nicht gesucht hatte«.[37] Aber auch der grüblerische Justus, der so sehr an der Schuld seines Vaters leidet, oder Werner Andermann, der Vater zweier fremder Kinder geworden ist, ein Eigenbrötler, der aber durchaus nicht vor »Selbstmitleid und Zynismus« gefeit ist[38], sie sind in ihren Brüchen und Widersprüchen mit Sympathie gezeichnet.[39] Die Kritik an einer ›Männlichkeit‹, wie sie z. B. im deutschen Faschismus in Erscheinung trat[40], wird auf einer allgemeineren Ebene geführt. Dabei werden die einzelnen Motive – Auseinandersetzung mit dem Faschismus, Bild der Frau als Hüterin der Erinnerung, Patriarchatskritik – kunstvoll miteinander verknüpft. Eine atemberaubende Passage findet sich in dem Kapitel »Tränen und Teekuchen«, das aus der Perspektive der Großmutter Andermann dargestellt ist:

»-Mörderwelt. Ihr Blutdunst raubt mir den Atem. Männerwelt, Welt von Männern gemacht – für Männer und beherrscht von Männern. Gott ist ein Mann. Ein Juristen- und Bürokratenhirn, logisch, gewalttätig, brutal und kalt, stolz auf das Netzwerk seiner Gesetze, in dem jeder sich fängt. (...) Ich, alt und fremd, eine fette Katze, im Winkel lauernd, eine Spinne, den Tod umgarnend. Erst wenn sie alt werden, wenn das Kopfwackeln anfängt, merken die Frauen, daß sie Fremdlinge sind, Gott weiß woher stammend, von welchem Stern. Die Jungen sind mit Blindheit geschlagen, sind Närrinnen, Verrückte, kratzen ihre Habe zusammen, beten, hoffen und gebären, auf daß es weitergehe, weiter auch in diesem Jahrhundert, weiter nach dem ersten Krieg und nach dem zweiten, immer weiter mit Millionen und aber Millionen Toten, verblutet, zerfetzt, verhungert, erschlagen, gehenkt, zerbombt – weiter, weiter, wer noch lebte, kroch aus den Löchern, den Bunkern, Gräben, Kellern und U-Bahnschächten, schüttelte das Entsetzen ab und lebte weiter mit seinem unstillbaren Hunger nach Fraß, nach Liebe, nach Bestätigung, nach Besitz, nach Macht. Vielleicht graut euch, wie mir graut, aber es hilft nichts, weiter geht's, und auch wer die Augen offen hält wie Lucie, rennt blindlings weiter. Woher nur, aus welcher Quelle, allein wie sie war, woher nahm sie nur ihren Mut...«[41]

Die Kritik an der »Männerwelt« als »Mörderwelt« wird in Moosdorfs jüngstem Roman »Die Freundinnen« fortgeführt und in einen erweiterten historischen Erklärungsrahmen gestellt. Moosdorfs Entwicklung ist parallel zu sehen mit der Entwicklung feministischer Paradigmata, wie sie in der Literatur exemplarisch auch bei Christa Wolf zu beobachten ist. Die Kritik an der historischen Entwicklung von ›Männlichkeit‹ erfolgte zunächst im Zusammenhang mit dem Problem des Faschismus und des Zweiten Weltkrieges – die Gleichgültigkeit und Unfähigkeit der Männer zu lieben werden als Konsequenzen der jüngsten deutschen Geschichte begriffen. In einem weiteren Schritt werden diese Eigenschaften als Ausfluß bürgerlich-patriarchalischer Männlichkeit überhaupt verstanden: Die in ihrem Besitzdenken befangenen Männer sind aufgrund ihrer Bildproduktion in bezug auf ›Weiblichkeit‹ nicht in der Lage, die realen Frauen zu erkennen, geschweige denn zu lieben. Schließlich wird die Männlichkeitskritik als Zivilisationskritik im Kontext umfassender

Patriarchatsanalyse überhaupt geführt. In »Die Freundinnen« finden sich alle drei Ebenen miteinander verknüpft.

Die Ich-Erzählerin Stefanie ist von ihrem Mann Joachim geschieden; sie beurteilt ihn und ihren bei seinem Vater aufwachsenden Sohn als »norm- und klischeegerecht: die harten deutschen Männer«.[42] Stefanie hat eine Liebesbeziehung mit Irina, die mit Klemens Kroß, einem mittelmäßigen – durchschnittlichen – Geschäftsmann verheiratet ist. In seiner Selbstgefälligkeit kommt Kroß gar nicht auf die Idee zu fragen, welcher Art die Beziehung zwischen den beiden Frauen sein könnte, geschmeichelt verbucht er Stefanies Interesse an Irina als Liebeserklärung an sich selbst. Kroß ist unfähig, Irina zu ›erkennen‹[43]; desgleichen war auch Joachim nicht an Stefanie als Mensch, sondern nur an ihrer Rolle als seine Ehefrau interessiert.

»Den Menschen begehrte er nicht. Warum hätte er ihn begehren sollen? Der Mann ist sich selber Mensch genug. Die Frau soll anders sein, soll das Rätselwesen, das Zwischen- und Zwitterwesen sein, Lilith, Undine, Schlafzimmerphantom seiner Träume, heilig oder hurig, eine, die er anbeten, schmähen, erhöhen, unterwerfen und jederzeit von sich wegrücken kann.«[44]

Schon in »Nebenan« wurden Brockendorfs »Maske der Zivilisation«, seine »Seriosität«, sein Ordnungszwang konfrontiert mit Lenas Ungebändigtheit, ihren »Kindereien« – dieses allerdings ein Anderssein, das der auf »Würde« bedachte Mann durchaus nicht schätzte oder ersehnte.[45] Ähnlich heißt es in »Freundinnen«:

»›Sie war eine Wilde, und ich habe eine gehorsame kleine Frau aus ihr gemacht.‹«[46]

Der Roman enthält eine Kritik an der bürgerlich-männlichen Büro- und Geschäftswelt, die durch Entfremdung gekennzeichnet ist. Demgegenüber leben die Frauen, »und natürlich auch viele Männer, aber die Frauen gewiß« »noch in einer anderen Fremde«[47], einem »Niemandsland«[48]. Über die Fremde, in der die Frau in der Männerwelt lebt, heißt es in einem Gedicht Moosdorfs: »Verstummt versteint / *in ein Innen verschlossen* / wo ein fremdes Universum rauscht / Welt außerhalb der Welt Stimme / tief eingesargt in Dir«.[49] Umgekehrt ließe sich sagen, daß der Mann *in ein Außen verschlossen* ist: »Eigentum, Produktion, Ordnung, Form, Einheit, Sichtbarkeit... Erektion.«[50] Über dieses bürgerliche Außen: »Macht«, »Ordnung«, »Gesetz«[51] heißt es in einem anderen Gedicht Moosdorfs: »Sonstiges verblaßte / Aktie Kontobuch / Konjunktur und Kaste / Kreuz und Fahnentuch / Hat man nichts bedeutet / Mann Persönlichkeit / alles abgehäutet / Fleisch und Glanz und Kleid...«[52]

Über die historische deutsch/bürgerliche Männlichkeit hinaus wird die Kritik im »Freundinnen«-Roman auf einer mythologischen Ebene entwickelt. Die Zivilisations- und Patriarchatskritik ist besonders in der Figur der Lene Andras verkörpert, einer Freundin der Ich-Erzählerin, die an einem Buch über die Geschichte der Frauen arbeitet. Sie beschäftigt sich mit »Mythen, Legenden, alte(n) Texte(n) – alle(m), was das Dunkel der Anfänge ein wenig aufhelle«:

»und immer hat sie die Ahnung geplagt, etwas Wichtiges verberge sich darin, eine Erklärung unseres verkehrten Wesens, das ja einmal angefangen haben muß. Vielleicht sei unter dem Schutt der Jahrtausende noch eine Spur zu erkennen, die Wegkreuzung, von der aus der Mensch in die falsche Richtung gelaufen sei, in die Irre, in der er umkommen werde.«[53]

Über das ›verkehrte Wesen‹, also die Perversion des Mannes äußert sich Lene Andras folgendermaßen:

»›Die verstehen nur eins: Trennen. Auseinanderreißen. Töten, um zu erkennen. Es ist ja dann aber nur das Tote, das sie erkennen.‹«[54]

In Moosdorfs frühem Roman »Die Nachtigallen schlagen im Schnee« findet sich das Motiv, daß der Mann töten muß, um zu erkennen, bereits in einer Romanfigur als Männerbild ›realisiert‹. Ignaz Graupner, ein kleiner Handelsvertreter, der an Mathematik, an »Ordnung« und »Gesetz« interessiert ist[55], entwickelt dort seine Philosophie, die ihn schließlich einen Mord begehen läßt:

»Es ist eben so, daß man den Menschen, den man tötet, lieben muß (...). Denn erkennen kann man nur, was man liebt...«[56]

Während der von Graupner begangene (Lust-)Mord ihn als einen Geistesgestörten ausweist und in den Bereich des Moosdorf auch interessierenden Dunkel-Dämonischen gehört, können wir das Motiv des auf Trennung und Tötung beruhenden Erkennens in »Die Freundinnen« z. B. auch auf die von den Männern entworfenen Frauenbilder beziehen, in die die lebendigen Frauen abgetötet werden. »Bürohexe. Ehehure.«[57] Es sind die gespaltenen Frauenbilder, die von den realen Frauen entlarvt und zurückgewiesen werden müssen. In Moosdorfs Roman wird eine Auseinandersetzung geführt, wie sie im Kontext feministischer Literaturwissenschaft und Kulturkritik in den späten 70er Jahren theoretisch aufgearbeitet wurde.[58] Der Umgang mit den Frauenbildern, den Mythen und Legenden erfolgt bei ihr in einer ironischen Brechung, die immer auch die Funktion der Bilder für den Mann mitreflektiert. Zwar wird die Spur »unserer großen Göttin, der verlorenen Erd- und Menschenmutter« verfolgt und beschworen[59], gleichzeitig sind jedoch die ›realen‹ Frauengestalten im Roman gänzlich unmütterlich: Stefanie, die schuldig Geschiedene, hat das Sorgerecht für ihren Sohn Igor verwirkt, Lene Andras widmet sich ihrer eigentlichen, wissenschaftlichen Arbeit und hat ihr Kind bei Verwandten untergebracht, und Irina ist eine katzenhafte, unstete Frau, die Angst davor hat, daß ihr Mann ihr »ein Kind machen« wolle und sie dann »festgebunden« wäre.[60]

Jedoch beschränkt sich der Roman nicht nur auf Anklage und Kritik, sondern entwirft auch Utopien, besonders auf der mythologischen, aber auch auf der Alltagsebene.

6.

Der Kritik an ›Männlichkeit‹ allgemein und ihrer Konkretisierung in einzelnen Romancharakteren korrespondiert in »Freundinnen« ein utopischer Entwurf von Männlichkeit, der einige Motive vorwegnimmt, die in späteren Texten von Frauen eine Rolle spielen werden. Die Utopie vom ›Neuen Mann‹ verkörpert sich ein Stück weit in Stefanies Geliebtem Peter Hauk:

»Ein Mann, der auch eine Frau war, eine Art Fabelwesen, (...) ein Wunder, frei von Ehrgeiz, von der männlichen Kampfhahn- und Leithammel-Mentalität. Frönte keinem Macht- und Selbstwahn, wollte mich nicht beherrschen, nicht besitzen, nicht zu eigen und untertan machen.

›Wollte nicht töten‹, sagt Irina schroff.«[61]

Peter, der »Luftballonmann«[62], ist aber nicht nur der ideale Liebhaber. Gezeigt wird auch die Kehrseite seiner Unbürgerlichkeit, er ist »ein Schelm, ein Schnorrer und Schlemihl«[63], er ist unverbindlich, beutet Stefanie finanziell aus, betrügt sie schließlich mit Irina. Während an seinem Beispiel ein zunächst positives Männerbild als zwiespältig entlarvt wird, deutet das Romanende auf der anderen Seite die positive Entwicklung des zunächst eher unsympathisch entworfenen Kroß an. Im »Epilog mit Klemens Kroß« sehen wir ihn von einer »unbekannte(n) Erregung« ergriffen, einem »Verlangen nach Wahrheit«, einem »Verlangen aber auch nach einer anderen Weise, zu leben und zu lieben – nicht räuberisch«.[64]

Die Utopie vom ›Neuen Mann‹ zielt allgemein auf eine Feminisierung der Männer. Unter Bezug auf Rilke heißt es:

»›Die Frauen hätten viele Jahrhunderte lang die ganze Liebe geleistet (...). Die Männer hätten es ihnen schwergemacht mit ihrer Zerstreutheit, ihrer Nachlässigkeit und Eifersucht, – auch das sind, glaube ich, Rilkes Worte. Er forderte die Männer auf, ihren ANTEIL ARBEIT IN DER LIEBE endlich auf sich zu nehmen. Die Frauen hätten ihnen alle Mühsal der Liebe erspart, und so sei sie den Männern ›unter die Zerstreuungen geglitten‹ (...). Ich glaube, er war ein Mann, der auch Weibliches in sich hatte.‹

›Jeder hat auch Weibliches in sich‹, murmelte Ginsterberg.«[65]

Die hier der Ich-Erzählerin Stefanie in den Mund gelegte Ansicht entspricht der privaten der Autorin.

»Eine positive Männlichkeit ist eine weibliche. Das ist doch die einzige Rettung, die wir haben, daß die Männer weiblicher werden, wenn hier nicht das große Karacho geschehen soll.«[66]

Für die Romanfigur Klemens Kroß kommt die Einsicht in die Notwendigkeit seiner Veränderung »zu spät«, Irina hat ihn verlassen.[67] Seine Hoffnung wird auf die Zukunft verschoben, vorerst ist eine Trennung der beiden Geschlechter notwendig, damit jedes erst zu sich finde.[68] Die Entgrenzung durch Liebe ist in »Die Freundinnen« eine Utopie, die sich zunächst auf die Frauen untereinander bezieht. »›Die Frauen müssen einander wieder lieben lernen, eine die andere.‹«[69] Eine Ahnung dieser Utopie findet sich in der Liebesbeziehung zwischen Stefanie und Irina.

»Wir werden frei sein, ganz neu werden wir sein. Die Masken werden von uns abfallen. Unsere verborgene Schönheit wird hervorbrechen, unsere Kraft, die aus der Tiefe stammt...«[70]

Während das Einssein mit ihrem Mann für Stefanie das Aufgehen in ihm, seiner Identität, symbolisch in seinem Namen, bedeutete – die Selbstaufgabe als Frauenschicksal[71] –, begreift sie das Verschmelzen mit Irina gerade als eine Ich-Erweiterung: »daß ich mehr geworden bin durch sie, mich verdoppelt habe«.[72] Johanna Moosdorf fand in ihrem Roman einen literarischen Ausdruck für eine Bewegung, die in der feministischen Theoriebildung als »die sich selbst verdoppelnde Frau« proklamiert wurde. Vergleiche hierzu Elisabeth Lenk:

»Im neuen Verhältnis der Frau zu sich ist sie Viele. (...) Die Frau kann das neue Verhältnis zu sich nur über andere Frauen entwikkeln. Die Frau wird der Frau zum lebendigen Spiegel, in dem sie sich verliert und wiederfindet. Das so entstehende Verhältnis der Frau zu sich ist so neu, daß es noch nicht definiert werden kann.«[73]

Zwischen Stefanie und Irina besteht ein solches Spiegelverhältnis, das lebendig, nicht-statisch ist.

»Sie braucht meinen Blick, unter dem sie sich verwandeln, vermummen, entkleiden und entlarven, Masken ausprobieren und wieder ablegen und unversehens sie selbst sein kann, nackt, ohne Tarnung.«[74]

Es handelt sich um ein identifizierendes Erkennen – »*ich* habe mich verändert, bin drei Tage lang ich selber und Irina gewesen, ich und Irina, Irina und ich«[75] –, das auch die utopischen Möglichkeiten der anderen mitbegreift, der »andere(n) Irina, die sie auch ist und werden will«[76]. Dieses identifizierende Verfahren, in dem Subjekt und Objekt der Erkenntnis miteinander verschmelzen[77], ist dem männlich-analytischen entgegengesetzt, das gerade auf der Trennung zwischen Subjekt und Objekt, auf spaltender, tötender ›Verobjektivierung‹ beruht. Johanna Moosdorf äußerte sich hierzu:

»Das ›Töten, um zu erkennen‹ ist für mein Gefühl eines der entsetzlichsten Merk- und Schandmale unserer abendländisch-patriarchalen Kultur.«[78]

Über das ungeheuerliche Sakrileg, das in dem anderen, weiblich-utopischen Erkenntnisverfahren steckt, läßt sie ihre Romanfigur nachdenken:

»Was will ich denn? Ich versuche, mich auf läppische Weise zu beruhigen, als wäre mein Gefühl, beides zu sein, das Ich, das anschaut, ergreift, erkennt, und das Andere, das Angeschaute, Ergriffene, das Geliebte – als wäre es nichts Ungewöhnliches, wäre nicht eine unerschöpfliche Quelle des Leidens, verstoße nicht gegen die Denk-, Fühl- und Lebensgewohnheiten, die ich mit meinen ersten Atemzügen und Worten (...) gelernt habe.«[79]

Subjekt/Objekt-Spaltung versus –Verdoppelung, Schizophrenie versus Ver-rücktheit – »Das Zwillingsgeheimnis. Das Zweisein in Einem«[80], »Gefühl und Bewußtsein in einem, beides ist SIE, wollte werden...«[81] – Johanna Moosdorfs Roman enthält Fragestellungen, die im feministischen Diskurs zentral wurden, *Die sich selbst verdoppelnde Frau*, *Das Geschlecht, das nicht eins ist*. Eine Fülle von Motiven, denen sich später die feministische Forschung widmete, sind hier bereits eingearbeitet: Hexenverfolgungen, Nonnenmystik, die Poesie Sapphos[82], bis hin zur Suche nach einer vor-patriarchalen Frauenkultur, nach der »Weltgebärerin, der Mädchen-, Mond- und Muttergöttin«:

»Nach Jahrtausenden Vatergewalt, Joch und Zwietracht: DAS STERNBILD DER FREUNDINNEN.«[83]

Die utopische Projektion der Mythen und Legenden auf die Alltagsgegenwart wird in »Freundinnen« jedoch immer wieder durch die Alltagsebene selbst gebrochen. Sie wird zum Beispiel ironisiert in der Figur der Lene Andras, die über die Geschichte bzw. Vor-Geschichte der Frauen forscht, selber aber in ihrer skurrilen Junggesellinnen-Art das Gegenteil der ›großen Erdmutter‹ verkörpert. In Moosdorfs Roman werden die überkommenen Bilder in Bewegung gebracht, aber nicht festgeschrieben.

Obwohl »Die Freundinnen« kein avantgardistischer Text ist, war Johanna Moosdorf mit ihrem Roman der Zeit in mancherlei Hinsicht voraus. Bereits 1963 während eines Aufenthaltes in der Villa Massimo in Rom konzipiert, wurde die Arbeit daran in Berlin und Worpswede fortgeführt, mit langen Unterbrechungen, während derer »Die Andermanns« entstand. 1969/70 lehnte der Suhrkamp-Verlag eine erste Fassung des Romans ab, man habe schon so etwas Ähnliches von der Bachmann unter Vertrag.[84] 1973 wurde die Ablehnung der zweiten, endgültigen Fassung damit begründet, der Roman habe nicht die literarische Qualität von Djuna Barnes' »Nachtgewächs«, das für jedes Buch über lesbische Liebe *der* gültige Maßstab sei. In einem Antwortschreiben äußerte sich die Autorin über ihre Form der Darstellung:

»Ich habe die lesbische Liebe als etwas durchaus ›Normales‹, Mögliches darzustellen versucht, so gut und so schlecht, so tragisch und untragisch wie jede andere Liebe auch – keine schicksalhafte Verdammnis, nur ein Dilemma und zuweilen ein trauriges Los in der ungerechten Welt, in der wir leben. Das zwingt natürlich zu sprachlicher Zurückhaltung. Expressionistisches (...) ist mir hier nicht möglich.«[85]

Daß es sich auch bei der Veröffentlichung des Romans 1977 noch um ein Tabuthema handelte, obwohl lesbische Liebe durch die Frauenbewegung inzwischen eine Öffentlichkeit gefunden hatte[86], läßt sich an der Rezeption ablesen. Während Moosdorf gegenüber Unseld die nüchterne, nicht-expressive Art ihres Schreibens verteidigen mußte und im übrigen den Roman stark überarbeitet hatte, empfanden einige Rezensenten die Sprache des Buches als »hymnisch, zuweilen beinahe kitschig« oder forderten »ein wenig mehr Nüchternheit«[87]. Auffällig ist der defensive Charakter einiger Rezensionen, interessanterweise überwiegend der von Rezensentinnen verfaßten.[88] Ebenfalls auffällig ist der Versuch, die dargestellten Beziehungen nicht in ihrer Widersprüchlichkeit und Offenheit zu belassen, sondern definitorisch festzulegen und den bekannten Bildern zu subsumieren. »Sie lieben sich, sie sind lesbisch«, und das liegt natürlich am »Ekel vor dem Männlichen« und der »Reaktion auf verfehlte Männerbindungen«, wenn nicht gar am »spezifischen Egoismus« der dargestellten Frauen.[89] Die differenzierte Haltung der Autorin, die auch die widersprüchlichen und kritischen Aspekte der Frauenbeziehung nicht aussparte[90], entsprach andererseits aber auch nicht solchen Tendenzen in der Frauenbewegung, die Beziehungen unter Frauen von vornherein harmonistisch idealisieren wollten. Demgegenüber wollte Moosdorf »keine Idealisierung, die ja doch keiner Wirklichkeit entspricht. Gebrochen ist alles, es ist alles zwiespältig.«[91]

Gerade in der Darstellung und im Aushalten der Widersprüche und Ambivalenzen ist ihr Roman noch immer aktuell. In diesem »weibliche(n) Entwurf menschlichen Daseins«[92] geht es um die Aufhebung des hierarchischen Verhältnisses zwischen den Geschlechtern[93] und die Abschaffung von Herrschaft überhaupt:

»Eine Zeit der Frauen kann nicht wie die Zeit der Männer Ausschluß, Unterdrückung oder auch nur Einengung des anderen Geschlechts bedeuten. Dann fände ja nur ein Machtwechsel statt. An die Stelle der Männer träten die Frauen, und nichts wäre gewonnen. Nein, eine Zeit der Frauen muß eine Zeit der Menschen sein ...«[94]

7.

Es ist mir leider in diesem Rahmen nicht möglich, näher auf die Bedeutung der Sprache einzugehen, jene andere, für Moosdorf auch ganz sinnliche Wirklichkeit, »die da beim Schreiben unter meinen Händen entsteht, ihre Atmosphäre, ihr Klang und Geruch«.[95] Von den frühen Gedichten mit ihren teils romantischen Anklängen, teils expressionistischem Pathos distanziert sich die Autorin heute selbst. Eine sprachliche Entwicklung hin zu mehr Nüchternheit und Präzision zeigt sich in ihrer lyrischen Entwicklung ebenso wie an den von der Autorin vorgenommenen Korrekturen in den frühen Romanen.[96] Die Auseinandersetzung mit überkommenen Sprachmustern und die Suche nach einer neuen, eigentlichen,

›weiblichen‹ Sprache ist in einem Gedicht direkt thematisiert: »Abenteuerliche Wege zu dir / in Wildnissen seh ich dich gehen / im Schilf der Träume, den Sprachregelungen / die dich bestimmen entzogen / nicht von phallischen Phantasmen / gelähmt durch unerforschte Seelen- / und Weltgegenden schweifend (...) / Du ohne starre Kontur unvollendet / erfinde die Sprache die dich mitteilt...«[97]

Wir können diesen Appell, der ›Einer jungen Frau‹ gewidmet ist, auch auf die Autorin selbst zurückbeziehen, in deren Schreiben das Motiv des Verstummens und Schweigens eine so zentrale und durchgängige Rolle spielt.[98] Wenn auch Johanna Moosdorfs Schreiben zunehmend von »einem einsamen Leben« zeugt[99], so ist es doch nicht monologisch: Moral ist nicht monologisch, mag sie auch zu Einsamkeit verurteilt sein. Es ist sogar vernünftig, moralisch zu sein, im Sinne des Lebens, das nicht nur ein Weiter- oder ein Überleben wäre: »erhebt Einspruch / mit der Stimme der Liebe«.[100]

So ist Johanna Moosdorfs Schreiben insgesamt im Sinne eines Dennoch zu verstehen, als eine Kraft, die sich der Resignation widersetzt, getragen von einem »Mut: zäh und zart«.[101]

Anmerkungen

1 Beide Zitate von Ingeborg Bachmann aus »Lieder auf der Flucht«, in: »Werke«, hrsg. v. Christine Koschel, Inge von Weidenbaum, Clemens Münster, München und Zürich 1982, Bd. 1, S. 139 u. 147.

2 Johanna Moosdorf. »Sieben Jahr sieben Tag. Gedichte 1950–1979«, Wiesbaden und München 1979, und: »Neue Gedichte«, St. Michael 1983.

3 Ursula Krechel: »Irmgard Keun: die Zerstörung der kalten Ordnung. Auch ein Versuch über das Vergessen weiblicher Kulturleistungen«, in: »Literaturmagazin 10: Vorbilder«, Reinbek Februar 1979, S. 127.

4 Ebd., S. 104.

5 Hilde Domin: »Wozu Lyrik heute. Dichtung und Leser in der gesteuerten Gesellschaft«, München 1968, S. 34ff., hier S. 36.

6 S. Anm. 4.

7 Johanna Moosdorf: »Brennendes Leben. Gedichte«, Berlin (Ost) 1947, S. 38.

8 So von Johanna Moosdorf selbst datiert, Gespräch mit der Verf. am 4. 9. 1985, Berlin; s. in »Sieben Jahr sieben Tag«, S. 39.

9 Die biographischen Angaben im folgenden basieren auf: Werner Warsinsky: »Johanna Moosdorf – Nelly-Sachs-Preisträgerin 1963«, in: »Dichter und Denker unserer Zeit«, Folge 32, Stadtbücherei Dortmund 1965, S. 9–14; Mechthild Andreae: »Eine West-Berliner Schriftstellerin. Gespräch mit Johanna Moosdorf«. Nachdruck einer Sendung des WDR v. 6. März 1964, hrsg. v. Alfons Spielhoff, Kulturamt der Stadt Dortmund; Gespräch der Verf. mit Johanna Moosdorf in Berlin am 4. u. 5. September 1985 (private Mitschrift und Bandaufzeichnung).

10 Johanna Moosdorf: »Der Himmel brennt.« Roman, Hamburg 1955.

11 Brief an die Verf. v. 5. 9. 1985.

12 Eine ausführliche Bibliographie der Werke und Sekundärliteratur bis zum Jahr 1964, bearbeitet von Hedwig Bieber, s. in: »Dichter und Denker unserer Zeit«, a. a. O., S. 19–29. Darüber hinaus liegen diesem Porträt folgende Werke Moosdorfs zugrunde: die bereits zitierten Gedichtbände von 1979 und 1983; »Die Andermanns« Roman, Stuttgart 1969; »Die Freundinnen« Roman, München 1977; sowie die Kurzgeschichten:
»Die Rache« (geschrieben 1948), in: »Sachsen. Erzähltes und Erinnertes«, Tübingen und Basel 1975.
»Die Kahnfahrt«, veröffentlicht unter dem Titel »Wenn die Herren winken, geht Anni Kahn fahren«, in: »Die Welt« v. 24. 11. 1979.
»Ruth und Rose«, »Neue Deutsche Hefte«, Heft 4/1980.
»Die Eule«, veröffentlicht unter dem Titel »Die Eule auf dem rechten Knie«, in: »Die Welt« v. 11. 10. 1980.
»Frauen am Brunnen«, in: »Deutsches Allgemeines Sonntagsblatt« v. 15. 4. 1984.
»Sieben Jahre nach Ostern«, in: »Neue Deutsche Hefte«, Heft 1/1984.
»Angst um Anselm«, veröffentlicht unter dem Titel »Alle sorgen sich um Anselm«, in: »Die Welt« v. 26. 5. 1984.
»Mit Till kam der Frieden«, in: »Die Welt« v. 5. 1. 1985.

13 In: »Brennendes Leben«, S. 5 ff., hier S. 6.

14 Johanna Moosdorf: »Nebenan« Roman, Frankfurt/M. 1961.

15 Ebd., S. 76 und S. 236.

16 S. Jürgen Manthey: »Überfordert«, in: »Frankfurter Hefte«, 17. Jg. 1962, Heft 1 S. 63–64.

17 Zit. n. Christa Rotzoll: »Die Frau des Mordbeamten«, in: »Christ und Welt« v. 10. 11. 1961.

18 »Nebenan«, S. 70 f.

19 Ebd., S. 154f. Vgl. die ähnliche Formulierung des letzten Satzes im Gedicht »Frauenklage«.
20 Vgl. ähnlich das Motiv der Taubheit in Marlen Haushofers Roman »Die Mansarde« (1969).
21 »Nebenan«, S. 323 u. S. 329.
22 Ebd., S. 323.
23 Gespräch mit der Verf. am 4. 9. 1985.
24 »Die Andermanns«, S. 230. In der Lucie-Gestalt hat Moosdorf auch eigene Erfahrungen verarbeitet – »ich staune noch heute, wenn auch mehr über mich selbst, die ich noch immer existiere. Aufgestanden und weitergelebt, wie habe ich das nur gemacht.« (S. 214.)
25 In diesem Motiv läßt sich auch eine Parallele zu William Faulkner erkennen, einem Lieblingsautor Johanna Moosdorfs.
26 »Die Freundinnen«, S. 52.
27 Johanna Moosdorf: »Flucht nacht Afrika« Roman, Freiburg i. Br. 1952, S. 134. Der Roman enthält eine direkte Auseinandersetzung mit dem Frauenbild der Reinheit und Unschuld als männlicher Projektion. Während der Ehemann Lebrun seine Frau Suzanne als unberührt bezeichnet im Wissen um ihr sexuelles Vorleben, stilisiert ihr Geliebter Richard Engelhardt sie zu einer »schönen Seele«, vgl. das Gespräch Lebrun / Engelhardt, S. 154ff.
28 »Nebenan«, S. 154 u. S. 157.
29 Ebd., S. 23. Vgl. auch die anderen Frauengestalten des Romans, Lena: »unversehrt« (S. 121), Eva: »unverwundbar« (S. 126).
30 Judith Kegan Gardiner: »On Female Identity«, in: Elizabeth Abel (ed): »Writing and Sexual Difference«, Chicago 1982, S. 177–191, hier S. 188.
Das gleiche Motiv findet sich auch bei Hilde Domin und Marlen Haushofer, vgl. dazu meine Beiträge in diesem Band.
31 Gespräch mit der Verf. am 4. 9. 1985.
32 »Die Geschlechter sind in den Erfahrungen unterschiedlich – die Frau ist ja immer gedrückt worden – und in den Erwartungshaltungen der Frau gegenüber. Das sind rein gesellschaftliche Dinge. Mich interessiert mehr das Wesen des Menschen. Entweder man hat Geist oder nicht, aber man hat nicht weiblichen Geist oder männlichen Geist. Die Mann-Frau-Sache, die ist ja gesellschaftlich, natürlich auch geschlechtlich; es ist aber doch in jedem Menschen beides.« Gespräch am 4. 5. 1985.
33 »Nebenan«, S. 134 (Hervorhebung von R.V.); Lachmann, der Zeuge, der hier spricht, zählt zu den positiven Männerfiguren bei Moosdorf, die meist zu den Opfern zählen.
34 Ebd., S. 58. Auch Jensens dritte Frau Lena empfindet, daß er sich »hinter einer glatten Maske unerschütterlicher Jovialität verbarg«, S. 55. Vgl. auch in »Die Andermanns«, S. 117f.
35 »Nebenan«, S. 123f.

36 Vgl. ebd., insbes. S. 291 u. S. 304.
37 »Die Andermanns«, S. 41.
38 Ebd., S. 161.
39 Vgl. hierzu auch die Rezension von Georg Zivier, in: »Tagesspiegel«, Berlin, v. 23.11.1969:
»Ein wenig zu konventionell dagegen ist die Autorin im Charakterisieren. Aber die Männer in ihrem Buch sind stärker profiliert als die Frauengestalten.« Interessanterweise fährt Zivier fort: »Überhaupt schreibt die Autorin wie ein Mann, was keine Kritik, sondern nur eine Feststellung sein soll.«
40 »Männer in Zivil und Männer in Uniform, in Braun, in Schwarz, immer mehr Männer in Uniform...« »Die Andermanns«, S. 212.
41 Ebd., S. 79f. Das Bild einer alten Frau, die wie eine Spinne im Netz ihrer Erinnerungen hockt, findet sich schon in der Kurzgeschichte »Die Rache«, 1948.
42 »Die Freundinnen«, S. 104.
43 »Ihr wahres Gesicht haben Sie nie gesehen...«, ebd., S. 79. Auch für Kroß gilt übertragen: »... bestimmt aber war er ein gewöhnliches Mannsbild und kein Höllenhund.« (S. 120). Leider befindet sich in der 1977er Ausgabe hier ein sinnentstellender Druckfehler (»*un*gewöhnliches Mannsbild«); Korrekturangabe der Autorin.
44 Ebd., S. 99.
45 Vgl. »Nebenan«, S. 114f.
46 »Die Freundinnen«, S. 91; vgl. auch S. 60, S. 165.
47 Ebd., S. 78.
48 Ebd., S. 110.
49 »Versteint«, in: »Sieben Jahr sieben Tag«, S. 54 (Hervorhebung von R.V.). Die Metaphorik des Gedichts erinnert z.T. an Ingeborg Bachmann: »Malina.« Daß die Frau »in ein Innen verschlossen« sei, ist ein zentraler Topos in der Literatur von Frauen, der wohl mehr auf spezifisch weibliche Erfahrungen und Wahrnehmungen, denn auf intertextuelle Bezüge zwischen den Autorinnen verweist. (Vgl. z. B. auch bei Marlen Haushofer oder Anne Duden.) Vgl. bei Moosdorf z.B. auch »Ich sah tief drinnen in meinem Inneren eine schwarze Wunde klaffen« (»Nebenan«, S. 61); »Ich krieche in mich hinein. Vorsichtig taste ich mein Inneres ab, das wund ist, das sich zusammenzieht...« (»Die Freundinnen«, S. 214).
50 Luce Irigaray: »Das Geschlecht das nicht eins ist«, Berlin 1979, S. 89.
51 »Die Freundinnen«, S. 57f.
52 »Spuk«, in: »Sieben Jahr sieben Tag«, S. 6; das Gedicht ist im Tenor vergleichbar mit Gottfried Benns Gedicht »Viele Herbste« (1953).
53 »Die Freundinnen«, S. 14.
54 Ebd., S. 41, s. auch S. 136.

55 Johanna Moosdorf: »Die Nachtigallen schlagen im Schnee«, Frankfurt/M. 1953, S. 235.
56 Ebd., S. 166, vgl. auch S. 233.
57 »Die Freundinnen«, S. 103.
58 Vgl. Inge Stephan/Sigrid Weigel: »Die verborgene Frau. Sechs Beiträge zu einer feministischen Literaturwissenschaft«, Berlin 1983.
59 »Die Freundinnen«, S. 84.
60 Ebd., S. 88.
61 Ebd., S. 108f.
62 Ebd., S. 107. Vgl. das Motiv des ›Traumtänzers‹ in zahlreichen neueren Texten von Frauen, z. B. bei Barbara Bronnen, Barbara Frischmuth.
63 Ebd., S. 205.
64 Ebd., S. 297.
65 Ebd., S. 180; Dr. Knut Ginsterberg ist Lene Andras' Mann, der einzige, der für sie in Frage kommt, »ein großzügiger, gütiger Mensch«, »geistreich, ironisch, selbstbewußt« (S. 209). Dennoch läßt sich ein Zusammenleben mit ihm nicht realisieren, als Ehemann wird auch er kritisiert (z. B. S. 82).
66 Gespräch mit der Verf. am 4. 9. 1985.
67 »Die Freundinnen«, S. 297.
68 Vgl. ähnlich auch in Ingeborg Bachmanns Erzählung »Drei Wege zum See«, in: »Werke«, Bd. II, S. 450.
69 Lene Andras, »Die Freundinnen«, S. 145.
70 Ebd., S. 67.
71 Vgl. ebd., S. 98.
72 Ebd., S. 100.
73 Elisabeth Lenk: »Die sich selbst verdoppelnde Frau«, in: »Ästhetik und Kommunikation«, Heft 25, Jg. 7, September 1976, S. 84ff., hier S. 85 und S. 87.
74 »Die Freundinnen«, S. 62.
75 Ebd., S. 70.
76 Ebd., S. 18.
77 »Frauen und Mädchen (...), die alle ich waren«, ebd., S. 155; »Du. Ich bin Du.« S. 214.
78 Brief Johanna Moosdorfs an die Verf. v. 14. 9. 1985.
79 »Die Freundinnen«, S. 41.
80 Ebd., S. 34.
81 Ebd., S. 163.
82 Der Roman sollte ursprünglich den Titel »Sappho« tragen.
83 »Die Freundinnen«, S. 166; solche Themen und Motive, die die Autorin in die Nähe der Frauenbewegung rücken, finden sich auch in den Gedichten, z. B. dem Tarot-Zyklus in »Neue Gedichte« (1983), zu dem Johanna Moosdorf auf Reisen in die USA angeregt wurde.

Eine Anspielung auf »die dunkle, die demütige Göttin« findet sich schon in »Flucht nach Afrika«, S. 274.

84 Mündliches Zitat, Gespräch am 4.9.1985; gemeint war »Malina«; »die Argumente ›einen Film von einer Frau hatten wir in diesem Jahr schon‹ gibt es immer noch«! Vgl. hierzu Helke Sander. »berliner filmfestspiele«, sowie ihren Beitrag über ›Ablehnungsgeschichten‹ in: »Frauen und Film«, »blick nach vorn im zorn«, Heft 23, S. 14 ff., hier S. 27.

85 Brief von Johanna Moosdorf an Dr. Unseld v. 8. Juni 1973.

86 Vgl. nur die Veröffentlichungsdaten von: Verena Stefan: »Häutungen« (1975), Alice Schwarzer: »Der kleine Unterschied« (1975), Karin Struck: »Lieben« (1977). Christa Rotzolls Einschätzung des Romans als eines »stramme(n) Konjunkturprodukts« (»Neue Bücher«, Radio Bremen, 6.10.1977) entlarvt sich angesichts der Entstehungs- und Veröffentlichungsgeschichte des Romans als Ignoranz der Rezensentin.

87 Ingeborg Drewitz, »Tagesspiegel«, Berlin, v. 2.10.1977; Hans-Jörg Loskill, »Westdeutsche Allgemeine Zeitung«, v. 23.12.1977.

88 Z. B. Klara Obermüller: »Bedarf die lesbische Liebe der Rechtfertigung?«, in: »Luzerner Neueste Nachrichten«, v. 16.11.1977, sowie dies.: »Im Sternbild der Freundinnen«, in: »Frankfurter Allgemeine Zeitung«, v. 7.9.1977; Gertrud Höhler: »Die humanen Frauen«, in: »Deutsche Zeitung, Christ und Welt«, v. 26.8.1977.

89 1. Klara Obermüller, »FAZ«, v. 7.9.1977; 2. Monika Eberl: »Auf dem Weg zur Selbstfindung«, in: »Die Neue Bücherei«, Nr. 2/1977, S. 123 ff.; 3. Gertrud Höhler, »Christ und Welt«, v. 26.8.1977; 4. E. A., in: »Mannheimer Morgen« und »Tageblatt«, Heidelberg, v. 31.10.1978.

90 Vgl. z. B. Stefanies Reflexionen »Weil sie unstet ist (...), soll ich unwandelbar bleiben«, »Die Freundinnen«, S. 218; oder S. 262 ff.

91 Gespräch mit der Verf. am 5.9.1985. Weiter sagte sie: »Und dann wollte ich eine Liebesgeschichte schreiben, und die mit Hans und Grete, die hat mich ein bißchen gelangweilt, und da habe ich es mal von der anderen Seite geschrieben. – Ich habe auch Erfahrungen darin, ich habe ja eine ganze Zeit mit einer Frau zusammengelebt. Aber das ist nicht eine Photographie der Wirklichkeit, es ist im Roman vieles umgesetzt.«

92 »Die Freundinnen«, S. 222.

93 Vgl. ebd., S. 112: »Zwischen den Geschlechtern sollte überhaupt keine Rangordnung aufgestellt werden.«

94 Ebd., S. 254.

95 Brief an die Verf. v. 14.9.1985.

96 Mir liegen die von der Autorin für eine etwaige Neuauflage korrigierten Exemplare von »Die Nachtigallen schlagen im Schnee« und »Flucht nach Afrika« vor. Typisch für die Verbesserungen ist z. B.

»›Nehmt euch in acht, ihr jungen Weiber. Eure Männer können euch vor ihren (d. h. der Weißen, R.V.) Hunden und Peitschen nicht schützen. Die *klirrenden* Ketten, die eure Füße aneinanderfesseln, können sie nicht zerreißen.‹« »Flucht nach Afrika«, S. 255; in der Korrektur entfällt »klirrenden«.

97 »Einer jungen Frau«, in »Sieben Jahr sieben Tag«, S. 44.

98 Vgl. z. B. die Gedichte »Elegie« (»verstummt auch dein Lachen / das Wort im Munde erstickt«), S. 39, oder »Klaglos« (»verschließt mir die Lippen / klaglos verendet mein Wort«), S. 40, in: »Neue Gedichte«, u. a. m.

99 Vgl. den Zyklus »Gedichte aus einem einsamen Leben«, in: »Neue Gedichte«, S. 101 ff.

100 Ebd., S. 131.

101 »Sieben Jahr sieben Tag«, S. 42.

Ruth Rehmann (Foto: Isolde Ohlbaum)

INGE STEPHAN

Von Bildern umstellt: Zu den Frauenfiguren bei Ruth Rehmann

1.

»(...) später wird sie ihren Kindern sagen: Nie habe ich einen Mann, einen Menschen auf der Welt so geliebt, wie diesen Mann, meinen Mann, euren Vater!« Dieser Satz steht in der kurzen Erzählung »Die Hochzeitsnacht«, einer von zehn Erzählungen, die Ruth Rehmann 1978 unter dem Titel »Paare« veröffentlicht hat.[1]

Dieser Satz steckt voller Unwahrheit, er enthält die Lebenslüge einer Frau, die damit eine verfehlte Lebensentscheidung zu kaschieren und sich selbst nachträglich als liebende Ehefrau und glückliche Mutter zu inszenieren versucht. Unbarmherzig wird diese Lebenslüge von der Autorin zerpflückt: Die Heirat ist nach dem Selbstverständnis der Betroffenen eigentlich eine »reine Formalität« (S. 44), eingegangen vor allem aus praktischen und finanziellen Erwägungen. Aber das, was von dem Paar als bloße Formsache angesehen wird, entwickelt eine beängstigende Eigendynamik. Der beschwörende Satz: »Wir bleiben frei, zwei freie Menschen, durch nichts als durch Liebe verbunden« (S. 44), mit dem sich das Paar zu Anfang versichert, daß sich an der Beziehung durch die Heirat nichts ändern werde, wird durch den Lauf der Erzählung als Illusion entlarvt. Dabei verfährt die Erzählerin äußerst sparsam, fast lakonisch. Zwei Szenen genügen, um die Macht des Faktischen über die ursprünglichen Gefühle zu verdeutlichen.

Die erste Szene spielt in einem Möbelladen der gehobenen Preisklasse kurz vor der Hochzeit. Das Paar ist beim Einkauf des Ehebetts. Das Ambiente – die Beflissenheit des Verkäufers und sein »diskret obzsönes Lächeln« – wird nur ironisch angedeutet. Die Erzählerin ist ausschließlich auf die Gefühle der Frau konzentriert. Diese spürt eine leichte Beklemmung, die sie vergeblich durch »frivole Fratzen« und durch »ironische Übertreibung« (S. 44) zu überwinden versucht. In Wirklichkeit ist sie bereits gefangen, als sie sich auf einem der Betten, das der Verkäufer als besonders modern und günstig angepriesen hatte, zur Probe niederläßt. Flach hingestreckt liegt sie da, preisgegeben dem »dezenten Amüsement«, mit dem sie der Verkäufer und ihr Freund gemeinsam von oben herab betrachten. Daß es hier um mehr geht als eine zufällige, ein wenig unglückliche Lage, macht die Erinnerung deutlich, die die Frau plötzlich überfällt: die Erinnerung an das Ehebett ihrer Eltern, das auf den ersten Blick so gar nichts gemein hat mit dem supermodernen französischen Bett, auf dem sie die Liegeprobe macht. Die beiden Ehebetten verschmelzen zu einer gemeinsamen Vorstellung ›Ehebett‹. Diese Vorstellung ist besetzt mit Erinnerungen, die sich wie ein Alp auf die Frau legen und ihr die Luft abschnüren. Vor ihrem inneren Auge erscheint das Ehebett der Eltern:

»Tränen bei der Vorstellung Ehebett, die sich, kaum erschienen, sogleich mit Erinnerung vollsog: der Doppelschragen ihrer Kindheit, sakraler Aufbau am Kopfende – symmetrisch zur Mitte emporwallende Schnörkel, gekrönt von gedrechselten Kugeln – die Zwillingshügel schamhaft verschwiegen unter weißer Häkeldecke mit Fransen bis zum Fußboden, in siebenjähriger Brautzeit von Mama selbst gehäkelt, mit Liebe, Kind, Liebe in jeder Luftmasche, in jedem Stäbchen!« (S. 45)

Nur mühsam kann sie die Tränen zurückhalten. Ihrem Freund kann sie sich nicht verständlich machen. Weder versteht er das Lachen, mit dem sie die Tränen zu kaschieren versucht, noch die abrupte Wendung, mit der sie aufsteht und sagt: »Vielleicht sollten wir nicht heiraten« (S. 45). Er kann ihr nur versichern, daß sich im Grunde durch die Heirat doch gar nichts ändern werde. Die Frau aber weiß es inzwischen besser. Sie weiß, »was auf sie zukam« (S. 45). Durch die Heirat wird sich der Ring zwischen ihr und der Mutter, den sie durch die bis dahin unkonventionelle Beziehung zu ihrem Freund zu sprengen versucht hatte, endgültig schließen: Wie die Mutter wird auch sie gefangen sein in den engen Mustern einer bürgerlichen Ehe. Die Traditionen werden stärker sein als die Gefühle und die Wünsche nach Freiheit. Ihre Wahlmöglichkeiten beschränken sich nur auf die Größe und die modische Ausstattung des Ehebettes, die Verteilung von oben und unten ist längst festgelegt. Das »dezente Amüsement« gründet sich auf ein geheimes Einverständnis der beiden Männer, mit der sie ihre eigene Rolle bestätigen und die der Frau als unten Liegende/Unterlegene festschreiben. Die hilflose und zugleich ein wenig lächerliche Lage, in der die Frau vor den beiden Männern liegt, ist dafür ein eindrucksvolles Bild.

In der zweiten Szene ist die Falle bereits zugeschnappt: Die Frau macht sich für ihren gerade angetrauten Mann fertig und erfüllt dabei alle Rituale einer Braut, die sich auf die Hochzeitsnacht vorbereitet. Sie inszeniert sich dabei in einer Weise als jungfräuliche Braut, die in groteskem Mißverhältnis zu dem eheähnlichen Verhältnis steht, das sie und ihr Freund bislang geführt haben. Dieses Mißverhältnis aber nimmt sie gar nicht mehr wahr, so sehr ist sie dem Rausch des »Ehespielen« (vgl. S. 45) bereits verfallen. Sie verwandelt das in der Szene vorher gekaufte Bett in ein Brautbett, das sich dem der Eltern annähert: Der weißen Decke, die schamhaft über den Ort des Unsagbaren gezogen wird, entspricht die weiße Bettwäsche, die über das französische Bett gezogen wird. Auch die rituell durchgeführten Waschungen und das bis an den Hals zugeknöpfte weiße Nachthemd sind Teil einer »sakralen Choreographie« (S. 47), mit der die Frau ihre Hochzeitsnacht als etwas Besonderes zu inszenieren versucht. In dieser Inszenierung werden sorgfältig alle Spuren ehemaligen Begehrens getilgt. Es werden alle jene Frivolitäten und Anzüglichkeiten zum Schweigen gebracht, die zumindest in der Bettkauf-Szene verdeckt – in der Erinnerung an die »käuflichen Mädchen von Maupassant« (S. 45) übrigens sehr offen – vorhanden gewesen waren. Sexualität und Erotik werden zurechtgestutzt auf das biedere, am christlichen Fortpflanzungsgebot orientierte Maß ehelicher Pflichten. Die ehemalige Geliebte verwandelt sich in eine treusorgende Hausfrau und in die »zukünftige Mutter von Kindern« (S. 47). Aber nicht nur die Sexualität wird in den rituellen Handlungen des Brautbett-

Herrichtens ausgegrenzt, sondern auch das Gefühl füreinander geht verloren. Fragen wie »Wer ist das eigentlich, dieser Mann, mein Mann? Was fühlt er? Wie ist ihm zumute?« (S. 47) haben längst keine Bedeutung mehr. Mann und Frau sind nur noch Statisten in einem Stück, das Hochzeitsnacht heißt.

Zwanghaft vollführt die Frau ein Ritual, dem sich der Mann nicht entziehen kann und dem er, auch wenn er sich entziehen würde, doch letztlich nicht entkommen könnte. Auch wenn er die Kraft aufbrächte, die Erwartungen seiner Frau zu enttäuschen und nicht ins Schlafzimmer zu kommen, und statt dessen zu irgendeiner alten Freundin fahren würde, um bei ihr zu übernachten, auch hierfür wäre bereits ein Muster da:

»das der alles duldenden, alles verzeihenden, liebend ihre Stunde erwartenden Mutter, in dem er nichts anderes sein könnte als der ungezogene, dennoch mit allen Fehlern geliebte ›große Junge‹, der bei seinen kindischen Eskapaden eines Tages auf die Nase fallen und reuig zurückkommen wird, um seinen Hunger zu stillen, sein Frieren zu wärmen, seine Wunden verbinden zu lassen: Ich warte auf dich!« (S. 47)

Beide Szenen zeigen die Gewalt der traditionellen Muster. Sie zeigen, wie sich diese Muster über die Individuen legen und sie zu Objekten in einem Spiel machen, in dem die Rollen bereits vor der Geburt festgelegt sind.

Die Akzente sind in den beiden Szenen von der Erzählerin jedoch sehr unterschiedlich gesetzt: In der Bettkauf-Szene wird die Frau durch die Blicke der Männer als Opfer arrangiert. In der Hochzeitsnachts-Szene scheint jedoch eher der Mann das Opfer zu sein. Wie eine Spinne im Netz auf ihre Beute, so lauert die Frau auf ihren Ehemann, um ihn in das vorbereitete Arrangement einzufügen. Diese Umkehrung der Rollen hatte sich bereits in der Hochzeitsszene abgezeichnet, die von der Erzählerin kurz angedeutet wird. Bereits hier war die Initiative auf die Frau übergegangen:

»Da steigen sie, Hüfte an Hüfte, Schulter an Schulter, hinter ihrem in eins verschmolzenen Schatten her, immer höher hinauf, immer weiter weg von der Farce der Hochzeitsfeier, immer langsamer, immer feierlicher, immer gewichtiger... SIE macht das, kein Zweifel. SIE hängt sich so schwer in seinen Arm, als könnte sie allein nicht mehr gehen. SIE produziert diese heilige Stille von Ewigkeitswert; und fragt nicht mal. Will es gar nicht wissen, ob er auch so fühlt oder ob sie es ihm nur aufoktroyiert durch gebremste Bewegung, durch Gewicht; oder nimmt sie einfach nur an, daß er auch so fühlt, weil sie so fühlt; oder zieht sie ihn gar nicht erst in Rechnung, hat sie ihn ganz vergessen und nur eins im Kopf: MEIN MANN!« (S. 45/6)

Hier wird der Frau die Verantwortung für die Abkehr von der ursprünglichen Abmachung, daß alles so bleiben solle, wie es war, zugeschoben. Es wäre aber falsch, daraus Schuldzuweisungen der Autorin abzuleiten. Der Kontext der Erzählung ist so eindeutig nicht. Wenn man die Chronologie der Szenen zugrunde legt, ergibt sich folgende Deutung: Das, was als Macht der Frau erscheint und von dem Mann in der Hochzeitsnacht auch wohl so empfunden werden mag, ist in Wahrheit nur die Kompensation tatsächlicher Ohnmacht, die die Frau ihrerseits in der Bettkauf-Szene so eindrucksvoll erfahren hat. Eine solche Deutung setzt aber ein Interesse der Erzählerin an der psychologischen Handlungsmotivierung ihrer Personen voraus. Dieses ist jedoch nicht gegeben.

Es geht in der Erzählung nicht um Entwicklung von Personen oder einer Beziehung. Die Opfer-Täter-Relation stimmt weder in der einen noch in der anderen Richtung, weil das Paar gar nicht Subjekt seiner Handlungen bzw. Gefühle ist. Das heißt jedoch nicht, daß in der Erzählung ein blinder Fatalismus herrschen würde. Die kritische Position der Erzählerin ist unübersehbar. Sie richtet sich zum einen gegen die Strukturen, die sich übermächtig über die Subjekte legen, und sie richtet sich andererseits gegen die grandiose Unaufrichtigkeit, mit der sich die Frau über ihre Situation hinwegtäuscht und das für Liebe ausgibt, was nur Nachvollzug vorgegebener Muster ist. Aber nicht einmal diese Unaufrichtigkeit ist eine individuelle Schwäche, sondern bloßer Reflex auf eine übermächtige Situation. Auch in ihrer Unaufrichtigkeit ist die Tochter nur Nachfolgerin ihrer Mutter, die bereits ihre Zwangslage mit »Liebe« zu verklären gesucht hatte. Ebenso wie die Mutter phantasiert sich auch die Tochter ein Glück, das sie als Vermächtnis an ihre Kinder weitergeben wird. Damit macht sie sich zum Glied in einer Kette »der Mütter bis Eva zurück« (S. 48).

Die sich mehrmals wiederholende Formel »so stark ist das«, mit der die Autorin lakonisch den Druck der vorgefertigten Muster kommentiert, ist eine pessimistische Verabschiedung romantischer Liebesvorstellungen. Statt Liebe herrscht Konvention, statt Gemeinschaft Machtstreben, statt Solidarität Besitzdenken.

Die Erzählung ist von einer bestürzenden Härte und Unbarmherzigkeit. Obwohl sie über weite Strecken aus der Perspektive der Frau geschrieben ist, läßt sie keine Sympathie mit ihr aufkommen, weder als Heldin noch als Opfer. Vielleicht ist es diese Härte den Frauen gegenüber, die es verhindert hat, daß Ruth Rehmann im Kontext der Frauenliteratur des letzten Jahrzehnts rezipiert worden ist. Allenfalls mit dem Buch »Der Mann auf der Kanzel« (1979), das im Trend der »Väterbücher« der 70er Jahre lag, konnte sie sich einen breiteren Erfolg erschreiben und auf sich als Autorin aufmerksam machen. Ihre Erzählungen, ihre beiden anderen Romane »Illusionen« (1959) und »Die Leute im Tal« (1969) sowie ihre zahlreichen Hörspiele dagegen brachten ihr nicht den Durchbruch. In vielen Darstellungen über die literarischen Verhältnisse der BRD oder die Frauenliteratur der Gegenwart sucht man ihren Namen daher vergeblich. In einer Zeit der modischen Wehleidigkeiten, der naiven Heroisierungen und der schnellen Utopien, die einen großen Teil der heute als »Frauenliteratur« vermarkteten Texte prägt, ist eine Stimme wie die von Rehmann leicht zu überhören. Gerade ihr Erzählungsband »Paare« und ihr erster Roman »Illusionen« verdienen jedoch eine erneute Lektüre unter dem Aspekt vergessener und übersehener Traditionen. Die erneute Lektüre dementiert das Bild der »rührenden, oft heiteren« Autorin, als die Rehmann von der Kritik gern gesehen worden ist.

Die erzählerische Härte und Kühle, die die Erzählung »Die Hochzeitsnacht« auszeichnet, findet sich auch in anderen Erzählungen des Sammelbandes »Paare«. Drei Erzählungen sind in diesem Zusammenhang besonders interessant: »Erste Liebe, souffliert«, »Bei Tageslicht« und »Ein Kleid für den Winter«.

2.

In der Erzählung »Erste Liebe, souffliert«, einem Text über den ersten sexuellen Kontakt eines jungen Paares, sind es die Phrasen und Klischees, die sich zwischen das Paar drängen. Wie »Die Hochzeitsnacht« ist auch diese Geschichte aus der Perspektive der Frau geschrieben. Es handelt sich um ein junges Mädchen, Schülerin aus wohlbehütetem, bürgerlichen Haus, das die gesellschaftlichen Konventionen und die Normen ihrer Eltern so verinnerlicht hat, daß sie unfähig wird, Gefühle zuzulassen bzw. am anderen wahrzunehmen. Von ihrem Freund mit einem fadenscheinigen Vorwand auf seine Studentenbude gelockt, spulen in ihrem Kopf nur die Verhaltensmaßregeln der Eltern ab, die im Text durch Großbuchstaben kenntlich gemacht sind: »NICHT ZU SCHNELL NACHGEBEN! SICH RAR MACHEN! DURCH WIDERSTAND MARKTWERT ERHÖHEN! ... ZEIGEN, WO MAN HERKOMMT! DASS MAN KEIN FREIWILD IST, KEINE, DIE LEICHT ZU HABEN IST!« (S. 28/9) usw., usw. Ihre eigenen Anteile an der Verführung – ihre Neugier, ihre Erregung und der Wunsch nach Nähe – kann sie vor sich selbst nicht zugeben, weil das mit ihren vorgefertigten Bildern von sich, den Männern und der Liebe nicht zusammenpassen würde.

Wie in der Erzählung »Die Hochzeitsnacht« bewegt sich auch das Paar in »Erste Liebe, souffliert« in vorgegebenen Mustern, es zieht »gemeinsam eine Show ab« (S. 30), aber anders als in der »Hochzeitsnacht« hat die Frau Schwierigkeiten, herauszufinden, welches Spiel gerade angesagt ist: Ist es »Erste Liebe«, ist es »Unzucht« oder ist es »Verführung« oder »Vergewaltigung«? Das Klischee der »GROSSEN EINZIGEN LEBENSLÄNGLICHEN LIEBE« (S. 30 und 31), das ihr im Kopf herumspukt, macht sie unfähig, zärtliche Empfindungen in sich hochkommen zu lassen und selbst aktiv zu werden. Im Rahmen der ihr aufoktroyierten Klischees kann sie sich selbst nur als Opfer imaginieren. Dadurch verstellt sie sich nicht nur jede Möglichkeit, Lust zu erleben, sondern sie macht sich auch real zum Opfer der Situation und des Mannes.

»Wenn sie nur gewußt hätte, was er jetzt dachte, ob er sie WIRKLICH LIEBTE! ob er sie nicht danach FÜR BILLIG HALTEN würde! Ich will jetzt gehen! Sofort! schrie sie und erschrak selbst vor dieser schrillen hysterischen Stimme, die etwas kaputtmachte, und spürte etwas, das gar nicht gemeint war, nämlich nicht die Begierde, sondern das bißchen Solidarität, das sie in dieser umstellten, belauerten, laufend kommentierten Situation so verdammt nötig gehabt hätten, um DIESE DINGE zu bestehen. Das war jetzt hin, und der Blick zwischen ihnen, ehe sie zur Tür rannte, war einfach böse aus Wut, aus Angst. Das ging zwischen ihnen durch wie ein Schneidbrenner und trennte sie in feindliche Lager: Jäger und Beute.« (S. 30)

Das Ende ist erbärmlich. Der sexuelle Akt läuft als ein trostloser und angstbesetzter Vorgang ab. Wortlos und verkniffen läßt die Frau ihn über sich ergehen. Dem plötzlichen Wunsch danach, »ihn an den Schultern zu packen und aufzurichten, ihm im Bett gegenüberzusitzen, sich mit ihm zu verständigen: und jetzt tun wir's noch einmal. Richtig!« (S. 31), gibt sie natürlich nicht nach. So bleibt nur der überhastete, verstohlene Aufbruch:

»So mußte sie es am Ende doch ganz allein durchstehen: das Aufsammeln der verstreuten Unterwäsche, das hastige Anziehen hinter der Kommode (jemand stieg die Treppe hinauf und kramte nebenan in der Bodenkammer), das Warten mit angehaltenem Atem hinter der Tür, bis die Luft wieder rein war, das Diebsschleichen die Treppe hinunter über den roten Läufer, an vorwurfsvollen Gummibäumen vorbei.« (S. 31/2)

Bis zuletzt hält sie an ihren Klischees fest. Deshalb wird sie – anders als die Erzählerin – auch nie begreifen, warum dieser erste sexuelle Kontakt so erbärmlich ausgegangen ist:

»Das war es, was sie im Vorgarten krank machte, so daß sie die nächste öffentliche Toilette aufsuchen mußte, um sich zu übergeben, nicht SCHAM UND EKEL ALS STRAFE FÜR DIE VERSCHLEUDERUNG DER UNSCHULD, sondern daß sie, nachdem sie ihm ALLES GEGEBEN hatte, immer noch, und mehr als zuvor, allein war.« (S. 32)

Tatsächlich hat sie dem Mann nicht, wie sie meint, »ALLES GEGEBEN«, sondern alles vorenthalten. Das, was sie am Ende für ihr eigenes Gefühl hält, ist nur falsches Bewußtsein.

3.

Um die Gefühle »DANACH« geht es auch in der Erzählung »Bei Tageslicht«. Auch diese Erzählung ist aus der Perspektive der Frau geschrieben. Nach einer gemeinsam verbrachten Nacht wacht die Frau morgens neben ihrem Liebhaber fröstelnd auf und versucht vergeblich, ein Stückchen Decke abzubekommen, in die sich der Mann eingewickelt hat. Während der Mann weiterschläft, betrachtet sie das um sie herrschende Chaos von verstreuten Kleidern und Wäschestükken, halbleeren Rotweingläsern und überquellenden Aschenbechern mit sich verstärkendem Degout und zunehmender Aversion. Unter ihrem kritischen Blick wird selbst der Mann zu einem »Stück Trümmer im allgemeinen Verfall« (S. 50). Abrupt verläßt die Frau das gemeinsame Lager und beschließt, Ordnung zu schaffen. Zuerst räumt sie auf und tilgt dann sorgfältig alle Spuren, die die letzte Nacht an ihr zurückgelassen hat. Unter der kalten Dusche wird aus der leidenschaftlichen und zärtlichen Geliebten eine kühle, berechnende Frau:

»Mit pedantischer Sorgfalt zog sie vor dem Spiegel die ganz neue, ganz weiße Wäsche an, nahm zurück, was sie verschleudert hatte, Stück für Stück, und ließ nichts aus, rekonstruierte ihre Person, setzte die zerbröckelte Statue wieder zusammen, restaurierte das befleckte Bild mit frischen Farben, makellos.« (S. 51)

Die Gemeinsamkeit der Nacht hält dem Tageslicht nicht stand. Unter dem Eindruck des Tages verwandelt sich die ehemalige Leidenschaft in Feindschaft. Wie eine listige Kämpferin versucht die Frau aus ihrem vorzeitigen Erwachen einen Platzvorteil dem Mann gegenüber zu ziehen. In ihren zeremoniellen Verrichtungen vermischen sich in schwer trennbarer Weise ein versteckter Groll gegen den Mann wegen seines herrischen und lieblosen Verhaltens ihr gegenüber und Schuldgefühle, die ihr die eigene Leidenschaft nachträglich macht. Die Frau läßt diese ambivalenten Gefühle in sich aber nicht zu, sondern sie versucht sich die ganze Situation in einer Weise neu zu arrangieren, daß sie daraus als Siegerin hervorgehen kann:

»Eine Sekunde stiller Prüfung vor dem Spiegel, dann drehte sie sich mit gemessener Bewegung einmal um sich selbst und schoß sich ab wie einen gespitzten Pfeil, um die Spuren der Ausschweifung zu beseitigen und der neuen Person eine neue Bühne zu bauen, leise und unauffällig, denn das Publikum saß noch immer im Dunkeln, wußte nichts, ahnte nichts, hatte keine Möglichkeit, sich auf veränderte Situationen vorzubereiten. Oh, sie würde es erbarmungslos mit ungedämpftem Tageslicht, mit Kühle, Transparenz und Übersichtlichkeit konfrontieren, um sich dann aus der Entrücktheit des Spitzentanzes kühl zu amüsieren.« (S. 51/2)

Ihr sorgfältig eingefädelter Racheplan geht aber nicht auf. Der Mann wacht nicht zur rechten Zeit auf, um sie in ihrer provozierenden Sauberkeit und Wohlanständigkeit zu sehen, er verschläft die ihm zugedachte Rolle. Trotzdem gelingt der Frau wenigstens noch ein kleiner Triumph:

»Sie riß die Vorhänge zurück, die Fenster auf. Die Sonne stürzte herein, durchflutete ihr Kleid, die in der Erregung aufstehenden Haare. Sie sagte nichts weiter als ›So‹ und blickte steil, von oben herab auf ihn oder über ihn hinweg. Es war ein großer Augenblick trotz Verspätung. Blinzelnd kämpfte er mit dem Licht, rutschte aus der primitiven Würde des Schlafes in die Lächerlichkeit widerwilligen Erwachens.« (S. 54)

Doch dieser Triumph findet keine Entsprechung mehr in ihren Gefühlen. Angesichts des unter ihr liegenden Mannes werden die Rachegefühle von einem Gefühl der Liebe überflutet, für das sie jedoch keine Ausdrucksmöglichkeiten hat, weil es in dem begrenzten Repertoire der Gefühle und Rollen fehlt, die ihr zur Verfügung stehen. Die abschließende Geste, mit der sie den Fuß des Mannes streichelt, um dann das Badewasser für ihn einlaufen zu lassen, zeugt von der tiefen Hilflosigkeit der Frau, die sich nur in vorgefertigten Rollen und Gefühlen bewegen kann und allem mißtraut, was dazu nicht vollständig paßt.

4.

Schwierigkeiten mit ihren Gefühlen hat auch die Frau in der Erzählung »Ein Kleid für den Winter«. Zusammen mit ihrem Liebhaber ist sie das erstemal allein verreist. Doch das erwartete Glücksgefühl will sich nicht einstellen. Sie fühlt sich im Gegenteil durch seine Anwesenheit gestört und unfähig, die angenehme und luxuriöse Atmosphäre des Hotelzimmers zu genießen. Das Kleid, das ihr der Mann gekauft und für sie zum Anziehen bereitgelegt hat, vermittelt ihr ein irritierendes Gefühl der Käuflichkeit. Eine vergessene, verdrängte Szene fällt ihr wieder ein: Die Peinlichkeit des gemeinsamen Einkaufs, die sie nur deshalb aushalten konnte, weil sie sich eingeredet hatte, daß es Liebe und nicht Geld sei, was sie an ihrem Liebhaber festhalten ließ. Nun aber im Hotel kann sie den Gedanken nicht länger verdrängen:

»(...) wenn sie ihn nicht mehr liebte – und das war wirklich das Schlimmste, was ihr passieren konnte –, dann mußte sie anständigerweise fortgehen und auf alle Annehmlichkeiten einschließlich Kleid verzichten, und zwar so schnell wie möglich, am besten sofort, so verlangte es die besondere Art von Stolz und Moral oder wie man es auch nennen wollte, die sie sich selbst angefertigt und durch zahlreiche Aventuren erfolgreich erhalten hatte, und wenn sie dies Nurausliebe aufgab, dann war gar nicht abzusehen, wohin sie noch geriet.« (S. 67/8)

In einer grandiosen Anstrengung versucht sie, sich und den Mann noch einmal in Gedanken als Liebespaar zu inszenieren. Vor ihrem inneren Auge läßt sie ein großes, prächtiges Haus erscheinen. Exquisite Antiquitäten, handgeknüpfte Teppiche, alte wertvolle Bilder, gepflegte Ledermöbel und ein flackerndes Kaminfeuer zaubern eine Atmosphäre des selbstverständlichen Luxus herbei, in die die Frau nicht nur den Geliebten, sondern auch sich selbst ohne Schwierigkeiten hineinphantasieren kann.

»Nun, nachdem sie das Bühnenbild in der richtigen Beleuchtung und mit sparsam verteilten Requisiten lange genug betrachtet und genossen hatte, fiel es ihr nicht mehr schwer, die sanfte, gefügige, dankbare und aufmerksame Geliebte auftreten zu lassen, auf die ein solcher Mann, der mehr von den Genüssen des Lebens wußte, als sie je erfahren würde, Anspruch hatte.« (S. 70)

Die Realität paßt jedoch nicht zu der Traumwelt. Der Mann verhält sich nicht so nobel, wie sie ihn sich gerade phantasiert hatte. Seine Zärtlichkeiten empfindet sie als »roh« und »gierig«. Er verdirbt ihr das Spiel, er fällt aus dem Rahmen, in den sie ihn zu pressen versucht hatte. Der Widerspruch zwischen Phantasie und Realität ist so stark, daß die Frau beschließt, das Verhältnis zu beenden. Aber das Zögern, mit dem sie den Abschied vorbereitet, läßt ahnen, daß daraus nichts werden wird. Bevor sie den Abschiedsbrief schreibt, genießt sie noch einmal die Annehmlichkeiten des Hotelzimmers. Unwillkürlich läßt sie sich wieder zurücktreiben in die Atmosphäre des Luxus:

»Sie streichelte den Teppich mit den Sohlen, fuhr mit den Fingerspitzen über die polierte Platte des Schreibtischs, über den mit Chintz bezogenen Sessel, über die seidige Tapete, betrachtete die Bouquets aus Rosenknospen und die Stücke galanter Malerei zwischen den lichten Streifen, bettete die Stirn in den Duft der Kopfkissen, setze sich in den Sessel am Fenster (...) und stand wieder auf, um die Vorhänge zu schließen, als käme der Sog der Loslösung von außen, als genügte es, das ergrauende Licht auszuschließen, um sich dem kühlen Abwärtsstrom zu entziehen.« (S. 71)

Als sie endlich den Abschiedsbrief schreibt, tut sie dies bereits halbherzig. Es ist schon ein Spiel geworden, das den Namen »Dame einen Abschiedsbrief schreibend« (S. 73) tragen könnte. Schließlich ist sie für den Aufbruch bereit und zieht das Kleid an, um es als »Kleid für den Winter« mitzunehmen.

»Die kalten Tage standen vor der Tür, es war Zeit, sich zu bedekken und nichts von dem, was man hatte, auch wenn es nicht vollkommen war, leichtsinnig aufs Spiel zu setzen.« (S. 74)

Den Aufbruch, der keiner war, läßt die Autorin in einem schönen Bild auslaufen:

»(...) sie ging unermüdlich mit flüchtigen Füßen von Spiegel zu Spiegel, auch die Tür hatte an der Innenseite einen Spiegel, und es waren die Spiegel, die sie auffingen und ihren Schritt sanft in den Kreis der schönen künstlichen Gegenstände zurücklenkten, die ihr entgegenkamen, sie freundlich umringten. Schon fiel sie nicht mehr auf: Dekoration zwischen Dekorationen (...)« (S. 74/5)

Das Spiegelmotiv ist bereits an zwei früheren Stellen der Erzählung von der Autorin leitmotivisch eingesetzt worden: in der Erinnerung an den Kleiderkauf und in der Badezimmerszene. In beiden Szenen bestand eine, wenn auch immer geringer werdende Differenz zwischen der Frau und dem Bild, das ihr der Spiegel zurückwarf. In der Kleiderkauf-Szene sagt die sich im neuen Kleid betrachtende Frau zu ihrem Spiegelbild: »Sieh da, ma chère, Sie lassen sich ein Kleid bezahlen« und erhält die leicht mokante Antwort: »Aber warum nicht, ma chère, solange wir uns lieben...« (S. 67). Auch die Frau, die der Frau aus dem Badezimmerspiegel entgegenblickt, hat die Rolle der bezahlten und ausgehaltenen Geliebten bereits vollständiger übernommen, als die sich im Spiegel sehende Frau: »Als sie mit dem Zipfel des Badetuchs einen Streifen klares Silbers in den beschlagenen Spiegel wischte, entdeckte sie auf ihrem Gesicht einen verdächtigen Ausdruck, eine Art Lächeln, das mehr wußte als sie selbst, das sie als frivol erkannte und rasch zurücknahm«. (S. 72) In der Schlußszene ist die Differenz zwischen der Frau und ihrem Spiegelbild eingeebnet. Die Frau ist mit dem Bild identisch geworden, sie hat die Rolle der bezahlten Geliebten angenommen. Die Erzählerin macht aber deutlich, daß auch sie dafür zahlen muß: Der Untergang als moralische Person und die Verwandlung in ein Stück toter Dekoration sind der Preis.

Offen läßt die Erzählerin, weshalb der Sog der schönen Bilder so stark ist. Ist es die Verliebtheit in die eigenen Phantasien, ist es die Verlockung durch den Luxus oder ist es einfach nur die Flucht aus den ärmlichen Verhältnissen, in denen die Frau allein zu leben gezwungen ist? Für die letztere Deutung sprechen einige Details, die aber doch nicht so intensiv von der Erzählerin präsentiert werden, daß sich daraus eine gesellschaftskritische Lesart des Textes zwingend ergeben würde. Die Frau erscheint weniger als Opfer einer Zwangslage denn als Opfer der verführerischen Bilder von Glamour und finanzieller Sicherheit, die sich für sie zumindest im Traum mit dem Geliebtenstatus verbinden. Wie die Frau in der Erzählung »Die Hochzeitsnacht« läßt sie sich von vorgefertigten Mustern einfangen, denn ebenso wie das Bild der biederen Ehefrau und Mutter ist auch das Bild der erotisch attraktiven Geliebten nur die Variante eines übermächtigen Weiblichkeitsmusters, dem beide Frauen erliegen.

Die Abhängigkeit von den Bildern ist das Thema auch in den anderen Geschichten des Bandes. Nicht zufällig taucht das Spiegelmotiv immer wieder auf. Sei es, daß die Frauen sich vor dem Spiegel in vorgefertigte, künstliche Bilder von Weiblichkeit zu verwandeln versuchen (»Im Stil des Hauses«), sei es, daß im Spiegelbild die vage Erinnerung an die andere, durch Bilder noch nicht entstellte Frau aufgehoben ist (»Schrecksekunden«).

5.

Das Spiegelmotiv weist zurück auf den ersten Roman »Illusionen«, den Rehmann 1959 veröffentlicht hat.[2] Die Verbindung zwischen dem frühen Roman und dem späteren Erzählungsband geht über bloße Motivähnlichkeiten weit hinaus. In dem Roman befinden sich bereits zwei der späteren Erzählungen. Sie haben dort aber noch nicht den Status von abgeschlossenen Erzählungen, sondern sind in die Romanhandlung chronologisch integriert. Es handelt sich um die Erzählungen »Bei Tageslicht« und »Ein Kleid für den Winter«, die bereits vorgestellt worden sind. Im Kontext des Romans ergibt sich eine neue Lesart dieser Texte.

Der Roman »Illusionen« erzählt in kunstvoll verschränkter Handlungsführung die Wochenenderlebnisse von vier Büroangestellten, drei Frauen und einem Mann. Im Eingangskapitel werden die vier Personen von der Autorin in ihrem Büro vorgestellt. Das Büro liegt in einem jener modernen Bürohochhäuser, die nach dem Krieg aus viel Glas und Beton neu errichtet worden sind und in denen Menschen wie in Käfigen gehalten werden. Wie mit dem Kameraauge tastet die Autorin das Labyrinth von Fenstern, Gängen, Türen und Zimmern ab, bis zufällig ein Zimmer im dreizehnten Stock »einundzwanzigste Tür links, das siebzehnte und achtzehnte Fenster von der rechten Kante des Gebäudes aus« (S. 14/5) in den Sucher gerät: Die Bewohner sind: Gertrud Schramm, »dreiundsechzig Jahre alt, Chefsekretärin und Vertrauensperson, graues Haar, graues Kostüm, weiße Bluse, drahtig, aufrecht, kompetent und heiter« (S. 15), Paul Westermann, »dreißig Jahre, älter aussehend, fremdsprachlicher Korrespondent und Übersetzer auf Probe, kurzsichtig, hellhäutig, leicht errötend, magenschwach« (S. 15), Carmen Viol, »Alter nicht zu ermitteln, Stenotypistin mit fremdsprachlichen Kenntnissen, wechselnde Haarfarbe, gegenwärtig tizianrot, wechselnder Typ, gegenwärtig tragisch-melancholisch, nervös, zu Ausbrüchen neigend, von ausgesuchter Eleganz und verblühender Schönheit« (S. 16) und Therese Pfeiffer, »neunzehn Jahre, Schreibkraft auf Probe, zartgliedrig, langbeinig, schlafäugig, rotblond« (S. 16).

Aus den Angaben der Autorin, die sich wie knappe Regieanweisungen in einem Drama lesen, wird deutlich, daß die vier Angestellten wenig miteinander zu tun haben. Das einzige Verbindungsglied zwischen den Frauen ist Rivalität: Frau Schramm fürchtet die attraktive und tüchtige Carmen Viol als Konkurrentin, Carmen Viol wiederum sieht in der jungen Therese Pfeiffer eine Gefahr:

»(...) die schöne, elegante, anerkannt tüchtige Carmen Viol fürchtet sich vor diesem dummen kleinen Ding. Ihre sichere Position, ihre glänzenden Aussichten innerhalb der Firma wiegen nichts gegen die Bedrohung einer achtlos zur Schau getragenen Jugend, die verhängnisvoll und unausweichlich ergänzt wird durch das schamlose Altern der Frau Schramm, ach, nicht Therese, nicht Frau Schramm: Bilder, Spiegelungen ihrer selbst, einmal aus der Vergangenheit heraufleuchtend, einmal in die öde Zukunft weisend, und in der Mitte zwischen ihnen, gefangen und eingespannt, tanzt Carmen Viol spitzfüßig auf dem Seil ihrer vierzig Jahre – oder sind es schon mehr?« (S. 19/20)

Therese ihrerseits sieht in den beiden anderen Frauen alles das verkörpert, was sie nie werden möchte. Ihr erscheint das Büro als reines »Irrenhaus« (S. 21). Abseits von dem Geflecht an Rivalitäten steht Paul Westermann, der in seiner Unscheinbarkeit und Zurückgezogenheit weder als Sohn für

Frau Schramm noch als Liebhaber, Freund oder Bräutigam für die beiden anderen Frauen in Frage kommt, trotzdem aber als einziger Mann im Büro eine starke Stellung hat.

Als Personen gewinnen weder Paul Westermann noch die drei Frauen ein eigenes unverwechselbares Profil. Die Anonymität des Bürohochhauses und die entfremdeten Arbeitsbedingungen geben allen vieren etwas Schemenhaftes und Unwirkliches. Sie agieren wie schlechte Schauspieler in einem Stück, dessen Text und Handlung sie nicht kennen: Paul Westermann, der im Büro den unscheinbaren Kollegen spielt, phantasiert sich in seinen Tagträumen als harten, erotisch attraktiven und erfolgreichen Fremdenlegionär, Frau Schramm versucht die Rolle der perfekten Bürokraft auszufüllen, Therese schwankt zwischen ihrer Clique und dem soliden Christoph, und Carmen Viol ist unsicher, welche Rolle für sie in Frage kommt.

Die Berufstätigkeit hat für keine der vier Personen eine identitätsstiftende Funktion. Wenn, dann vielleicht am ehesten für Frau Schramm, die sich über ihre Berufstätigkeit zu definieren versucht, deren spätere Geschichte aber zeigt, auf welch schwachen Füßen ihr mühsam errungenes Selbstbild steht. Trotz Berufstätigkeit ist keine der Frauen emanzipiert. Berufstätigkeit stellt nur eine Notlösung dar.

Alle drei Frauen jagen Bildern von Weiblichkeit nach, die sie jedoch immer wieder verfehlen. Frau Schramm und Therese Pfeiffer haben kurze Ehen hinter sich, Carmen Viol hat den Status der Ehefrau nie erreicht. Für eine normale bürgerliche Ehe, wie sie der Kollege Westermann führt, scheinen alle drei Frauen zu extravagant und zu wenig kompromißbereit. Trotzdem bleiben alle drei Frauen auf die Ehe als Lebensmodell bezogen: Frau Schramm sucht in ihrem Chef den Mann, den sie bemuttern kann, und in einer Bekannten den Ersatz für fehlende eheliche Bindungen. Therese taumelt von einer Beziehung in die nächste, und Carmen Viol träumt noch immer vom Mann ihres Lebens, der sie aus dem tristen Büroalltag erlösen wird.

Die interessanteste Person in dieser Reihe ist Carmen Viol. Zwar wird ihr von der Autorin nicht mehr Raum zugebilligt als den anderen Personen – die Erlebnisse der vier Angestellten werden in jeweils drei Kapiteln von der Autorin erzählt –, aber die Art und Weise, wie die Autorin die Träume, Erinnerungen und Phantasien von Carmen Viol präsentiert, verraten ein besonderes Interesse an dieser Figur. Wohl nicht zufällig sind die beiden späteren Erzählungen »Bei Tageslicht« (S. 117ff.) und »Ein Kleid für den Winter« (S. 277ff.) Bestandteil ihrer Geschichte. Die erste Erzählung ist Teil des 5. Kapitels »Das erste Kleid«, in dem sich Carmen Viol nach dem »Modell: Junge Frau am Morgen« (S. 117) inszeniert, die zweite Geschichte ist Teil des 13. Kapitels »Das dritte Kleid«, in dem Carmen Viol endgültig von ihren Jugendträumen Abschied nimmt. Beide Texte, die in dem späteren Erzählungsband »Paare« zu Momentaufnahmen aus dem Leben anonym bleibender Frauen werden, sind in dem frühen Roman »Illusionen« in eine Abfolge gebracht und eingebunden in die Entwicklungsgeschichte *einer bestimmten* Frau. Dadurch verändern sich die Texte in ihrer Aussage: So ist das Kleid für den Winter, das die Frau sich in der gleichnamigen Erzählung erkauft, für Carmen Viol nur eines in einer längeren Reihe (»Das dritte Kleid«). Der Fortlauf der Geschichte zeigt, daß der Preis, den Carmen Viol für ihr »Winterfell« gezahlt hat, vergeblich gewesen ist: Das »kleine Glück« hat sich nicht realisiert. An die Stelle des »dritten« tritt das »vierte Kleid«, ein schwarzes, aber auch dieses wird nicht das letzte sein, wie am Schicksal von Frau Schramm und ihrer Bekannten deutlich wird.

Das, was im Erzählungsband nur als blinder, kaum motivierter Nachvollzug feststehender Muster erscheint, ist im Roman Ergebnis fortlaufender Enttäuschungen, die jedoch nicht als individuelles Schicksal begriffen, sondern von der Autorin als unausweichliche Konsequenz vorgegebener Strukturen vorgeführt werden. Die Reihe Therese Pfeiffer, Carmen Viol und Gertrud Schramm steht für die Aussichtslosigkeit von Frauen, jenseits der traditionellen Rolle der Ehefrau und Mutter einen Ort für sich zu finden. Diese Aussichtslosigkeit wird durch den einzigen männlichen Vertreter noch verstärkt: Die Träume der Frauen und der Männer gehen aneinander vorbei.

Der Roman ist noch pessimistischer als die späteren Erzählungen: Das Irrenhaus, in dem die Bekannte von Frau Schramm am Ende des Romans als überflüssiger, störender Sondermüll landet, nimmt das Ende der gekündigten Frau Schramm vorweg, so wie Frau Schramms Schicksal die Entwicklung von Carmen Viol und Therese Pfeiffer vorwegnimmt. Die Macht liegt bei den anonymen Institutionen, dem Irrenhaus und den Konzernen, die letztlich identisch sind, und sie liegt bei konkreten Personen, wie dem Chef, der, auch wenn er selbst nur ein Rädchen in einer Maschinerie ist, zumindest über das Leben der drei Frauen bestimmt. Der Roman hat damit, wenn auch nur angedeutet, eine gesellschaftskritische Dimension, die in den späteren Erzählungen so nicht mehr vorhanden ist.

Für die 50er Jahre ist dieser Roman ein auch literarisch sehr bemerkenswerter Versuch, erzählerisch eine Korrespondenz zwischen gesellschaftlichen Strukturen einerseits und herrschenden Frauen- und Männerbildern andererseits herauszustellen. Es ist der Autorin gelungen, viel von der Atmosphäre der damaligen Zeit einzufangen und gleichzeitig zu zeigen, daß die Atmosphäre von Wirtschaftswunder und allgemeiner Aufbruchstimmung keine befreiende Kraft hat, weil sie auf den alten gesellschaftlichen Strukturen und ideologischen Mustern basiert. Weder für Frauen noch für Männer zeichnen sich Chancen für einen Neuanfang ab. Umstellt von Bildern werden Männer wie Frauen in den alten Strukturen festgehalten, damit sie funktionstüchtig im Sinne der Apparate sind. Das, was die vier Angestellten in der kurzen Spanne zwischen Samstag mittag und Sonntag nacht erleben und als Ausbruch aus ihrem tristen Bürogefängnis imaginieren, ist nur eine andere Art von Gefangenschaft: Eingeschlossen in das Spiegelkabinett der Bilder, bewegen sich die Personen wiederum nur in geschlossenen Räumen, die weder von der Erinnerung noch von der Phantasie geöffnet werden können. Der Titel »Illusionen«, den die Autorin dem Roman gegeben hat, enthält *in nuce* eine Interpretation der Anstrengungen, die die Autorin ihre Figuren unternehmen läßt.

Am Ende schließt sich der Ring: Wie im 1. Kapitel so sind die vier Angestellten auch im letzten, 14. Kapitel wieder an ihrem Arbeitsplatz versammelt. Älter und um einige Hoffnungen ärmer geworden, überwiegt bei allen vieren die Erleichterung, daß sie sich wieder in den Trott des Alltags einreihen können.

In seiner erzählerischen Unerbittlichkeit und in der Genauigkeit seiner Bilder wirkt der Roman noch heute sehr frisch, auch wenn die darin verwendeten Erzählmuster inzwischen wohl verbraucht sein dürften. Diese fortdauernde thematische Aktualität des Textes macht es m. E. erklärlich, daß die Autorin fast 20 Jahre später Teile aus dem alten Roman herauslösen und als Einzelerzählungen herausgeben konnte, ohne daß diese damals in irgendeiner Weise antiquiert erschienen wären. Das spricht für eine erstaunliche Kontinuität und Beharrlichkeit im Denken und Schreiben über weibliche Erfahrung, mit der auseinanderzusetzen sich lohnt.

6.

In diese Auseinandersetzung mit der Schriftstellerin Rehmann sollten auch die Texte einbezogen werden, die aus dem direkten Traditionszusammenhang zwischen dem frühen Roman und den späteren Erzählungen herausfallen. Es sind dies zum einen der autobiographische Text »Der Mann auf der Kanzel«, eine Auseinandersetzung der Tochter Ruth Rehmann mit ihrem übermächtigen Vater, und der Roman »Abschied von der Meisterklasse«, eine ebenfalls autobiographisch geprägte Auseinandersetzung mit weiblichem Künstlertum. Durch die autobiographischen Anteile herrscht in diesen Texten ein Ton, der sich von der erzählerischen Härte abhebt, mit der Rehmann ihre imaginierten Figuren im Roman »Illusionen« und in den Erzählungen »Paare« präsentiert. Es geht in erster Linie um Aufarbeitung der eigenen (weiblichen) Geschichte, nicht so sehr um Demonstration und Entlarvung herrschender Muster. Aber auch diese Aufarbeitung fördert letztlich keine Authentizität zutage, sondern stößt auf falsches Bewußtsein und unechte Gefühle. Darüber hinaus gehört in diese Auseinandersetzung mit der Schriftstellerin Rehmann auch der Roman »Die Leute im Tal«, der das Thema ›Enge‹ als dumpfes dörfliches Szenario ausphantasiert, in dem Männer wie Frauen nur noch als entpersönlichte Marionetten agieren. In vielerlei Hinsicht ist dieser Roman ein Gegenstück zu dem Großstadt-Roman »Illusionen«, nur daß die weibliche Perspektive, die diesen prägte, einer erzählerischen Objektivität gewichen ist, die tendenziell nicht mehr zwischen Männern und Frauen unterscheidet. Insofern nimmt dieser Roman eine Sonderstellung im Gesamtwerk ein.

Gerade die Vielfalt der erzählerischen Formen, das Nebeneinander von fiktionalen und autobiographischen Texten, das Experimentieren mit unterschiedlichen Erzählperspektiven und die Fülle der Lebenserfahrung der inzwischen über 60jährigen Autorin machen Rehmanns Werk zu einer lohnenden Lektüre. Das gilt auch für einen Text wie »Die Leute im Tal«, in dem weibliche Erfahrung nicht so direkt thematisiert wird wie in den anderen Texten.

Anmerkungen

1 Ruth Rehmann: »Paare. Erzählungen.« München 1983.
Nach dieser Ausgabe wird fortlaufend im Text zitiert.

2 Ruth Rehmann: »Illusionen. Roman.« Frankfurt a. M. 1959.
Nach dieser Ausgabe wird fortlaufend im Text zitiert.

Unica Zürn (Foto aus: Hans Bellmer, Obliques numéro spécial, Paris, S. 274)

SIGRID WEIGEL

»Wäre ich ein Mann, hätte ich aus diesem Zustand vielleicht ein Werk geschaffen«: Unica Zürn

1. Ungleichzeitigkeiten

Im Jahre 1969 – ein Jahr nach dem Pariser Mai, inmitten eines Ereignisses, das unter dem Titel ›Studentenbewegung‹ Geschichte gemacht hat, und am Beginn der neuen deutschen Frauenbewegung – erschien im kleinen Hamburger Merlin Verlag ein Buch von Unica Zürn, »Dunkler Frühling«, eine kurze Erzählung über die emotionalen Verstrickungen, die sexuellen Ängste und Wünsche und den Selbstmord eines kleinen Mädchens. Der Text fand nur schwer einen Verleger, und es heißt, der Verlag habe sich vor allem wegen der drei beigefügten Zeichnungen von Hans Bellmer bereit gefunden, das Buch zu publizieren.[1] Hans Bellmer, dessen Ruhm als surrealistischer Künstler sich besonders auf seine Puppenkonstruktion[2] gründete, hatte Unica Zürn bei einem Aufenthalt in Berlin kennengelernt; sie war mit ihm, der nach der Machtübergabe an die Nationalsozialisten nach Frankreich emigriert und nach Kriegsende nicht nach Deutschland zurückgekehrt war, 1953 nach Paris gegangen und lebte seither in der französischen Metropole.[3] In Deutschland war ihr Name nur wenigen bekannt und auch denen wohl eher noch als Name einer Zeichnerin denn als Autorenname. 1964 waren Zeichnungen von ihr in einer Sammelausstellung der »Galerie Sydow« in Frankfurt zu sehen, und 1967 hatte die »Galerie Brunsberg« in Hannover eine Ausstellung mit Werken von Unica Zürn und Hans Bellmer veranstaltet.

Fast immer, so scheint es, ist ihr *Name* in der Öffentlichkeit mit dem von Hans Bellmer verbunden, – oder müßte man sagen: *an* seinen Namen *ge*bunden? Denn nur selten ist es Unica Zürn (zu ihren Lebzeiten) gelungen, als eigenständige Autorin aufzutreten, ohne die Prominentenunterstützung ihres Lebensgefährten. Auch zu der vorausgegangenen Publikation von Unica Zürn, der fünfzehn Jahre zuvor in Berlin unter dem Titel »Hexentexte« verlegten Sammlung von zehn Zeichnungen und zehn Anagrammen, hatte Hans Bellmer ein Nachwort geschrieben,[4] eine knappe Darstellung seiner theoretischen Überlegungen zum poetischen Verfahren und zur Bedeutung von Anagrammtexten. Ob diese für Künstlerpaare geradezu klassische Konstruktion einer Förderer- und Abhängigkeitsbeziehung in der Öffentlichkeit aus eigenem Antrieb zustande kam oder als Zugeständnis an die Funktionsweise eines Literatur- und Kunstbetriebes, der Prominenz selbst herstellt und sich über deren Effekte reproduziert, läßt sich nicht entscheiden. Es ist jedoch zu vermuten, daß ohne diese Verbindung – und das heißt ohne jenes in seiner Wirkung zweifelhafte Zusammenspiel von privaten Beziehungen und ›Beziehungen‹ – Unica Zürn noch größere Schwierigkeiten hätte überwinden müssen, um wenigstens einige der vielen Texte, die sie schrieb, auch zu veröffentlichen. Das sollte erst nach ihrem Tode anders werden. Erst nachdem durch die ›Frauenliteratur‹ ein Interesse und eine Konjunktur für die Literatur von Frauen geschaffen waren, wurde ein größerer Teil des literarischen Werks von Unica Zürn bekannt – wenn auch heute noch nicht alles aus dem Nachlaß publiziert ist.[5] In den Jahren zwischen 1977 und 1982 erschienen gleich vier Bücher mit Texten von Unica Zürn in der Bundesrepublik: 1977 »Der Mann im Jasmin. Eindrücke aus einer Geisteskrankheit«, 1980 »Im Staub dieses Lebens. Dreiundsechzig Anagramme«, 1981 »Das Weisse mit dem roten Punkt. Unveröffentlichte Texte und Zeichnungen« und 1982 eine Neuauflage vom »Mann im Jasmin«, ergänzt um einige kürzere Prosatexte aus den 50er Jahren und um die Erzählung »Dunkler Frühling«.[6]

Das Interesse an der Literatur Unica Zürns, so läßt sich leicht voraussehen, wird in der nächsten Zeit noch wachsen, korrespondiert es doch mit einem deutlichen Paradigmenwechsel im Bereich weiblicher Kunstproduktion. Während zunächst, als in den 70er Jahren unter den Titeln ›Frauenliteratur‹ und ›weibliche Ästhetik‹ eine lebhafte Debatte begann und eine enorme literarische und künstlerische Produktivität von Frauen sichtbar wurde, die Dokumentation und Darstellung des realen weiblichen Lebenszusammenhanges im Vordergrund stand und damit realistische, autobiographische und in ihrem Anspruch kommunikative Genres und Präsentationsmodi favorisiert wurden, werden jetzt eher Schreibweisen und Gestaltungsmuster bevorzugt, die auf die ›Avantgarde‹ Bezug nehmen bzw. den Anspruch realistischer Darstellung zurückweisen.[7] Die Renaissance solcher Autorinnen wie Gertrude Stein und Marguerite Duras ist in diesem Zusammenhang zu sehen. Aus der Fülle der vergessenen und verborgenen weiblichen Tradition geraten ihre Namen ins Blickfeld, weil sie einen Punkt bezeichnen, an dem sich der Diskurs über ›weibliche Ästhetik‹ und die neue Popularität der Avantgarde berühren. Merkwürdigerweise ist eine vergleichbare Aufwertung deutschsprachiger Schriftstellerinnen der in diesem Land ohnehin weniger verbreiteten Avantgarde bisher ausgeblieben. Was Ginka Steinwachs 1971 in ihrer »Mythologie des Surrealismus« schrieb, gilt noch heute: »In Deutschland hat der Surrealismus als objektiv Jüngstvergangenes (...) noch gar keine Gegenwart besessen.«[8] Auch die Literatur Unica Zürns, geschrieben in den 50er und 60er Jahren, anfangs in Berlin, dann in Frankreich, das meiste in deutscher, weniges in französischer Sprache, hat noch keine *Gegenwart* besessen – wenn man darunter mehr verstehen will als die Lektüre in einem kleinen Kreis Interessierter.[9] Dasselbe gilt übrigens auch für die noch jüngeren Texte von Ginka Steinwachs, die seit Mitte der 70er Jahre an einem eigenwilligen literarischen Programm arbeitet und deren sprachlust-betonte Kunstwerke keinem Genre und keiner Richtung zuzuordnen sind. Damit soll nicht der Zuordnung weiblicher Autoren zu vordefinierten Stil- und Epochenbegriffen das Wort geredet werden, kann es doch nicht darum gehen, der herrschenden Literaturgeschichte einige funkelnde Edelsteine hinzuzufügen. Wichtiger ist die Beobachtung, daß das Verhältnis der Traditionsbildung und Überlieferung zur weiblichen Kunstproduktion durch Nichtwahrnehmung, Ausgrenzung, Vergessen *und* Inanspruchnahme gekennzeichnet ist. Unica Zürn, die in kaum einem Lexikon und keiner Literaturgeschichte erwähnt wird, ist beispielsweise im »Lexikon des Surrealismus« genannt[10] (José Pierre, Du Mont, hier aber auch nur mit der Erzählung »Dunkler Frühling« und nicht mit dem »Mann im Jasmin«). Die Erfolgsmomente in der Veröffentlichungsgeschichte ihrer Bilder und Literatur sind bestimmt durch die Zuordnung Unica Zürns zum Surrealismus. So hatte sie in Frankreich, wo sie auf mehr Resonanz stieß als in Deutschland, Kontakt zu surrealistischen Künstlerkreisen, beteiligte sich 1959 an der »Exposition surréaliste internationale« in Paris, hatte dort eine Reihe von Einzelausstellungen (1953 und 1957 in der »Galerie Le Soleil dans la Tête«, 1962 und 1964 in der »Galerie Le Point Cardinal«)[11] und konnte 1967 eine Sammlung mit Angrammen und Radierungen, »Oracles et Spectacles«, veröffentlichen. 1971, ein Jahr nachdem Unica Zürn ihrem Leben selbst ein Ende setzte, erschienen zwei Prosatexte in französischer Übersetzung: bei Gallimard »L'Homme-Jasmin«, dessen Originalfassung in Deutschland zuvor vom S. Fischer Verlag abgelehnt worden war, und bei Belfond »Sombre Printemps«, zwei Jahre nach der deutschen Originalfassung »Dunkler Frühling«. Besonders »L'Homme-Jasmin« wurde begeistert aufgenommen, u. a. von Michel Leiris positiv gewürdigt.[12] Als die Zeitschrift »Obliques« 1978 eine Nummer zum Thema »La femme surréaliste« herausbrachte, wurde Unica Zürn in der Reihe der 34 Porträts surrealistischer Künstlerinnen mit einigen Texten und Bildern vorgestellt.

1969 fand die Erzählung »Dunkler Frühling« in der Bundesrepublik kaum Beachtung; es gab nur wenige, meist verständnislose Kurznotizen in der Presse. Literatur von Frauen interessierte *noch nicht*, Avantgarde *nicht mehr*. Das Schicksal dieses Textes ist ein sprechendes Beispiel für die *Ungleichzeitigkeiten* in der politischen, literarischen und feministischen Entwicklung. Die Öffentlichkeit war mit anderem befaßt, und die Frauenöffentlichkeit führte einen anderen Diskurs; der war bezogen auf die Topoi der ›Befreiung‹ und ›Emanzipation‹ und geprägt durch eine sozial- und ideologiekritische Redeweise. Ein Erfolgsbuch des gleichen Jahres war Erika Runges Dokumentarbuch »Frauen. Versuche zur Emanzipation«. Und die erste »Kursbuch«-Nummer, die sich einem ›frauenspezifischen‹ Thema widmete, erschien ebenfalls 1969 unter dem Titel »Frauen – Familie – Gesellschaft«, mit dem Untertitel »Aufsätze, Protokolle«. Die Themen und Problemstellungen waren so unterschiedlich nicht zwischen dem Text Unica Zürns und den Diskussionen einer sich gerade formierenden Frauenöffentlichkeit. Gänzlich verschieden aber waren Betrachtungsweise, Sprache, Begriffe und Perspektiven. Richtete sich der Blick einerseits auf die gesellschaftlichen Bedingungen der Unterdrückung als Repressionsgewalt, so beschreibt der Text Zürns die psychosexuelle Genese eines kleinen Mädchens als Ambivalenz von Schrecken und Faszination, indem er die reale Macht der Imaginationen durchquert. Orientieren sich die dokumentarischen Texte an der Suche nach möglichen Handlungskonzepten und praktischer Veränderung, so vollzieht der literarische Text die Verstrickungen des Mädchens in die Mythen und Konzepte von ›Weiblichkeit‹ und weiblicher Sexualität und die darin eingeschriebenen Sehnsüchte und Kränkungen bis zum tödlichen Ende. Hier soll nun nicht nachträglich die eine Praxis gegen die andere ausgespielt werden, zeigt sich an diesem Beispiel doch gerade die strukturelle *Differenz* zwischen politischem und literarischem Diskurs besonders deutlich. Nicht das eine *oder* das andere, sondern das eine *und* das andere! Wichtig scheint mir aber, die Funktionsweise und die Dialektik der verschiedenen Diskurstypen und ihrer impliziten Wahrnehmungs- und Argumentationsweisen zu untersuchen, ohne vor der Frage haltzumachen, welche Ausblendungen und Bewertungen auch mit dem Emanzipationsdiskurs verbunden waren/sind. Das Konzept des autonomen (weiblichen) Subjekts hat die Lektüre von Texten, die heute mit großem Engagement diskutiert werden, beharrlich behindert. Ein Paradox dieser Geschichte besteht darin, daß eine Bewegung, die zunächst zum Ausschluß bzw. zur Ignoranz gegenüber Autorinnen wie Bachmann, Zürn, Haushofer u. a. geführt hat, schließlich erst die Voraussetzungen dafür geschaffen hat, daß ein unerhörtes Interesse und eine verbreitete Sensibilität für deren Literatur entstanden sind. Rückblickend läßt sich feststellen, daß die Überschneidung politischer und literarischer Motive und das Zusammenfallen politischer und literarischer Rede im Begriff der ›Frauenliteratur‹ ebenso historisch notwendig waren, wie sie problematisch sind, wenn daraus ein universelles Konzept kreiert wird.

2. »Vieles läßt sich nur mit Papier machen. Auf Papier wird letztenendes alles hinauslaufen.«

Ein altes und immer wieder populäres kunsttheoretisches Postulat, die Verbindung von *Kunst und Leben*, scheint bei Unica Zürn eingelöst. Ruth Henry bezeichnet ihre Literatur als »dokumentarische Prosa« und geht davon aus, »daß sozusagen jedes von Uncia geschriebene Wort (...) autobiographisch« sei, daß sich Werk- und Lebensabsicht im Fall der Unica Zürn deckten: »Leben ist auf einzigartige Weise identisch mit dem Sagen.«[13] Autobiographisch ist die Literatur Zürns aber nur, insofern sie um ihre eigenen Erinnerungen, Erlebnisse und Vorstellungen kreist und insofern die Personen ihres Lebens auch ihre Texte bevölkern. Man könnte diese Feststellung auch umdrehen und sagen, daß die Figuren ihrer Texte in ihr Leben eintreten, denn Unica Zürn lebt in ihren Imaginationen. Wie die Namen realer Personen im Text erscheinen, z. B. Bellmer oder ihr Arzt Rabain, so gibt es bestimmte Bilder schon, bevor sie an den Namen einer realen Person geheftet werden, wie beispielsweise Henri Michaux die Stelle des »weißen Mannes« einnimmt. Aber nicht der Schriftsteller Henri Michaux durchzieht den »Mann im Jasmin«, sondern sein Name oder die Initialen seines Namens – als Chiffre. Die Figuren in den Texten Unica Zürns unterliegen einer ständigen Verwandlung, sie durchziehen als Zeichen und Bilder die Blätter: Figuren, Namen, Chiffren, Namen aus Literatur, Tiere, Typen, die wiederholt und in verschiedenen Texten auftauchen und so ein ganzes Gewebe von Bezügen und Verweisen ergeben. Es gibt Ketten von Signifikanten, wechselnde Bezeichnungen sich wandelnder Figuren, die nicht mit dem Ende eines Textes abgeschlossen sind, sondern in anderen Texten fortgesetzt werden. So etwa die Kette: der Mann im Jasmin – der weiße Mann – H. M. – Henri Michaux – Herman Melville – der weiße Adler – Flavius – der Herr – der alte Mann im Rollstuhl (dessen Bild mit dem blühenden Jasmin verbunden ist) – der Fremde – er. Auch das Ich wird als Name verstanden. »Ernst ist der Name ICH.«[14]

Die Texte Unica Zürns sind aber nicht autobiographisch in Form und Schreibweise. Die Autorin erzählt ihr Leben nicht in der Form einer Geschichte, nicht aus der Perspektive eines Ichs, das sich schreibend als erzählende Instanz und Gegenstand zugleich konstituierte. Die Aufspaltungen, Doppellungen und Matamorphosen des Ichs lassen bei Unica Zürn keine säuberliche Grenzziehung zwischen verschiedenen Positionen zu. Ihren Figuren, auch dem Ich, das sich auflöst in die Kette: ich – sie – Nona – das Mädchen – das Schlangenmädchen – die Dame, fehlt die Konturierung als personale Instanzen, ihnen fehlen Abgrenzung, Identität und die Situierung in einem sozialen Gefüge.

Dokumentarisch ist ihre Literatur auch nur, insofern die Texte Dokument ihres Lebens sind, nicht aber im Darstellungsmodus, weder dokumentierend noch am Faktischen ausgerichtet. Ruth Henry geht davon aus, daß Unica Zürn in den »Eindrücken aus einer Geisteskrankheit«, wie die Verfasserin selbst den »Mann im Jasmin« bezeichnete, ihre Krankheit *ge*schrieben, nicht etwa nur *be*schrieben habe.[15] Aufgrund der unauflöslichen Verquickung von Texten und Leben kann man allgemeiner formulieren, daß die Texte Zürns geschriebenes Leben sind, Leben als Schrift. Und dies gilt nicht nur für die sogenannten Krankheitstexte. Die phantastischen Momente in ihrer Literatur und der Bezug ihres Schreibens zum Wahnsinn haben die Subsumierung der Autorin unter die Kategorie des Surrealismus begründet. Für Zürn mag aber dasselbe gelten, was Frida Kahlo für die eigene (bildende) Kunst festgestellt hat: »Sie dachten, ich wäre eine Surrealistin, aber ich war keine. Ich habe niemals Träume gemalt. Ich habe meine Realität gemalt.«[16] Was anderen, den Kunstkritikern, wie ein Traum vorkommt, ist Unica Zürns Realität. Ihre ›Realität‹ *ist wie* ein Traum: rätselhaft, unvernünftig, vieldeutig, unsinnig, bedeutungsvoll. Das hat Unica Zürn selbst am besten erkannt:

»Sie ist sich nicht klar darüber, daß sie Halluzinationen hat. In dem Zustand, in dem sie sich befindet, werden die unglaublichsten, nie gesehenen Dinge zur Wirklichkeit. Wenn also Bilder im nächtlichen Himmel für sie erscheinen, so sind diese Bilder auch *wirklich* da.«[17]

Überhaupt hat sie sich selbst die klarsten Diagnosen gestellt. Ihre Texte artikulieren *und* beschreiben die Struktur ihrer Wahrnehmungen und Lebensweise, eine imaginäre Struktur. Träume und Wirklichkeit werden ununterscheidbar – wenn eine nicht bereit ist, ihre Vorstellungen an die Wirklichkeit anzupassen, um »traumlos (zu) schlafen, schmerzlos (zu) leben«,[18] nicht bereit zur Ent-Täuschung. In dem 1959 geschriebenen Text »Das Weisse mit dem roten Punkt«, zwei Jahre nach der ersten offen ausgebrochenen Krise entstanden, als sie zeitweilig getrennt von Bellmer lebte, bezeichnet sie ihre Krankheit als Rettung und Wiedergeburt und den Wahnsinn als ihre einzige Stärke:

»Was habe ich erwartet (denn ich weiss, dass ich recht
damit habe, zu warten). Worauf habe ich so
wahnsinnig gehofft?
Und dieser Wahnsinn ist meine einzige Stärke«[19]

Unica Zürn hat die Grenzziehung zwischen Schrift und Selbst nicht *so* vollzogen, daß ihr ein Überleben möglich gewesen wäre. Nicht daß ihre Schriften ausufernd, überbordend oder formlos wären; im Gegenteil, die meisten ihrer Texte sind formal klar komponiert, thematisch strukturiert und folgen erkennbaren Genremustern. Da sind z. B. (in der Reihenfolge der Entstehung) der fiktive Briefwechsel der »Erdachten Briefe«, die tagebuchartigen Aufzeichnungen in den »Notizen einer Blutarmen«, das »Haus der Krankheiten« mit einem Inhaltsverzeichnis und einer klaren Szenenabfolge, der gedichtförmige, zweiteilige Text »Das Weisse mit dem roten Punkt«, die Spielbeschreibung »Les Yeux à deux«, bestehend aus der Spielregel, dem Vorspiel mit drei Begegnungen, den neun Spielteilen und einem Nachsatz, da sind die (Räuber-)Geschichte »Im Hinterhalt«, die Erzählung »Dunkler Frühling« und die Traumbeschreibungen in »Die Trompeten von Jerichow«. Die Anagrammtexte, bei denen aus einer

Zeile durch Umstellung der Buchstaben beliebig viele neue Zeilen gebildet werden, stellen sogar eine sehr geregelte, höchst disziplinierte Form der Textproduktion dar. Die Verabredungen und Codes über den Illusionsgehalt und Fiktionscharakter von erzählten Geschichten werden von Unica Zürn aber gerne verwirrt und gegen die narrativen Konventionen gewendet. »Entschwundenes gibt Sinn oder nicht gestorben sind sie und wenn und wenn gestorben sind sie nicht geboren.«[20] Auch enthält das Schreiben Unica Zürns an vielen Stellen Hinweise auf die Textualität der beschriebenen Szenen bzw. Reflexionen auf den literarischen Charakter der Darstellung. In der frühen Erzählung »Im Pechsee steht ein schwarzer Fisch« z. B. wird die Handlung ausdrücklich als ›Märchen bezeichnet. Und in dem letzten der »Erdachten Briefe«, welchen der Herr an die Dame schreibt, weist der Herr die Autorschaft seiner Briefe von sich und schreibt sie statt dessen der Dame zu:

»Ich bin aus Höflichkeit darauf eingegangen, dass Sie sich Briefe ausdenken, die ich angeblich an Sie schreibe. Sie werden selbst schon ratlos. Sie sehen, dass die Briefe, die ich an Sie richtete, (wie Sie es sich vorstellen) nichts mit mir zu tun haben. Sie haben Ihnen vielleicht geholfen, Ihre Phantasie lebendig zu halten, aber ich erkläre feierlich und etwas verstimmt, dass ich nicht der Autor dieser Briefe bin.«[21]

Doch mit solchen reflexiven Wendungen – re-flexiv in dem Sinne, daß die literarische Sprache auf sich zurückverweist – wird die Sphäre der Poesie in den Texten Unica Zürns gerade nicht in ihre Schranken verwiesen, vielmehr ist darin die Grenze zwischen Einbildung und Realität verwischt. Der Text gibt sich damit offen zum Leben und zur Person der Autorin hin. ›Die Dame/sie‹ wird als Stimme der Autorin bzw. ihrer imaginären Identität ent-deckt, womit der Text seinen ›erdachten‹ Rahmen durchbricht. Noch deutlicher geschieht dies am Ende von »Les Yeux à deux«, wo Norma überwechselt in ›sie‹, die als Schreibende und Verfasserin der anderen Texte Unica Zürns in diesen Text eintritt und sich schließlich noch einmal verwandelt in *den* Autor. Das neunte Spiel endet mit folgender Passage:

»Flavius und Norma wurden den Hunden zum Fraß vorgeworfen. Mit der Lektüre der Bücher des weißen Mannes, die er ihr schenkt (welch ein Abenteuer für sie, das zu lesen), ist *sie* selbst nach langer Zeit wieder zum Schreiben gekommen.«

Nach einem Absatz fährt der Text fort:

»Es entstehen die erdachten Briefe, eine eingebildete Korrespondenz zwischen ihr und ihm. (...) Allmählich verschwinden die roten Flecken ihrer Allergie wieder, die sie etwas ironisch als das ›Weisse mit dem roten Punkt‹ bezeichnet oder als den ›Purpur des Eises‹. (Seine Farben! Rot und Weiß). (...) Der eingebildete Briefwechsel füllt in sorgfältiger Schrift ein kleines, in schwarzes Leder gebundenes Buch. Diese Briefe sind zu sentimental, um hier wiedergegeben zu werden. Ein interessantes Manuskript entsteht während einer Gelbsucht. *Sie* schreibt unter der Einwirkung eines leichten Fiebers ihr ›Haus der Krankheiten‹ und versieht das Manuskript mit erklärenden Zeichungen. *Der Autor* ist für den Augenblick zu müde, um auch dieses Manuskript auf der Maschine abzutippen, darum sei es hier ausgelassen.

Der Autor hat das Leben einmal wieder gründlich satt und hofft, nachdem er jetzt sein fünfzigstes Lebensjahr erreicht hat, aus einer unüberwindlichen Langeweile zu sterben.
FLAVIUS: der weiße Mann
NORMA: *sie selbst* beendet am 22. Februar 67«[22]

Norma, die weibliche Hauptfigur des beschriebenen Spiels, verwandelt sich in ›sie selbst‹, die als Verfasserin von Manuskripten eingeführt wird, mit denen der Text, in dem dies geschieht, in einer Reihe steht, so daß die Schrift zugleich als Raum für ›sie‹ und als Erzeugnis von ihr erscheint. Und in den hier als ›Manuskripte‹ bezeichneten Texten erscheint ›sie‹ erneut, verwandelt in die Dame oder ›ich‹. So bilden die Texte ein ineinandergreifendes Gewebe für die Metamorphosen der Schreibenden. Mit dem Ende eines Blattes oder Heftes ist die Vorstellung nicht beendet, sie schreibt sich im imaginären Leben der Unica Zürn und auf anderen Blättern weiter, wird wiederholt und fortgesetzt. Deshalb auch versteht sie ihre Texte nicht als ›Werk‹, denn ein Werk ist abgeschlossen, abgeschlossen gegenüber dem Leben.

»Ich habe mich in mir um und umgedreht und mich behorcht und betrachtet. Dabei habe ich mich so satt bekommen. Wäre ich ein Mann, hätte ich aus diesem Zustand vielleicht ein Werk geschaffen. Aber all das, was ich bin – und ich möchte nichts anderes sein – habe ich nur gefaselt.«[23]

Die »wiederholte Identifizierung mit dem Objekt« wurde 1933 von Jacques Lacan – im Kontext des ›Surrealismus‹ und im Sinne einer postulierten Verwandtschaft zwischen poetischer Produktivität und der geistigen Tätigkeit des Wahns – als besonderes Merkmal und grundlegende Tendenz der ›paranoischen Symboltätigkeit begriffen. Er ging davon aus, daß die ›paranoische Psychose‹ sich als besonders reich an symbolischen Ausdrucksweisen erweise:

»Der Wahn zeigt sich in der Tat sehr fruchtbar an zyklisch wiederholten Trugbildern, an allgegenwärtiger Vervielfachung, an einer endlosen, periodischen Wiederkehr der gleichen Geschehnisse in Doubletten und Tripletten derselben Personen, zuweilen in Halluzinationen einer Verdoppelung der Person des Betreffenden. Diese Anschauungen sind offensichtlich verwandt mit sehr konstanten Prozessen der poetischen Schöpfung und erscheinen als eine der Bedingungen der schöpferischen Typisierung des Stils.«[24]

In diese Beobachtung über die Ähnlichkeit zwischen ›paranoischer Symbolbildung‹ und ›poetischer Schöpfung‹ ist auch eine klare *Unterscheidung* eingeschrieben, eine Aufteilung, die den Wahn dem Bereich des Kranken und die poetische Schöpfung dem Bereich des Gesunden bzw. Normalen zuweist. Literatur und Biographie Unica Zürns zeigen, wie schwierig eine solche Unterscheidung ist. Ihre poetischen Schöpfungen weisen genau die von Lacan benannten Verfahrensweisen auf, sie werden aber von ihr selbst im Text reflektiert und auch bewertet, so wie sie in den »Eindrücken aus einer Geisteskrankheit« auch ihre Halluzinationen durchschaut und als solche benennt. Ich möchte im folgenden weniger versuchen, die Bezüge zwischen Krankheit und Schreiben bei Unica Zürn zu untersuchen, was nur zu einer vorschnellen Klassifizierung ihrer Literatur und zu einer Beendigung der *Lektüre* führen würde. Im übrigen hat die Autorin diese Bezüge selbst am klarsten hergestellt. Interessanter und produktiver scheint mir, die Beziehungen ihrer Vorstellungen zu dem sogenannt *Normalen* zu betrachten, zu fragen, wie und ob sich ihre Texte und Bilder aus der Struktur geltender Vorstellungen herleiten.

In dem Text »Das Weisse mit dem roten Punkt« geht sie – d. h. das ›ich‹ in diesem Fall – auf die Struktur der ›Wiederholung‹ ein und beschreibt sie als Form eines uneigentlichen Lebens:

»Nach dreiundvierzig Lebensjahren ist dieses Leben
nicht MEIN Leben geworden. Es könnte ebensogut
das Leben eines anderen sein.
Erst dann, wenn es keine Wiederholung der
Ereignisse gibt, wird es mein Leben sein.....
Und das wird nie eintreten, bis zum Tod.«[25]

Die Wiederholung als Figur eines notwendig und unabwendbar ›falschen‹ Lebens. Damit erweist sich das Leben der Schreibenden nicht als falsches, hinter dem eine andere Wahrheit, ein richtigeres Leben verborgen und darin verfehlt wäre, sondern als imaginär in seiner Struktur. Denn die ›Wahrheit‹ besteht gerade in der Spaltung des Subjekts, im Wunsch *und* in der Verfehlung eines ›eigenen‹ Lebens als Besitz, »MEIN LEBEN«.

3. »Dass es nämlich die Distance und nichts als die Distance ist, die das Wunderbare für mich bedeutet«

In demselben gedichtförmigen Text spricht die Schreibende von ihrer großen Unzufriedenheit mit ihrem Leben und mit dem, was sie die Möglichkeiten nennt.[26] Dort entwirft sie auch ihre »Legende vom Leben zu zweit«, ihre Vorstellung von der *Liebe,* die nur in der Distanz möglich sei, in einem Zustand, der sie vor dem Zerbrechen schützt.

Dieses Motiv der Liebe – nur wirklich in der *Un*möglichkeit, nur als *nicht*-wirkliche möglich – duchzieht wie ein Leitmotiv die Literatur Unica Zürns. In diesem Zusammenhang erhält der Mann im Jasmin seine Bedeutung. Ausphantasiert bis ins Detail ist eine solche Liebe in dem Briefwechsel zwischen einem Herrn und einer Dame, in den »Erdachten Briefen«, und in dem Text »Les Yeux à deux«, einer Variation auf die heimliche Liebe und den Tod der Liebenden in Bellinis Oper »Norma«, in deren Notenheft Zürn ihren Text schreibt. Die Spiel-Regeln, die sie für die Liebe auf Distanz entwirft, beginnen damit, daß für die Spiele zu zweit nicht mehr als zwei Personen zulässig seien, ein männlicher und ein weiblicher Spielteilnehmer, Flavius und Norma; sie funktionieren aber über drei Personen. Die dritte Person bleibt sozusagen im Personenregister unerwähnt: Pollion, Normas Gatte, der sie, wie es heißt, zum ersten Mal zu Flavius führte. In dem Spielverlauf der Liebe in der Distanz – »nur die Unwirklichkeit hebt das Gesetz der Distanz auf«[27] –, einem Spiel, das aus neun Partien besteht und als Ausdruck der ›wahnsinnigen Hoffnung‹ gelesen werden kann, ist quasi ein Nebentext mitgeschrieben, die Geschichte Pollions und Normas, ein Text über die ›Möglichkeiten‹ bzw. über das Paar, über die wirkliche Beziehung, in deren Zusammenhang das Wort ›Liebe‹ aber nie fällt. »Normas und Pollions Geheimnis ist ihre gemeinsame Panik und ihre Verachtung des Glücks.«[28] Die Liebe also als nicht-materialisierte Vorstellung neben und *wegen* der realen Beziehung, d. h. die Täuschung *und* die Ent-Täuschung.

Das *Über*leben ist der Seite der Enttäuschung zuzurechnen, ist auf sie angewiesen. Vermutlich ist die Beziehung Unica Zürns zu Hans Bellmer hauptsächlich auf dieser Seite angesiedelt gewesen. *Sein* Name wird nie in Verbindung mit dem »weißen Mann« gebracht, sein Name taucht nicht in der oben genannten Zeichen-Kette auf. Er assoziiert sich eher zu der Figur des »schwarzen Barons« (in Verbindung mit dem »Gaunerliebchen«) in den Prosatexten »Im Hinterhalt« (1963 geschrieben) und »Die Trompeten von Jerichow« (um 1968 entstanden). Er verbindet sich eher auch mit ›einer‹ und ›er‹ in dem Text. »Das Weisse mit dem roten Punkt«. Doch das ist ein anderes Kapitel, dazu später.

Die Liebe in der Distanz, die Spiele zu zweit, diese »grosse, stille und ungefährdete Liebe«, ist nichts anderes als die Radikalisierung einer Dramaturgie, die für den romantischen Liebesbegriff charakteristisch ist. In seinem Buch »Fragmente einer Sprache der Liebe« hat Roland Barthes die Funktionsweise dieser allgemeingültigen Liebesvorstellung, die sich aus der Literaturgeschichte herschreibt, in einer Serie von Sprachszenen bzw. diskursiven Figuren beschrieben, ein strukturales Porträt und eine Topographie des Liebes-Diskurses,[29] in dem immer wieder in den verschiedensten Variationen zum Vorschein kommt, daß sich die Liebe wesentlich über den Mangel, über die Abwesenheit des Liebesobjektes, über die räumliche Distanz oder andere Hindernisse konstituiert. Bei Unica Zürn wird dieses Moment der Liebe ins Übertriebene gesteigert – und damit zur paradoxen Figur: »alles gemeinsam erleben, indem wir nichts gemeinsam erleben.«[30] Distanz und Unwirklichkeit und das Fehlen einer körperlichen Berührung sind von ihr als Gebote, als Spiel-Regeln gesetzt, aus Angst vor der Enttäuschung und um die Tötung der Liebe zu verhindern.

»Und alle ›wirklichen‹ Umarmungen werden zu einem Nichts, zu einer Banalität, gemessen an dieser Möglichkeit, an die sie schon lange Zeit glaubt, von der sie geträumt hat, weil sie einzigartig ist und durch keine allzu bekannte Geste, durch keine Worte, deren Ausdruck langweilig und beschämend ist, gestört wird.«[31]

In dieser Struktur hat die nicht-tatsächliche Begegnung eine höhere emotionale und psychische Realität für Unica Zürn als die ›wirkliche‹. Man hat ihre Vorstellungen als ›Wahn-Vorstellungen‹ bezeichnet oder als ›Realitätsverlust‹ gewertet. Ihr Liebesbegriff referiert aber auf die Tradition der Mystik ebenso wie auf die Figur der ›fernen Geliebten‹ in der Liebeslyrik der Renaissance und der Romantik. Die Anbetung der unerreichbaren bzw. toten (weiblichen) Geliebten durch den (männlichen) Dichter ist ein bekanntes Motiv, die Umkehrung dieser Konstellation erregt dagegen Abwehr und Irritation. In der Literatur Unica Zürns haben wir es allerdings nicht nur mit einer einfachen Umkehr des bekannten Verhältnisses zu tun, die Anbetung ist bei ihr nämlich nicht mit jener Selbstinszenierung und Überlegenheit vorgebracht, die der liebende Dichter seinem geliebten Objekt gegenüber meist einnimmt. Sie ist statt dessen mit einem Gestus der Unterwerfung verbunden, indem sie sich unter die anderen stellt und im Warten, in der Bewunderung verharrt, im Warten auf das

Wunder, der Be-wunder-ung. In den 1957 entstandenen »Notizen einer Blutarmen« schreibt sie:

»In 5 Tagen geht dieses Jahr zuende. Ein Jahr mit grossen Begegnungen. Ich habe Hans Bellmer zu allen Portrait-Sitzungen begleiten dürfen: Man Ray, Gaston Bachelard, Henri Michaux, Matta, Wifredo Lam, Hans Arp, Victor Brauner, Max Ernst. Es ist das wichtigste Jahr gewesen – wobei mir das Wort ›wichtig‹ nicht gefallen möchte. Dem Genuss, diese Gesichter und die Werke zu *betrachten*, habe ich mich *hingegeben*. Meine alte Sehnsucht, Menschen zu begegnen, die ich bewundern kann, erfüllte sich. Es hat mich ergriffen – es hat mich vor Glück fast verletzt, dieses Jahr. Jeder von ihnen ist einzigartig. Manche von ihnen sind – wie könnte ich noch eine Steigerung finden – manche von ihnen habe ich zu meinem *Bruder* oder *Vater* gemacht, ohne dass sie es wissen. Es gibt Menschen, die angebetet werden müssen und andere, die anbeten müssen. Zu den Letzteren habe ich immer gehört. *Staunen, bewundern, anbeten* – ohne Ende. Im Hintergrund sein, ansehen, zusehen – das ist meine passive Lebenshaltung. Und die Bewunderten *ziehen in mich hinein* und legen sich zu den übrigen, wenigen Schätzen, die noch aus der Kindheit kommen. Das brennt, das regt sich, das bildet sich und kommt von Zeit zu Zeit zurück – in einer Zeichnung oder in einem Anagramm – ausgegossen und umgeformt.«[32]

Die Einverleibung – auch das ein durchgängiges Motiv in Unica Zürns Texten – anstelle der realen Begegnung oder Umarmung, eine Form übersteigerter Rezeptivität. In der ersten Spielpartie in »Les Yeux à deux« wird unter der Überschift »Das Spiel von der Einverleibung« diese phantastische Form einer Vereinigung entworfen; auch in den »Erdachten Briefen« zwischen dem Herrn und der Dame wird sie praktiziert. Der Unterschied zwischen den eben zitierten tagebuchartigen Aufzeichnungen in den »Notizen einer Blutarmen« und den Prosatexten »Les Yeux à deux« und »Erdachte Briefe«, die beide eine fiktive dialogische Gestalt haben, besteht allerdings darin, daß die Einverleibung in den imaginierten *geschriebenen* Liebesszenarien als *gegenseitige* vollzogen wird, während sie im Pariser Künstleralltag als einseitige beschrieben ist. Das Bild von der Einverleibung erinnert an eine Anspielung von Ingeborg Bachmann in ihrem Romanfragment »Der Fall Franza«, in dem sie, Musil zitierend, auf den

Mythos des Geschwisterehepaares Isis und Osiris Bezug nimmt: »Unter hundert Brüdern dieser eine. Und er aß ihr Herz und sie das seine.«[33] Dieser Satz, der als Kultsatz der Geschwister Martin und Franza bezeichnet wird, verweist auf eine mythische Beziehung zwischen den Geschlechtern, eine vorsexuelle Verbindung bzw. eine Vereinigung, die *noch nicht* in der Form eines Geschlechterkampfes organisiert ist, der die Positionen von Überlegenem und Unterlegener geschlechtsspezifisch eindeutig verteilt. Auch bei Zürn spielt der Bruder eine Rolle. Er gehört in die Figuren- und Zeichen-Kette des »weißen Mannes«: »Sie erwartet den Bruder. Sie erwartet zugleich ihren Vater, (...) Der dritte wird ihr Sohn sein. Der vierte der weiße Mann – denn der ist gegenüber.«[34]

Die ›Einverleibung‹ in »Les Yeux à deux« wird von Norma als ein Prozeß empfunden, in dem sie sich auflöst und sich selbst abhanden kommt: als Entweichen des Knochenmarks, Verströmen der Adern, Schwinden der Sinne und als Gefühl ihrer Abwesenheit. Es ist ganz deutlich, daß dieses Bild an die Stelle der ›wirklichen‹ Vereinigung tritt. Die Vorstellung der ›Einverleibung‹ bei Unica Zürn steht dabei in einem doppelten Verhältnis zum Schreiben; sie ist als Voraussetzung für die eigene künstlerische Produktivität gedacht, und sie wird schreibend als Liebesszene entworfen, sie ist Textfigur und Lebensfigur zugleich. Die Einverleibung be-schreibt ein Leben in rezeptiver, betrachtender Haltung, in dem das Schreiben, das Zeichen und der Wahnsinn die einzigen Formen der Produktivität und der Artikulation darstellen.

4. »Die Angst leben zu müssen oder sterben zu müssen – ist das nicht das Gleiche?«

Jean-François Rabain hat im Zusammenhang mit dem »Mann im Jasmin« vom gewaltsamen »Einbruch des Imaginären ins Reale« gesprochen,[35] er bezog sich damit auf das offene Ende des Manuskripts und wohl auch auf Zürns Tod. Im Oktober 1970, als Unica Zürn sich während eines Kurzurlaubs aus der psychiatrischen Klinik zu Besuch bei dem kranken Hans Bellmer aufhielt, stürzte sie sich aus dem Fenster seiner im fünften Stock befindlichen Wohnung in der Rue de la Plaine. Sie befand sich in einer durchaus aussichtlosen Lage. Bellmer, nach einem Schlaganfall krank, konnte keine ›Stütze‹ mehr für sie sein; sie selbst war aufgrund ihres seelischen und körperlichen Zustandes unfähig, alleine zu leben. Aber trotz dieser Erklärungsversuche bleibt eine Irritation darüber, daß sie mit diesem Sturz einen Tod real vollzog, den sie zuvor in ihrer Literatur schon für eine ihrer Figuren erdacht hatte. Das kleine Mädchen in »Dunkler Frühling«, von Unica Zürn drei Jahre vor ihrem Freitod geschrieben, stürzt sich auf die gleiche Weise aus dem Fenster. Es ist ein Schritt, mit dem sie sich vollends den Imaginationen, die im Laufe der Erzählung immer stärker zu ihrer Wirklichkeit werden, hingibt. Es ist die tödliche Angleichung an das ideale Bild vom ›schönen toten Kind‹: »Sie möchte schön aussehen, wenn sie tot ist. Sie möchte, daß man sie bewundert: nie hat man ein schöneres totes Kind gesehen.«[36] Unica Zürns eigener Tod liest sich wie eine Nachahmung ihrer Imagination bzw. wie ein Sturz, mit dem der Körper mit der Vorstellung in Übereinstimmung gebracht wird. »Der Körper hat es dann auszubaden«.[37] Schon 1959 in dem Text »Das Weisse mit dem roten Punkt«, den man als eine Art Zwischen-Resümee ihres Lebens lesen kann, ist von diesem Tod die Rede; hier allerdings hoffnungsvoller, froh, daß sie ihn nicht früher tatsächlich realisiert hat:

»Und noch ein Wunder, ein zweites: ich bereue es
jetzt nicht mehr, dass ich mich nicht schon zwölfjährig,
wie ich es vorhatte, aus dem Fenster stürzte.
Und das? Sollte das Hoffnung sein?«[38]

Der Text endet allerdings mit der Zeile »In großer Angst geschrieben am 24. Februar 1959.« Dieses Nebeneinander von Hoffnung und Angst, von Erregung und Überdruß ist kennzeichnend für die Texte Unica Zürns. Immer wieder schreibt sie über den Tod, ohne daß dabei eine einheitliche Haltung erkennbar wäre; positive und negative Gefühle sind mit dem Tod verbunden, wenn nicht die Gleichzeitigkeit von Lust und Schrecken in ihren Sätzen eine solche Unterscheidung überhaupt als sinn-los erscheinen läßt.

»Ist so viel Traurigkeit und Verwirrung notwendig, um sich das Vergnügen zu machen, an den Tod zu denken?«[39]

»Das Wunder und der mit seinem Erscheinen verbundene Tod?«[40]

»Die Angst, leben zu müssen oder sterben zu müssen – ist das nicht das Gleiche? Wenn schon ein Mensch Angst hat, hat er Angst vor dem Leben, dem Tod, vor jedem neuen Tag und selbst vor der Liebe. Wir sollten, so lange wir noch einander schreiben, uns nur noch Geschichten erzählen. Alte Geschichten, an die wir uns kaum noch erinnern, die aber schön sind.«[41]

Das Erzählen von Geschichten, das Wunder, die Erfindung wunderbarer Geschichten und die Verzauberung des Todes sind verwoben mit Angst und Vergnügen, welche gleichermaßen eine Bewegung aufbieten gegen den Überdruß und ihre »große Unzufriedenheit mit (ihrem) Leben und mit den Möglichkeiten«,[42] gegen ein enttäuschtes und entzaubertes Leben: »Das Bekannte, das Allzubekannte – es dreht mir den Magen um.«[43] Geschichtenerzählen also nicht als Bewältigung und Zurückdrängung des Todes und der Todesangst, sondern die Literatur als Ort, welcher der Widersprüchlichkeit der Todes-Phantasien Raum läßt. Man kann Unica Zürns Literatur als Artikulationsversuche lesen, in denen die Sprache nicht von der Ambivalenz der Gefühle und den Widersprüchen des Begehrens gereinigt ist, in denen die Tendenz der Verzauberung aber so weit getrieben wird, daß sie auch die Überlebens-Vernunft außer Kraft setzt.

Unica Zürn hat sich das Wünschen nicht verbieten (lassen) wollen. In dem Text »Haus der Krankheiten« repräsentiert die Figur des ›Doktor Mortimer‹ das Wunschverbot. Er verwahrt sich gegen ›letzte Wünsche‹ und hat als Gegenmittel eine ›beruhigende Injektion‹ bereit; die Erfüllung letzter Wünsche wird von ihm als Verstoß gegen die Hausordnung und als »Verbrechen der Ärzte gegen die Menschlichkeit« bewertet. In dieser Gestalt ist der Prototyp eines herzlosen, autoritären Arztes gezeichnet, der, wie es heißt, nicht ein einziges richtiges Gespräch mit seiner ›Patientin‹ geführt habe. In einer Szene verwandelt sich der fettleibige und mit Generalsglatze ausgestattete Herr, an eine George-Grosz-Figur erinnernd, in einen gockelhaften Militaristen: Ihm wachsen Ordensbänder, blitzende Jackenknöpfe und Sporen an schwarzen Reitstiefeln:

»Er reckte den Kopf und stieß ein helles Hahnenkrähen aus. Vielleicht hatte ich eine Halluzination, aber etwas davon mußte wahr sein. Ich besaß den widerlichsten Tod aller Todespersönlichkeiten: einen Militaristen.«[44]

Im Anschluß an diese Szene folgt wieder eine Anspielung auf Zürns späteren Tod, die Andeutung, sich aus dem Fenster stürzen zu wollen: »Ich stand auf und entfernte mich von ihm, um zu einem Stuhl am Fenster zu gelangen.« Damit erhält der Sturz aus dem Fenster die Bedeutung eines *selbst* bestimmten und vollzogenen Todes; die räumliche Bewegung zum Fenster hin ist zugleich eine Entfernung weg vom Tod als personifizierter männlicher Gestalt, des Militaristen als modernen Sensenmanns. Gegen den Tod, von dem man als Opfer übewältigt wird, wird die Vorstellung eines Todes aufgeboten, bei dem Opfer und Täter in einer Person zusammenfallen, ein verzweifelter Versuch, den Platz des Opfers zu verlassen. In demselben Text wird an anderer Stelle über die Aufteilung der Menschen in zwei Gruppen, Opfer und Täter, reflektiert.

»Ich weiß nicht, ob es möglich ist, sich im Laufe des Lebens von der einen Gruppe zu lösen, um der anderen Gruppe beizutreten. Mir jedenfalls ist es bisher nicht gelungen, zum Mörder zu werden. Ewig das Opfer zu sein ist mein Schicksal.«[45]

Um sich aus der Position des Opfers zu entfernen – und das ist das Paradox vieler (weiblicher) Verweigerungsstrategien, die mit Namen wie ›Hysterie‹, ›Magersucht‹, ›Schizophrenie‹ u. a. bezeichnet werden –, macht sie sich aktiv zum Opfer, opfert ihren Körper ihrem Selbst in einem sich zerstörenden Akt der Selbstbestimmung. Ähnliche Strategien finden sich häufiger in der Literatur von Frauen; um nur eines der derzeit bekanntesten Beispiele zu nennen, sei noch einmal auf Bachmanns »Der Fall Franza« hingewiesen. Ihre Figur, ebenfalls in der Position des Opfers fest*geschrieben*, tötet sich durch einen Schlag mit dem Kopf gegen die Wand – zugleich die Bücherwand in Wien und die Steinwand der Pyramide in der Wüste –, um damit ihrem von den ›Weißen‹ besetzten Denken, einem Denken, »das zum Sterben führt«, ein Ende zu bereiten, ein Ende, das im selben Moment ihre andere, sich verweigernde Stimme laut werden läßt: »Nein. Nein.« – eine Szene, die von Bachmann als Gleichzeitigkeit von symbolischer und konkreter Handlung gestaltet ist – auf dem Papier; und die Textualität des »Falls Franza« wird zu Beginn des Romanfragments ausdrücklich hervorgehoben: Worte, Papier! Der fundamentale Unterschied zwischen der *Schreibweise* Bachmanns und der Unica Zürns aber besteht bei vielen Analogien in den Motiven darin, daß Bachmann ein Literaturkonzept produktiver und hoffnungsvoller Ent-Täuschung entwickelt hat, während Unica Zürn ihre Hoffnung immer mehr an die Träume heftet, sich der Täuschung verschreibt und das Imaginäre zu ihrer einzig gültigen Wirklichkeit macht – um schließlich den lange zuvor phantasierten Tod an sich selbst real zu vollziehen. Für den Tod, in dem Täter und Opfer zusammenfallen, steht im »Mann im Jasmin« das Bild des Skorpions, der sich den eigenen Stachel durch das Herz stößt bzw., als ›sie‹ sich in den Skorpion verwandelt hat, ins ›Sonnengeflecht‹. Diese Vorstellung (resp. Imagination), die als regelrechte Vorstellung (resp. Aufführung) auf der Bühne inszeniert wird, folgt einer Überlegung, in der die Opfer-Täter-Problematik variiert ist: »(...) und sie begreift: Man muß Mimiker werden, will man zugleich den Verfolger und den Verfolgten darstellen.«[46] Mimiker sein, sich verwandeln in verschiedene Gestalten, die Bilder spielen und verkörpern, in Wiederholungen und Fortsetzungen, und endlich, um nicht »ewig das Opfer zu sein«, die reale Nachahmung des imaginierten Todes, Mimesis als Angleichung ans Tote. Vielleicht befremdlicher noch als die Tatsache, daß Unica Zürn die *Art* ihrer Selbsttötung und die eigene Todesszene vorher geschrieben hat – wodurch sie auch verhinderte, daß andere dies darstellend reproduzieren –, mutet es an, daß sie auch ihr Sterbe*alter* im voraus thematisiert hat. In den 1957, dreizehn Jahre vor ihrem Tod, entstandenen Aufzeichnungen »Notizen einer Blutarmen« erwähnt sie das Alter von vierundfünfzig:

»Der Hals tut mir weh, die Wirbel knirschen, das nennt man Spondilosis oder Spondilitis? Und wenn man damit alt wird,

wird das sehr unangenehm – ab 60 Jahren, sagte der Arzt – sagen wir lieber 54, denn 4 und fünf ist 9«[47]

Der zitierte Satz steht völlig lakonisch neben Mitteilungen über den Kater, genauso wie in anderen Texten ganz selbstverständlich Zahlenmystik, magische Bedeutungen von Namen und Farben das Gewebe der Chiffren ergänzen. Das Nebeneinander von alltäglichen Reflexionen und Imaginärem kommt in diesen tagebuchartigen Aufzeichnungen besonders kraß zum Tragen. Unica Zürn hat in und mit ihren Bedeutungen gelebt, und sie ist damit gestorben. Sie *war* vierundfünfzig Jahre alt, als sie sich aus dem Fenster stürzte.

5. »Der Mann wird in ihren Augen zu einem großen Zauberer, zu einem Wesen, das alles, selbst das Unwahrscheinliche vollbringen kann.«

Der Text, der mit dem Sturz des Mädchens aus dem Fenster endet, die Erzählung »Dunkler Frühling«, beginnt mit dem Namen des Vaters. In dieser Schrift laufen viele Motive zusammen, die auch in anderen Texten Unica Zürns zu finden sind. Hier aber werden sie, fast analytisch, in ihrer Genese rekonstruiert; die Erzählung verfolgt die Entstehung weiblicher Sexualität und Phantasien am Beispiel eines namenlosen Mädchens: ›sie‹. Beschrieben wird die psychosexuelle Genese seiner ›Identität‹ als Prozeß einer Spaltung, einer Spaltung zwischen Erlebnissen und Erwartungen, zwischen seinem Körper und seinen Einbildungen: Entstehung eines Begehrens, dessen Spuren ins Imaginäre verlaufen. Es ist die eigene Geschichte Unica Zürns, es ist zugleich aber auch mehr. In einem Brief an Ruth Henry schrieb sie: »Ich versuche einen neuen Text zu schreiben. Die erotischen Erlebnisse eines kleinen Mädchens. (aus der eigenen Kindheit).«[48] In einer Schreibweise, die ich als strukturale kennzeichnen und beschreiben möchte, werden diese Erlebnisse nicht als autobiographische dargestellt, sondern eher als paradigmatische Entwicklung beschrieben. Das Geschehen wird aus der Sicht des Mädchens geschildert; in der Anordnung der Szenen, in den Benennungen und Bewertungen kommt aber das Wissen, auch das psychoanalytische Wissen, der Schreibenden zum Tragen. Auch werden die Figuren nicht als individuelle Charaktere entworfen, sondern sie bezeichnen den Ort, den sie in den Erlebnissen und Vorstellungen des Mädchens einnehmen. Der Text unterscheidet sich durch seine Geschlossenheit und darin, daß in ihm eine durchgehende Fabel erzählt wird, von den anderen Schriften Unica Zürns, vielleicht wegen der großen zeitlichen Distanz zwischen dem Geschehen, der eigenen Kindheit, und dem Zeitpunkt des Schreibens als einundfünfzigjährige Frau.

Die Geschichte beginnt mit dem Vater – »Ihr Vater ist der erste Mann, den sie kennenlernt«[49] – und mit seiner Abwesenheit, wobei es gerade seine Abwesenheit und seine Macht sind, welche die Faszination begründen, die von ihm ausgeht. Im Verhältnis zur Mutter, vor allem zum Körper der Mutter, entwickelt das Mädchen dagegen aufgrund einer Kränkung, die es im Akt erdrückender Zuwendung erfährt, eine unüberwindliche Abwehr. Später ist es dann auch die Mutter, die die Verbote gegenüber dem Mädchen vertritt, während der Vater sich auf Reisen befindet. Nach diesen Passagen, die das ›Gesetz des Vaters‹ rekonstruieren, folgt die Erkenntnis sexueller Differenz:

»Es gibt also Männer und Frauen. Ihre Beschäftigungen sind verschieden. Wenn sie in ihrem Zimmer liegt und einschlafen soll, betrachtet sie das Fensterkreuz. Bei der Form des Kreuzes muß sie an Mann und Frau denken: die senkrechte Linie ist der Mann, die waagerechte Linie ist die Frau. Der Punkt, in dem sich die beiden Linien treffen, bedeutet ein Geheimnis.«[50]

Für das Mädchen bedeutet diese Erkenntnis: entstehende Neugier für das ›Geheimnis‹ sowie Faszination für den anderen, männlichen Körper, den des Bruders und den des Vaters. Aus der Anschauung, daß Mann und Frau als ›Paare‹ auftreten, erwächst schließlich der Wunsch, »auch für sich eine Ergänzung zu finden«, welcher die ersten »Gefühl(e) der Wollust« begleitet. In dieser, auf wenigen Seiten entworfenen Geschichte sind die Struktur der familialen Konstellation, die Geschlechterdifferenz und deren asymmetrische Anordnung in dieser Struktur, die Entdeckung der eigenen sexuellen Identität und die ersten autoerotischen Erlebnisse so miteinander verbunden, daß deutlich zum Ausdruck kommt, wie die Erlebnisse des Mädchens im Muster der geltenden Geschlechter-Ordnung ihren Sinn zugewiesen bekommen. Indem die ersten sexuellen Erfahrungen in der Struktur der herrschenden Ordnung ihre Bedeutung erhalten, tritt das Mädchen, mit der Ausbildung sexueller Identität, in diese Ordnung ein. Schon hier sind Phantasie und Wirklichkeit ununterscheidbar, werden doch die Erfahrungen von den Vorstellungen begleitet und gedeutet. In diesem geradezu ›klassischen‹ Muster der psychosexuellen Entwicklung eines Mädchens bleibt der Vater »bis zu ihrem zwölften Lebensjahr der Mann, den sie allen anderen Männern vorzieht«.[51] Durch ihn und in ihm begründet sich aber die Bedeutung des Mannes überhaupt.

Im weiteren Fortgang der Fabel treten andere Personen in diese Konstellation ein. Zuerst ein Dienstmädchen, das für das Mädchen »zum Mittelpunkt des Wunderbaren« wird, da sie all die Accessoires besitzt, die sich mit dem Fetisch weiblicher Schönheit verbinden: Parfüm, bunte Seidenwäsche, hohe Absätze, Strumpfbänder, bunte Seifenschachteln, Spitzen. Wenn Frieda nicht arbeitet, liest sie auf dem Bett liegend ein Buch, raucht und ißt Schokoladenbonbons; sonntags wird sie von einem bejahrten Herrn abgeholt; eine Figur, die aus Irmgard Keuns »Kunstseidenem Mädchen« entsprungen sein könnte. Für das Mädchen wird sie zum weiblichen Gegenbild der Mutter, die, eifersüchtig geworden, das Dienstmädchen aus dem Haus schickt. Als Zehnjährige im Indianerspiel mit gleichaltrigen Freunden spielt das Mädchen die Rolle des Opfers, wobei es sich in masochistischen Träumereien verliert und durch seine Standhaftigkeit zur »unüberwindlichen Heldin« wird.

Die Held-Opfer-Konstellation setzt sich in ihren nächtlichen Einbildungen fort, wenn ›sie‹ mit ihrer Angst allein ist; dann erfindet sie sich einen ganzen Kreis beschützender ›Helden‹, die um ihr Bett aufgestellt sind und sämtlich der Literatur entstammen, Männergestalten aus Abenteuerromanen und bildlichen Darstellungen. In all diesen Szenen erscheint das Mädchen als sprachlos; nur im Spiel mit seiner Freundin wird es sprachlich aktiv, allerdings in einer nonverbalen, lautlichen Sprache, einer »eingebildeten Klagesprache«, die nur aus Vokalen besteht, in einer Artikulationsweise, die theoretisch als vorsymbolische zu kennzeichnen wäre. Mit den Spielen, die alle einem dramatischen Muster folgen, »vom Schauerlichen und Gefährlichen bewohnt« sind und in denen sie die Erregung im eingebildeten Unglück suchen, flüchten die Mädchen aus dem langweilig gewordenen Familienalltag. Bis zu diesem Punkt ist damit im Text die Funktion der symbolischen Ordnung ebenso wie die der imaginären Vorstellungen beschrieben. Abgeschnitten von sprachlicher Kommunikation und Artikulation seiner Erlebnisse, bleibt das Mädchen zurückgeworfen auf seine narzißtischen Phantasien.

Es folgt eine Reihe sexueller Erfahrungen, die als Enttäuschungen erlebt werden. Eine Vergewaltigung durch den Bruder hinterläßt Beschämung und Enttäuschung. »Sie blickt ihn wortlos und verächtlich an. Sie ist beleidigt und wütend.«[52] Da sie sich nicht rächen kann, träumt sie von der Rache. Neben der Gewalt, die der Bruder ihr angetan hat, hat er ihr das ›Geheimnis‹ zerstört; die Begegnung mit ihm ist beschämend im Vergleich mit ihren erregenden nächtlichen Phantasien. Auf der Suche nach starken Gefühlen probiert sie verschiedene Möglichkeiten der Selbstbefriedigung – und wird immer enttäuscht:

»Aber das zu oft empfundene Gefühl der Wollust läßt eine bedrückende Leere zurück. Sie sucht nach einer wirklichen Ergänzung und findet keine. Alles ist falsch.«[53]

Die Diskrepanz zwischen emotionalem und körperlichem Begehren und den tatsächlichen Empfindungen kann durch keine reale Beziehung eingeholt werden. Sie führt zu einer eigentümlichen Ambivalenz von Angst und Verlockung, mit welcher die ganze Sphäre des Sexuellen besetzt ist. An die Stelle mangelnder realer Beziehungen treten »eingebildete Erlebnisse mit Männern«. Diese wichtige Bedeutung der Einbildung setzt sich in die Gestaltung erster Liebeserfahrungen hinein fort. In der ersten Verliebtheit mit einem Jungen genießt sie die heimlichen Briefe und die gemeinsamen Spiele auf dem Dachboden; er darf sie aber nicht berühren:

»Das Spiel wäre aus, wenn er ihr einen Kuß geben würde. Sie möchte immer in der Erwartung leben. Mit einem Kuß wäre alles beendet. Was soll noch danach kommen? Mit dem zweiten Kuß wird alles schon Gewohnheit. Sie steht auf und läuft schluchzend fort. Ist die Liebe so kurz? Gibt es gar nichts anderes als Küsse? Umarmungen? Und dann das, was ihr Bruder mit ihr gemacht hat? Ist das wirklich schon alles?«[54]

Die Erwartung wird zu der von ihr gewählten Form der Liebe, da der Körper die codierten Formen sexueller Begegnung zwischen den Geschlechtern als Enttäuschung notiert hat. Sie ›entschließt‹ sich, in der Erregung der Erwartung zu verharren, die sie fortan als einzig mögliche Existenz der Liebe erlebt, aus der sich dann auch die erwähnte Dramaturgie für die ›Liebe aus der Distanz‹ ableitet. In der anschließenden Geschichte mit ›dem Fremden‹ in der Badeanstalt wird diese Dramaturgie bis ins Detail entwickelt. In der heimlichen Betrachtung des fremden, unerreichbaren Mannes erlebt sie ihre erste große Liebe, in der ein Mann dieselbe Bedeutung erhält, die früher ihr Vater für sie hatte, eine Liebe, die ihr als mächtiges, kaum ertragbares Gefühl erscheint: »Wer könnte die Liebe ertragen, ohne daran zu sterben?« In ihrer Vorstellung begleitet der Fremde sie überallhin, hinter ihm verschwinden all ihre anderen ›Helden‹ aus der Phantasie, wobei die Stärke ihrer Liebe an seine Unerreichbarkeit gebunden ist. Ihre Heimlichkeit und Einsamkeit, die Beschränkung ihrer Aktivitäten auf Blicke, das Betrachten aus der Distanz und seine Unerreichbarkeit bringen sie in die Position derjenigen, die den anderen anbetet. Von einem Besuch bei ihm zu Hause nimmt sie den Kern eines Pfirsichs, den er gegessen hat, als ›Talismann‹ mit, läßt sich ein Haar von ihm schenken und eine Fotografie – »Jetzt haben sie ein Geheimnis zusammen« –, die sie, wieder im Elternhaus, nach der vergeblichen Suche nach einem sicheren Versteck aufißt: »Sie steckt die Fotografie in den Mund, zerkaut sie sorgfältig und schluckt sie hinunter, sie hat sich mit ihm vereinigt.«[55] Hier entsteht die Vorstellung von der ›Einverleibung‹, die als rituelle Form der Vereinigung die körperliche/sexuelle Berührung ersetzt und übertrifft, da darin keinerlei Ernüchterung die daran geknüpften Erwartungen zu zerstören vermag.

Als die Mutter ihr weitere Besuche in der Badeanstalt verbietet, fühlt sie sich einsam und lebt noch mehr in der »wirklichen, verträumten Welt« ihres Zimmers, in dem alle möglichen Gegenstände mit Bedeutung besetzt sind. Was bleibt, ist die schon eingeübte Selbstverliebtheit in das Bild des schönen Opfers. Die Selbstbewunderung im Spiegel verbindet sich mit der Phantasie ihres Todes, den sie im Blick auf die Mutter und den Bruder und auf die Kränkungen und Verletzungen, die sie durch beide erfahren hat, erwünscht. »Sie möchte schön aussehen, wenn sie tot ist. Sie möchte, daß man sie bewundert; nie hat man ein schöneres totes Kind gesehen.«[56]

Der Sturz des Mädchens aus dem Fenster wirkt wie ein jäher Einbruch in eine Bewegung, durch die es zuvor wie im Sog immer weiter in die eigenen Imaginationen verstrickt wurde – und die Leser mit ihm. Das jähe Ende beinhaltet sowohl einen Bruch in der Steigerung des Imaginären als auch eine ›Realisierung‹ der darin eingeschriebenen Bilder. Wird die für das Begehren des Subjekts konstitutive Spaltung zwischen Liebesanspruch und Befriedigungswunsch[57], erlebt als Diskrepanz zwischen emotionaler Erwartung und körperlicher Enttäuschung, so verarbeitet, daß es sich der Herrschaft des Imaginären hingibt, sich in der Identifizierung mit Bildern verliert, so wird der imaginäre, d. h. illusionäre Charakter der Identität verstärkt. Aus Vorstellungen werden Einbildungen, aus Phantasien werden Phantasmen, für welche die Konfrontation mit realen Erlebnissen immer gefährlicher würden. Deshalb muß die Verhinderung von Berührung und Nähe den Fortbestand der Bilder sichern. Am Ende bleibt nur eine Handlung, die eine Berührung auf Dauer verhindern kann, eine Handlung, in der das Mädchen, indem es das Bild vom schönen toten Kind mit dem eigenen Körper materialisiert, dies Bild zugleich zerstört.

Der Mangel sprachlicher Artikulation ist für die Geschichte dieses Mädchens ebenso charakteristisch wie ihre Überproduktion an Phantasien, vor allem der Mangel einer

Sprache für die sexuellen Erfahrungen. Das Mädchen scheint ausgeschlossen aus der Sprache und eingeschlossen in ihre Phantasie. Für Unica Zürn als Autorin dieses Textes allerdings wird die Sprache, die poetische Sprache – neben dem Zeichnen – zu einer wichtigen Artikulationsmöglichkeit. Wenn sie auch mit der Erzählung die Genese ihrer eigenen Vorstellungsstruktur beschrieben hat – und viele der Motive im »Dunklen Frühling« deuten darauf hin –, so unterscheidet sie sich von dem Mädchen doch darin, daß sie phantastische sprachliche und literarische Wege entwickelt hat, um ihre Imaginationen auszudrücken, um zu schreiben und zu *be*schreiben; ihre Literatur ist ebenso von der Struktur des Imaginären geprägt, wie sie eine präzise Beschreibung dieser Struktur enthält.

6. »Das Messer im Herzen«

Die Liebe in der Distanz, deren Dramaturgie im »Dunklen Frühling« in ihrer Entstehungslogik dargestellt ist, bestimmt viele Texte Unica Zürns; sie verbindet sich mit dem Motiv des »weißen Mannes« und seinen Verdoppelungen, Vervielfachungen und Verwandlungen in andere Gestalten und Chiffren. Schon in dem acht Jahre vor dem »Dunklen Frühling« geschriebenen Text »Das Weisse mit dem roten Punkt« wird die Geburt ihrer ›Legende vom Leben zu zweit‹ in die Kindheit zurückverlegt. Sie spricht dort davon, daß sie als Kind von einer Ehe träumte »mit einem weißhaarigen, gelähmten, für immer an seinen Rollstuhl gefesselten Herrn, der mich belehrte«.[58] Auch hier befindet sie sich in der Position der Unterworfenen, zu seinen Füßen, lauschend. Dafür garantiert seine Fesselung an den Rollstuhl, daß er sie niemals berührt. »Diese Ehe war meine Seligkeit.« Eine solche Ehe ohne Berührung wurde von ihr in ihrer Literatur endlos phantasiert und variiert.

Wenn sie in ihren Texten über die Beziehung zu Bellmer spricht, dann weniger unter dem Thema der Liebe; sie motiviert sie eher aus der Angst vor dem Alleinsein: »Ängstlich, wie wir beide sind, erwartet der eine vom anderen, daß er ihn stützt und umfängt, denn Alleinsein ist schrecklich!«[59] In dieser Formulierung wird deutlich, daß ihr *Über*leben an die Beziehung zu ihm gebunden ist, ein Überleben in der Ent-Täuschung, von dem sich die Wünsche abspalten, um im Imaginären fortbestehen zu können.

»Ich habe geglaubt, daß die Begegnung mit
einem menschlichen Wesen – und jetzt
spreche ich von der Begegnung mit dem
Mann – unsere Vorhänge zum Verschwinden
bringen könnte. Mehr noch: daß dieser Vorgang
das wesentliche Ergebnis einer solchen
Begegnung sein müsste.
Und das ist mein Glauben und meine Täuschung.

Indessen – ich werde alt. Fester wickle ich
mich in meine staubig gewordne Samt-
portiere....
Hoffnungslos – ohne Hoffnung.
Um so strahlender wird der Traum!
Durchsichtig. Helligkeit – o wie hell!
Und das ist mein Trost.«[60]

Die Begegnung mit Bellmer scheint eine Wiederholung und Fortsetzung der Enttäuschung ihrer Erwartungen gewesen zu sein, so sehr sie ihn offenbar gebraucht hat. In einem im letzten Lebensjahr in französischer Sprache geschriebenen Text »L'homme-Poubelle« heißt es über die Beziehung: »Bellmer et elle depuis 1953, camarades de la misère, une grande amitié... avec quelque *horreur* pour elle.«[61]

Neben dem Schrecken gibt es aber auch die Freude, wie sie z. B. in einigen Passagen der »Trompeten von Jerichow« zum Ausdruck kommt, eines Textes, der in einer Kette von Träumen vom ›Schwarzen Baron‹ und seinem ›Gaunerliebchen‹ erzählt, wohnend in der Rue Mouffetard 88, dem ersten gemeinsamen Wohnort Bellmers und Zürns in Paris. In der Ich-Form wendet sich das ›Gaunerliebchen‹ dort einmal an den Mann und spricht von seinem Glück:

»Das Leben lieben, ach lachende Not. Das Leben biss in Deinen Schoss. Schön ist die Sonne und es schmilzt das Eis. Selbst das kalte, harte Eisen scheint Leben zu gewinnen, so sehr lieben wir uns. Ich erwärme das kalte, harte Eisen mit meinem freudetrunkenen Körper. Alle Angst ist vergessen. Ich habe wieder Vertrauen zum Leben.«[62]

Der Text ist vermutlich 1968 entstanden, ein Jahr nach dem »Dunklen Frühling«, zwei Jahre vor dem Selbstmord. Die Beziehung war offenbar, ebenso wie Unica Zürns ›Zustand‹, von großen Schwankungen bestimmt. Ihre Abhängigkeit von einem Mann hat Unica Zürn im letzten Teil des Textes »Das Weisse mit dem roten Punkt« reflektiert; der Mann wird darin als ›Einer‹ bezeichnet. »Einmal bekam ich Besuch, oder zweimal? / Von Einem der alles kennt. Einmaliger / (oder dreimaliger) Mensch!«[63] Dieser ›Eine‹ verheißt ihr, daß er sie »bilden / und erheben, bestürzen, belehren, verklären, / entrücken könnte«. Weil sie sehr allein, arm, zu gesund und neugierig gewesen wäre, sei sie ihm gefolgt:

»Schon in seinem Kielwasser, bin ich plötzlich zu
Tode erschrocken über meinen schnellen Aufbruch.
Unterwegs bemerke ich den Missklang unserer
Schritte – unterwegs erst....
(...)
in Wirklichkeit, in MEINER Wirklichkeit nämlich,
habe ich mich davongemacht.
Der Körper hat es dann auszubaden, denn die
beschriebene Situation erfordert unmenschlichen
Widerstand. Dann geschieht es, daß mir ein
Magengeschwür, eine Wirbelsäulenverkrümmung,
ein Fieber wachsen.
Die Expedition endet im Hospital.
Und das ist meine Erlösung: Meine Krankheit, die meine Rettung und Wiedergeburt ist.«[64]

Ihre Wirklichkeit schafft sie sich also neben der Wirklichkeit einer Beziehung, in der sie im ›Kielwasser‹ eines anderen schwimmt. Auf diese Weise hat die Beziehung zu Bellmer ihre künstlerische Produktivität – und vielleicht auch ihre Krankheit – in doppelter Weise befördert. Er hat sie zum Zeichnen, zum (wieder) Schreiben angeregt, hat ihr das Anagrammdichten beigebracht. Durch ihn kam sie in eine künstlerische Umgebung, die ihre Arbeiten zu würdigen wußte – allerdings, indem sie sie als ›surrealistische‹ Kunst definierte und damit möglicherweise auch einer Täuschung unterlag.

Durch das Zusammenleben mit ihm wurde sie aber auch in ihrer Tendenz, sich eine imaginäre Wirklichkeit aufzubauen, bestärkt. Und seine Förderung hielt sie ewig in der Position der Abhängigen. »Mit einem Nachwort von Hans Bellmer«, »mit 3 Zeichnungen von Hans Bellmer«, »frontispice et postscriptum de Hans Bellmer«, ihre Publikationen sind geschmückt und bezeichnet mit dem Namen ihres Mannes – und dem Namen ihres Vaters, dessen Familiennamen sie nach der Scheidung von ihrem ersten Mann und im Zusammenleben mit Bellmer beibehalten hat.

Diese Beobachtungen beziehen sich nicht auf die Person Bellmers speziell; vermutlich wäre es Unica Zürn mit einem anderen Mann ebenso oder ähnlich ergangen. Der ›Schrekken‹ aber, mit dem das Leben mit ihm verbunden war, könnte durchaus etwas mit der Person und der künstlerischen Produktion Bellmers zu tun gehabt haben. Es ist schwer vorstellbar, wie Unica Zürn, aus deren Texten eine so deutliche Angst vor der körperlichen Sexualität spricht, jahrelang mit einem Mann zusammenlebte, dessen ganze Tätigkeit auf seine sexuellen Obsessionen ausgerichtet war. Über Jahrzehnte konzentrierte sich seine Kreativität auf »die Puppe«, auf deren Konstruktion, auf die Fotodokumentation und theoretisch-poetische Reflexion der Puppenkonstruktion, die in immer neuen Variationen Teile des weiblichen Körpers zerlegt und montiert. Er sei durch die Begegnung mit Unica Zürn, so heißt es, angeregt worden, seinen lange in der Schublade liegenden Text »Kleine Anatomie des körperlichen Unbewußten oder die Anatomie des Bildes« zu vollenden. Die Erinnerungsspuren Bellmers und Zürns kreuzen sich dort, wo ›das Mädchen‹ steht, für ihn der Ort des Anderen, für sie der Ort des imaginären Ichs. Im Vorwort zur ersten Bilddokumentation der Puppe 1934 begründete Bellmer deren Konstruktion als »endgültigen Triumph über die jungen Mädchen«. Im Blick zurück auf die eigene Jugend werden die Mädchen als ungeheuerlich und verwirrend bezeichnet und die eigene Unfähigkeit zu ihrer Handhabbarkeit beklagt:

»Doch waren die jungen Mädchen – und darauf lief es hinaus – weder Kästchen noch Weckeruhren und boten darum nicht die geringste Handhabe, die Wünsche nach ihrem Reiz in zerstörende oder gestaltende Tätigkeit umzusetzen. (...)

Gewiß in den Jahren danach erhaschte ich bisweilen ein Stückchen des Erträumten in einer Zeichnung, oder im Spiel mit einer sich vergessenden Frau. (...)

Bedeutete es nicht den endgültigen Triumph über die jungen Mädchen mit ihren großen beiseite sehenden Augen, wenn der bewußte Blick ihren Charme sich räuberisch einfing, wenn die Finger, angriffslustig und nach Formbarem aus, gliedweise langsam entstehen ließen, was sich Sinne und Gehirn destilliert hatten?

Gelenk an Gelenk fügen, den Kugeln ihren größten Drehbereich für kindliche Pose abprobieren, den Mulden sacht folgen, das Vergnügen der Wölbungen kosten, sich in die Muschel des Ohres verirren, Hübsches machen und ein wenig rachsüchtig auch das Salz der Deformationen verteilen. Obendrein vor dem Innern beileibe nicht stehenbleiben, die verhaltenen Mädchengedanken entblättern, damit ihre Untergründe sichtbar werden, durch den Nabel am besten, tief im Bauch als Panorama bunt elektrisch beleuchtet. – Sollte das nicht die Lösung sein?«[65]

Unica Zürn hat jahrelang neben diesen Darstellungen des weiblichen Körpers gelebt, die sie selbst als »obszön und pervers« bezeichnet hat, und sich vielfach mit dem Werk Bellmers fotografieren lassen. Der hervorragende Ort der Frau in der surrealistischen Kunst, deren ordnungsüberschreitendes und revolutionäres Konzept sich vor allem am und mit dem weiblichen Körper entfaltet,[66] vertrug sich möglicherweise schwer mit Unica Zürns Haltung gegenüber der körperlichen Sexualität. In einer eingebildeten ›Einverleibung‹ in einem der »Erdachten Briefe« betont die Dame gegenüber dem Herrn, wie ihr das »Fehlen von Unzüchtigkeiten« wohltäte. Unica Zürn hat nur einen kurzen Text über Bellmers Arbeit geschrieben, in dem sie die Mischung von Zartheit, Behutsamkeit und Genauigkeit mit unglaublicher, mitleidloser und fieberhafter Kälte in seinen obszönen Zeichnungen hervorhob. Es ist ein Text, der für die Öffentlichkeit bestimmt war. Darin zieht sie eine Verbindung zwischen der Puppe und dem Körper einer realen Frau: Die Puppe erinnert sie an eine Frau im Krankenhaus, deren ›heftige erotische Krise‹, welche jene Frau in eine hysterische Körpertheatralik versetzte, auch in den »Notizen zur letzten (?) Krise« ausführlich beschrieben ist. Hier mit Text über Bellmer heißt es nur knapp:

»Die Beine und der Rücken, bogenförmig, und die schreckliche Sprache; Szenen des Wahnsinns, der Folter und der Ekstase: sind von ihm gezeichnet mit der Sensibilität eines Musikers, der Schärfe eines Ingenieurs, der Rohheit eines Chirurgen.«[67]

Mit der Distanz, die sich seiner zerstörenden und gestaltenden Tätigkeit verdankt, ist es Hans Bellmer gelungen, ein ›Werk‹ zu schaffen, während sich bei Unica Zürn aufgrund des Ineinanders von Text und Leben nicht entscheiden ließe, wo ihr Werk aufhört und wo es anfängt, da sie es nicht fertiggebracht hat, es von sich abzugrenzen. *Er* hat das Dargestellte zum Gegenstand degradiert, hat Objekte gemacht, während *sie* sich in ihre Texte verwandelt und in ihren Texten verdoppelt hat. Mit diesen Texten hat sie nicht wie er einen ›endgültigen Triumph‹ – ja, über wen denn überhaupt? – erzielen können und wohl auch nicht wollen. Es gibt anstelle des Triumphes die Andeutung einer ganz anderen Utopie bei ihr: die Rückkehr der Herzen in die Augen. Im Text vom »Haus der Krankheiten« klagt die Ich-Erzählerin über ihr durchlöchertes Herz und ihre ›Augenkrankheit‹. Das Herz, welches einen »widerlichen weiblichen Charakter« habe und mehrfach durchlöchert worden sei, wird als »selbstmörderisches Herz« bezeichnet, und die Augen, so heißt es, krankten daran, daß sich die Herzen aus ihnen entfernt hätten. Die Gesundung aber schreite voran in dem Maße, wie sich die Leere der Augen füllt: »Eines Tages werden die Herzen meiner Augen ganz zu mir zurückgekehrt sein. Das wird der Tag meines Aufbruchs werden.«[68]

Anmerkungen

1 So Ruth Henry, die sich um die Veröffentlichung der Texte Unica Zürns bemühte. Vgl. Franziska Schneider: »Unica Zürn. Zu ihrem Leben und ihrem Werk.« Unveröffentlichte Lizentiatsarbeit, Zürich 1979, S. 29.
2 Hans Bellmer: »Die Puppe.« Frankfurt/M., Berlin, Wien 1983.
3 Ich folge in den biographischen Daten der Arbeit von Franziska Schneider, der bisher umfangreichsten Untersuchung zu Leben und Werk Unica Zürns. Schneider hat mit zahlreichen Personen gesprochen, die Unica Zürn persönlich kannten, und unveröffentlichte Texte aus dem Nachlaß sowie Briefwechsel eingesehen. Es ist schade, daß diese gründlich recherchierte Darstellung nicht durch Veröffentlichung einem größeren Leserkreis zugänglich ist.
4 Die »Hexentexte« wurden in einer sehr kleinen Auflage gedruckt und sind sehr schwer zugänglich. Das Nachwort von Hans Bellmer ist abgedruckt in Unica Zürn: »Das Weisse mit dem roten Punkt.« Hg. v. Inge Morgenroth. Berlin 1981, S. 223/4.
5 Ein Verzeichnis der unveröffentlichten Manuskripte befindet sich in der Bibliographie der Arbeit von Franziska Schneider. S. Anm. 1 u. 3.
6 »Der Mann im Jasmin. Eindrücke aus einer Geisteskrankheit.« Frankfurt/M., Berlin, Wien 1977. »Im Staub des Lebens. Dreiundsechzig Anagramme.« Berlin 1980. »Der Mann im Jasmin. Dunkler Frühling.« Frankfurt/M., Berlin, Wien 1982.
7 Zu dieser Entwicklung vgl. meine Arbeit »Die Stimme der Medusa. Schreibweisen in der Gegenwartsliteratur von Frauen.« Frankfurt/M. 1987.
8 Ginka Steinwachs: »Mythologie des Surrealismus oder Rückverwandlung von Kultur in Natur.« Basel, Frankfurt/M. 1985, S. VII.
9 Ausnahmen sind – neben der Arbeit von Franziska Schneider – der Beitrag von Gisela von Wysocki »Weiblichkeit als Anagramm – Unica Zürn« in G. W.: »Die Fröste der Freiheit.« Frankfurt/M. 1980. Und die ausführliche Rezension von Manuela Reichert »Im Staub des Lebens.« In: »Die Zeit«, Nr. 13 v. 25. 3. 1983.
10 José Pierre: »DuMonts Kleines Lexikon des Surrealismus.« Köln 1976, S. 161.
11 Vgl. die Kurzbiographie Unica Zürns in »La Femme Surréaliste.« Obliques, No. 14–15. Paris 1977, S. 253/4.
12 Vgl. Ruth Henry in ihrem Nachwort zu »Der Mann im Jasmin. Dunkler Frühling.« A. a. O., S. 209.
13 Ebd., S. 206/207, S. 209/210.
14 »Das Weisse mit dem roten Punkt«, S. 161.
15 Ruth Henry, s. Anm. 12. S. 201.
16 Zit. auf der Rückseite des Covers von Raquel Tibol: »Frida Kahlo.« Frankfurt/M. 1980.

17 »Der Mann im Jasmin. Dunkler Frühling.« A.a.O., S. 17.
18 »Das Weisse mit dem roten Punkt.« A.a.O., S. 57.
19 Ebd. S. 79.
20 Ebd., S. 142.
21 Ebd., S. 51.
22 »Der Mann im Jasmin. Dunkler Frühling.« A.a.O., S. 149/50 (Hervorhcbungen v. S. W.).
23 »Das Weisse mit dem roten Punkt.« A.a.O., S. 69.
24 Jacques Lacan: »Das Problem des Stils und die psychiatrische Auffassung paranoischer Erlebnisformen.« In: Salvatore Dali: »Unabhängigkeitserklärung der Phantasie und Erklärung der Rechte des Menschen auf seine Verrücktheit.« München 1974, S. 354/5. Vgl. auch Schneider, S. 50.
25 »Das Weisse mit dem roten Punkt.« A.a.O., S. 92.
26 Ebd., S. 86.
27 »Der Mann im Jasmin. Dunkler Frühling.« A.a.O., S. 146.
28 Ebd., S. 145.
29 So kennzeichnet Roland Barthes selbst sein Buch im Vorwort zu »Fragmente einer Sprache der Liebe.« Frankfurt/M. 1984, S. 12, S. 15.
30 »Das Weisse mit dem roten Punkt.« A.a.O., S. 38.
31 »Der Mann im Jasmin. Dunkler Frühling.« A.a.O., S. 90.
32 »Das Weisse mit dem roten Punkt.« A.a.O., S. 57/58 (Hervorhebung v. S. W.).
33 Ingeborg Bachmann: »Werke.« Hg. v. Ch. Koschel u. a. Wien, München 1978, Bd. 3, S. 397.
34 »Der Mann im Jasmin. Dunkler Frühling.« A.a.O., S. 28.
35 In: Ebd., S. 218.
36 Ebd., S. 202.
37 »Das Weisse mit dem roten Punkt.« A.a.O., S. 92.
38 Ebd., S. 80.
39 Ebd., S. 69.
40 Ebd., S. 62.
41 Ebd., S. 51.
42 Ebd., S. 86.
43 Ebd., S. 64.
44 »Der Mann im Jasmin. Dunkler Frühling.« A.a.O., S. 168.
45 Ebd., S. 160.
46 Ebd., S. 76.
47 »Das Weisse mit dem roten Punkt.« S. 68.
48 Zit. nach F. Schneider. A.a.O., S. 21.
49 »Der Mann im Jasmin. Dunkler Frühling.« A.a.O., S. 173.
50 Ebd., S. 174.
51 Ebd., S. 176.
52 Ebd., S. 181.

53 Ebd., S. 182.
54 Ebd., S. 189
55 Ebd., S. 199.
56 Ebd., S. 202.
57 Vgl. Jacques Lacan: »Die Bedeutung des Phallus.« In: »Schriften« II. Olten 1975, S. 127.
58 »Das Weisse mit dem roten Punkt.« A. a. O., S. 85/86.
59 Ebd., S. 64.
60 Ebd., S. 85.
61 »La Femme Surréaliste«. S. Am. 11. S. 25. (»Bellmer und sie seit 1953, Kameraden im Elend, eine große Freundschaft... mit einigem Schrecken für sie.« (Hervorhebung v. S. W.)
62 »Das Weisse mit dem roten Punkt.« A. a. O., S. 140.
63 Ebd., S. 90.
64 Ebd., S. 91/2.
65 S. Anm. 2. S. 12/13.
66 Vgl. Xavière Gauthier: »Surrealismus und Sexualität. Inszenierung der Weiblichkeit.« Berlin 1980.
67 »Anmerkungen eines Beobachters.« In: »Das Weisse mit dem roten Punkt.« A. a. O., S. 221.
68 »Der Mann im Jasmin. Dunkler Frühlung.« A. a. O., S. 165.

fi 413/1

Die Frau in der Gesellschaft

Band 3746

Band 3755

Band 3788

Maya Angelou
Ich weiß, daß der gefangene Vogel singt
Band 5751

Ippolita Avalli
Warten auf Ketty
Ein Roman in Erzählungen
Band 3796

Mariama Bâ
Der scharlachrote Gesang
Roman
Band 3746

Dagmar Chidolue
Annas Reise
Roman
Band 3755
Ruth hat lange auf den Herbst gewartet
Erzählung. Band 3736

M. Rosine De Dijn
Die Unfähigkeit
Bilanz einer Liebesbeziehung
Band 3797

Oriana Fallaci
Brief an ein nie geborenes Kind
Band 3706

Maria Frisé
Montagsmänner und andere Frauengeschichten
Band 3782

Gabriele M. Göbel
Amanda oder Der Hunger nach Verwandlung
Erzählungen
Band 3760

Franziska Greising
Kammerstille
Erzählung. Band 3765

Helga Häsing
Unsere Kinder, unsere Träume
Band 3707

Elfi Hartenstein
Wenn auch meine Paläste zerfallen sind
Else Lasker-Schüler 1909/1910
Erzählung
Band 3788

Jutta Heinrich
Mit meinem Mörder Zeit bin ich allein
Band 3789

Eva Heller
Beim nächsten Mann wird alles anders
Roman
Band 3787

fi 20/7a

Fischer Taschenbuch Verlag

Die Frau in der Gesellschaft

Band 3785

Band 3719

Band 3757

Angelika Kopečný
Abschied vom Wolkenkuckucksheim
Eine Liebesgeschichte Band 3776

Christine Kraft
Schattenkind
Erzählung. Band 3750

Dorothée Letessier
Auf der Suche nach Loïca
Roman. Band 3785
Eine kurze Reise
Aufzeichnungen einer Frau. Band 3775

Monika Maron
Flugasche
Roman. Band 3784

Kristel Neidhart
Scherbenlachen
Eine Liebesgeschichte Band 3791

Tillie Olsen
Yonnondio
Roman. Band 5243

Herrad Schenk
Die Unkündbarkeit der Verheißung
Roman. Band 3798

Marlene Stenten
Puppe Else
Band 3752

Jutta Strippel
Kreide trocknet die Haut aus
Roman. Band 3733

Monika Tantzscher (Hg.)
Die süße Frau
Erzählungen aus der Sowjetunion Band 3779

Sybil Wagener
Das kleinere Unglück
Roman. Band 3748

Charlotte Wolff
Augenblicke verändern uns mehr als die Zeit
Eine Autobiographie Band 3778

Hedi Wyss
Flügel im Kopf
Roman. Band 3719
Keine Hand frei
Roman. Band 3732

Wása Solomú Xantháki
Die Hochzeit
Novelle. Band 3793

Yvette Z'Graggen
Zeit der Liebe, Zeit des Zorns
Band 3757

Fischer Taschenbuch Verlag

fi 20 / 2b

Die Frau in der Gesellschaft

Band 3754

Band 3726

Band 4702

Elisabeth Beck-Gernsheim
Das halbierte Leben
Männerwelt Beruf – Frauenwelt Familie
Band 3713
Vom Geburtenrückgang zur Neuen Mütterlichkeit?
Band 3754

Susan Brownmiller
Gegen unseren Willen
Vergewaltigung und Männerherrschaft
Band 3712
Weiblichkeit
Band 4703

Richard Fester/ Marie E. P. König/ Doris F. Jonas/ A. David Jonas
Weib und Macht
Fünf Millionen Jahre Urgeschichte der Frau
Band 3716

Shulamith Firestone
Frauenbefreiung und sexuelle Revolution
Band 4701

Frauengruppe Faschismusforschung:
Mutterkreuz und Arbeitsbuch
Zur Geschichte der Frauen in der Weimarer Republik und im Nationalsozialismus
Band 3718

Signe Hammer
Töchter und Mütter
Über die Schwierigkeiten einer Beziehung
Band 3705

Marielouise Janssen-Jurreit
Sexismus
Über die Abtreibung der Frauenfrage
Band 3704

Jean Baker Miller
Die Stärke weiblicher Schwäche
Band 3709

Erin Pizzey
Schrei leise
Mißhandlung in der Familie
Band 3404

Penelope Shuttle/ Peter Redgrove
Die weise Wunde Menstruation
Band 3728

Gerda Szepansky
»Blitzmädel«, »Heldenmutter«, »Kriegerwitwe«
Frauenleben im Zweiten Weltkrieg
Band 3700

fi 14/9

Fischer Taschenbuch Verlag

Die Frau in der Gesellschaft

Band 3769

Band 3770

Band 3745

Gerhard Amendt
Die bevormundete Frau oder Die Macht der Frauenärzte
Band 3769

Hansjürgen Blinn (Hg.)
Emanzipation und Literatur
Texte zur Diskussion – Ein Frauen-Lesebuch
Band 3747

Colette Dowling
Der Cinderella-Komplex
Die heimliche Angst der Frauen vor der Unabhängigkeit
Band 3068

Marianne Grabrucker
»Typisch Mädchen...«
Prägung in den ersten drei Lebensjahren
Band 3770

Astrid Matthiae
Vom pfiffigen Peter und der faden Anna
Zum kleinen Unterschied im Bilderbuch
Band 3768

Ursula Scheu
Wir werden nicht als Mädchen geboren – wir werden dazu gemacht
Zur frühkindlichen Erziehung in unserer Gesellschaft
Band 1857

Alice Schwarzer
Der »kleine« Unterschied und seine großen Folgen
Frauen über sich – Beginn einer Befreiung
Band 1805

Dale Spender
Frauen kommen nicht vor
Sexismus im Bildungswesen
Band 3764

Karin Spielhofer
Sanfte Ausbeutung
Lieben zwischen Mutter und Kind
Band 3759

Senta Trömel-Plötz
Frauensprache – Sprache der Veränderung
Band 3725

Senta Trömel-Plötz (Hg.)
Gewalt durch Sprache
Die Vergewaltigung von Frauen in Gesprächen
Band 3745

Hedi Wyss
Das rosarote Mädchenbuch
Ermutigung zu einem neuen Bewußtsein
Band 1763

fi 15/4

Fischer Taschenbuch Verlag

Die Frau in der Gesellschaft

Band 3761

Band 3756

Band 3739

Ann Cornelisen
Frauen im Schatten
Leben in einem süditalienischen Dorf
Band 3401

Gaby Franger
Wir haben es uns anders vorgestellt
Türkische Frauen in der Bundesrepublik
Band 3753

Marliese Fuhrmann
Zeit der Brennessel
Geschichte einer Kindheit. Band 3777
Hexenringe
Dialog mit dem Vater
Band 3790

Imme de Haen
»Aber die Jüngste war die Allerschönste«
Schwesternerfahrungen und weibliche Rolle
Band 3744

Helga Häsing
Mutter hat einen Freund
Alleinerziehende Frauen berichten
Band 3742

Helena Klostermann
Alter als Herausforderung
Frauen über sechzig erzählen
Band 3751

Marianne Meinhold/ Andrea Kunsemüller
Von der Lust am Älterwerden
Frauen nach der midlife crisis
Band 3702

Jutta Menschik
Ein Stück von mir
Mütter erzählen
Band 3756

Irmhild Richter-Dridi
Frauenbefreiung in einem islamischen Land – ein Widerspruch?
Das Beispiel Tunesien
Band 3717

Erika Schilling
Manchmal hasse ich meine Mutter
Gespräche mit Frauen
Band 3749

Marianne Schmitt (Hg.)
Fliegende Hitze
Band 3703

Inge Stolten (Hg.)
Der Hunger nach Erfahrung
Frauen nach 1945
Band 3740

Irmgard Weyrather
»Ich bin noch aus dem vorigen Jahrhundert«
Frauenleben zwischen Kaiserreich und Wirtschaftswunder
Band 3763

Fischer Taschenbuch Verlag

fi 404 / 3

Die Frau in der Gesellschaft

Texte und Lebensgeschichten

Herausgegeben von Gisela Brinker-Gabler

Band 2053

Band 3738

Band 3741

Lebensgeschichten

Ruth Ellen Boetcher Joeres
Die Anfänge der deutschen Frauenbewegung: Louise Otto-Peters
Band 3729

Eine stumme Generation berichtet
Frauen der 30er und 40er Jahre
Herausgegeben von Gisela Dischner
Band 3727

Germaine Goetzinger
Für die Selbstverwirklichung der Frau: Louise Aston
Band 3743

Diana Orendi Hinze
Rahel Sanzara
Eine Biographie
Band 2258

Texte

Frauenarbeit und Beruf
Herausgegeben von Gisela Brinker-Gabler
Band 2046

Frauen gegen den Krieg
Herausgegeben von Gisela Brinker-Gabler
Band 2048

Zur Psychologie der Frau
Herausgegeben von Gisela Brinker-Gabler
Band 2045

Frauen und Sexualmoral
Herausgegeben von Marielouise Janssen-Jurreit
Band 3766

Frau und Gewerkschaft
Herausgegeben von Gisela Losseff-Tillmanns
Band 2260

Frau und Musik
Mit vielen Bildern und Faksimiles
Herausgegeben von Eva Rieger
Band 2257

Fischer Taschenbuch Verlag

fi 16/6

Hilde Domin

Lyrik

Nur eine Rose als Stütze
S. Fischer 1959
11. Auflage, 23. Tsd. 1985

Rückkehr der Schiffe
S. Fischer 1962
7. Auflage, 12.-13. Tsd. 1985

Hier
S. Fischer 1964
5. Auflage, 10. Tsd. 1984

Editionen

Doppelinterpretationen
Das zeitgenössische deutsche Gedicht zwischen Autor und Leser
Fischer Taschenbuch Band 1060

Heimkehr ins Wort
Materialien zu Hilde Domin
Herausgegeben von
Bettina von Wangenheim
Fischer Taschenbuch Band 5769